鹤湖文史辑刊

第二辑

深圳市龙岗区文化广电旅游体育局
深圳市龙岗区公共文化服务和产业促进中心
深圳市龙岗区客家民俗博物馆
—— 编 ——

文物出版社

图书在版编目（CIP）数据

鹤湖文史辑刊. 第二辑 / 深圳市龙岗区文化广电旅
游体育局，深圳市龙岗区公共文化服务和产业促进中心，
深圳市龙岗区客家民俗博物馆编. -- 北京：文物出版社，
2023.12
　　ISBN 978-7-5010-8264-3

　　Ⅰ. ①鹤… Ⅱ. ①深… ②深… ③深… Ⅲ. ①文史资
料－深圳 Ⅳ. ① K295.54

中国国家版本馆 CIP 数据核字（2023）第 222702 号

鹤湖文史辑刊·第二辑

编　　者：深圳市龙岗区文化广电旅游体育局
　　　　　深圳市龙岗区公共文化服务和产业促进中心
　　　　　深圳市龙岗区客家民俗博物馆

责任编辑：孙　霞
责任印制：张道奇

出版发行：文物出版社
地　　址：北京市东城区东直门内北小街 2 号楼
邮　　编：100007
网　　址：http://www.wenwu.com
经　　销：新华书店
印　　刷：河北鹏润印刷有限公司
开　　本：710mm×1000mm　1/16
印　　张：20
版　　次：2023 年 12 月第 1 版
印　　次：2023 年 12 月第 1 次印刷
书　　号：ISBN 978-7-5010-8264-3
定　　价：98.00 元

编委会

图1 钟敬文与杨宏海合影（1989年深圳，杨宏海供图）

图2 钟敬文与杨宏海合影（2001年北京，杨宏海供图）

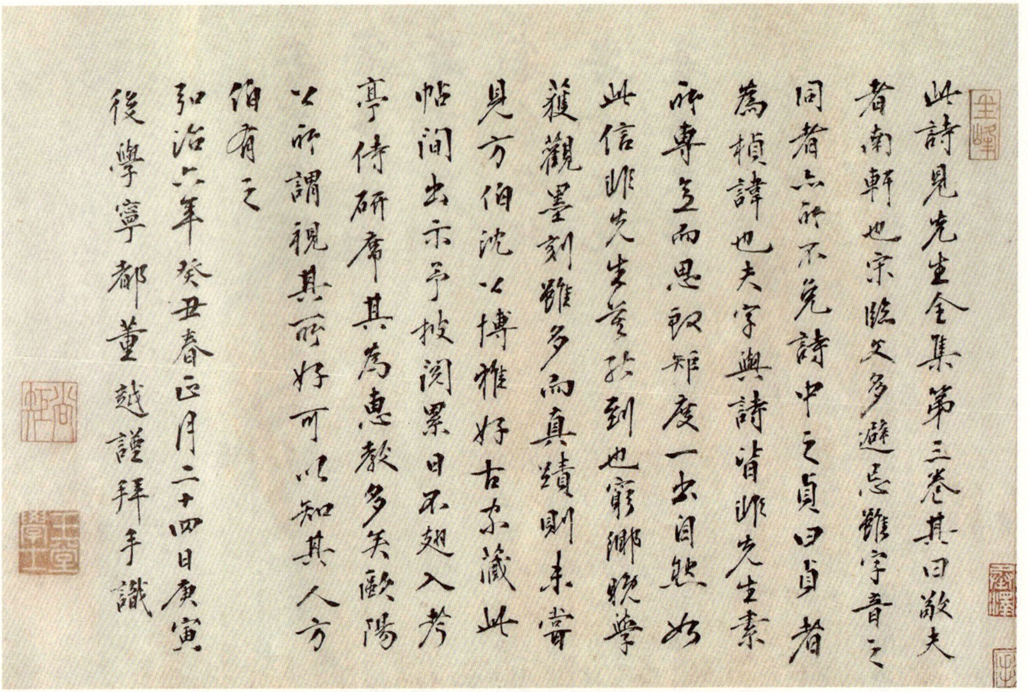

此詩見先生全集第三卷其曰散夫
者南軒也宗臨文多避忌諱字音之
同者六所不免詩中之貞曰貞者
為楨諱也夫字與詩皆非先生素
所專至而思既郭彥度一出自然好
此信非先生意孰到也窮鄉晚學
獲觀墨刻難多而真蹟則未嘗
見方伯沈七博雅好古束藏此
帖間出示予披閱累日不忍入芳
亭侍研席其為惠教多矣歐陽
以所謂視其所好可以知其人方
伯有之
弘治六年癸丑春正月二十四日庚寅
後學寧都董越謹拜手識

图 7 董越行书《题城南倡和诗》（图源：书法欣赏网）

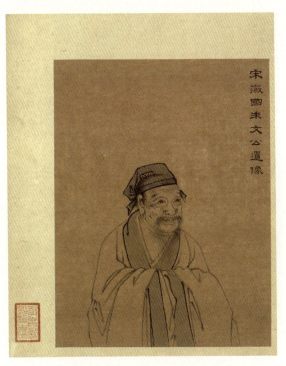

图 8 《朱熹像》（台北故宫博物院藏）

晦菴先生文集卷第九十七

行狀

朝散郎致仕陳公行狀

本貫泉州同安縣永豐鄉感化里曾祖珠故不仕祖彥嗣故不仕考禧贈右朝請郎妣呉氏封安人公諱汝楫字濟夫政和八年上舍出身補官迪功郎建州工曹掾屬官省不行調南劒州順昌主簿秩滿正權漳州司户參軍行長泰事代爲漳巖主簿丁内外憂終制陞從政郎爲汀州司法參軍未[illegible]郎專奉議郎知汀州寧化縣丞追榮其

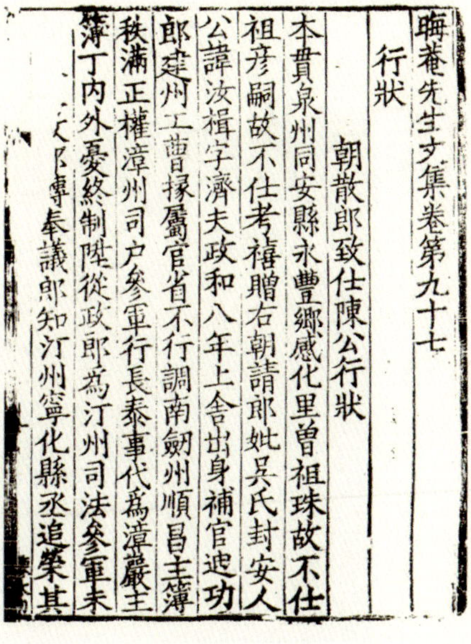

图 9 朱熹撰《朝散郎致仕陈公行状》
（《晦庵先生文集》，宋刻本，中国国家图书馆藏）

图 10　水口树（钟福民摄于赣南　　　　图 11　水口旁的社公庙（钟福民摄于赣南
　　　章贡区水西村）　　　　　　　　　　　兴国县杨村）

图 12　客家传统村落的水口桥（钟福民摄于赣南于都县寒信村）

图 13 登云书院（黄赞福 摄）

图 14 柳溪书院（黄赞福 摄）

图 15 林寨古村谦光楼内景（黄赞福 摄）

图 16 林寨古村四角楼（黄赞福 摄）

图 17 苏家围（黄赞福 摄）

图 22 横岗客家茶果制作技艺第二代传承人指导第三代传承人肖国立制作茶果
（出自《横岗客家茶果制作技艺深圳市区级非物质文化遗产代表性项目申报书》）

图 23 横岗客家茶果制作技艺第三代传承人肖国立指导下岗失业妈妈制作茶果
（出自《横岗客家茶果制作技艺深圳市区级非物质文化遗产代表性项目申报书》）

图 24 第四届"深圳非物质文化遗产周"闭幕式海报（出自深圳新闻网）

图 25 江西省赣州市"2023 年宋潮不夜城
非遗节"客家服饰展现场（任欢供图）

图 26 江西省赣州市客家文化城进行客家民俗展演（任欢供图）

图 27 甯元乖与影视人类学研究学者朱靖江
合作拍摄的客家民族志纪录片
《七圣庙》海报（出自豆瓣网）

图 28 甯元乖拍摄的客家风土文化纪录片作品
《玉扣纸》海报（出自豆瓣网）

图 29　制作客家米饼所用米饼槌（贺翊昕 摄）

图 30　赤岭头村客家居民制作萝卜粄（贺翊昕 摄）

图 31 做好的萝卜粄（贺翊昕 摄）

图 32 大船坑麒麟队所用头排旗（贺翊昕 摄）

图 33 大船坑麒麟队所用麒麟头（贺翊昕 摄）

图 34 大船坑麒麟队所用麒麟鼓
（贺翊昕 摄）

图 35 国家级非遗"麒麟舞（大船坑舞
麒麟）"传承人谢玉球演示"拳遮"
（贺翊昕 摄）

图 36 元芬麒麟队 2006 年队员照片（贺翊昕 摄）

图 37 位于深圳市龙华区龙胜村的彭氏宗祠（贺翊昕 摄）

图 38 位于深圳市龙华区浪口村的吴氏宗祠（贺翊昕 摄）

图 39　鹤湖新居内所悬"大夫第"牌匾（深圳龙岗区客家民俗博物馆供图）

图 40　鹤湖新居俯瞰图（深圳龙岗区客家民俗博物馆供图）

目录 | Contents

目录 | Contents

Contents | 目录

Contents ｜ 目录

THEORIES AND METHODS

理论与方法

客家研究的学术性与学科化①

周建新②

摘要：客家文化具有地域文化和族群文化的双重特质，本文从学术和学科这两个维度，分析了客家文化从新兴专学到国际显学，从我国现行学科目录体系中的"无位"到学科建设中的"C位"，从偏门热门到冷门绝学，从显学到险学，以及从客家研究到客家学等一系列发展变化的进程，揭示了在现代学术和学科意义上的客家研究的属性、性质和特点——客家研究有着边缘之学、新兴之学和交叉之学等学科属性和特点。整体而言，客家研究的特色与优势可以说是相当突出，同时其后继乏人、发展乏力等弊端也日渐显露无遗，从以前的"将成而未成"发展至今日的"已成但未大成"。在当下，客家研究存在着诸多危机与挑战，又拥有着巨大的发展契机，客家研究未来可期。

关键词：客家研究　新兴专学　国际显学

一、前言：问题的提出

我国幅员辽阔、历史悠久，形成了丰富多彩的文化类型。若按域来划

---

① 本文为国家社科基金后期资助项目"他者视野下的客家形象研究"（22FMZB008）；教育部人文社会科学研究一般项目"基于语料库的海外客家文献整理与研究"（22YJA850002）资助成果。本文为"客家研究的学术史调查"项目研究成果。
② 作者简介：周建新，深圳大学文化产业研究院院长、客家研究所所长、二级教授、博士生导师，荔园领军学者，研究方向为客家文化、文化产业。

分，有巴蜀文化、江南文化、徽州文化、敦煌文化、中原文化、赣鄱文化、荆楚文化、湖湘文化、三晋文化、齐鲁文化、燕赵文化、吴越文化、关东文化、岭南文化、闽南文化、潮汕文化、广府文化、屯堡文化、客家文化等，可以说是数不胜数。若按民族来划分的话，我国有 56 个民族，每一个民族都有自己的历史和文化，也就是说有 56 种民族文化；若按族群来划分，情况会更加复杂，因为族群这个概念的内涵和外延更具有弹性。如果把族群理解为民族的次级单位，例如同为汉族的广府人、潮汕人、客家人等，那么其族群文化的数量也不少。概而言之，我国的文化类型多样，不管是地域文化，还是民族文化，抑或是族群文化，不仅数量众多，而且内容丰富，他们就像拼图一样共同构成了中华文化的版图。然而，是不是所有的地域文化、民族（族群）文化，都能成为学术研究的对象，并最终形成一种专门之学呢？笔者认为，应该不是。本文试图以客家研究为对象，从学术性和学科化这两个维度进行深入探讨和具体分析，深入阐释和揭示作为现代学术和学科意义的客家研究的发展进程、当下境遇与未来发展。

二、客家研究的学术性：从新兴专学到国际显学

客家研究是一门学术吗？笔者的回答：是。为什么这样说呢？笔者认为，至少可从以下两个方面进行证明。

一是国人对客家研究的认识和态度，其中最有代表性的就是作为客家研究奠基人的罗香林先生对于客家研究的认知与实践。罗香林先生于 1926 年夏从上海政治大学考入北京清华学校（1928 年更名为国立清华大学）史学系，兼修社会人类学。1930 年毕业，后入清华大学研究院深造，师从陈寅恪、顾颉刚，致力于唐史与民族史之研究。1931 年入燕京大学历史研究所，师从洪煨莲教授，从事粤北客家民族之考察。1932 年获哈佛燕京社奖助金到华南考察民族问题，接着赴广东考察客家文化与社会组织。关于前往华南地区开展民族文化调查一事，罗香林先生在其《南行日记》中有详细记述。

　　余病诚未痊愈，然受良心责备，不敢复恋家乡，听锐气之消磨，乃于民国二十一年一月四日扶病离兴宁。……十八日，余抵旧京，……十九日，入清华。……二十日，访顾颉刚师于成对蒋家胡同三号。顾师尝于去年十月电余转学燕研，谓：待遇可较清研为优，且以经费充足之故，将来机会，正无限量。余虽曾覆电应允兼肄，然以此次北上以来，未尝去电报告顾师，意余或已改变计划，故于余来，深为讶！现闻余仍欲照前电进行一事，则又大喜！乃即作书，使？见洪煨莲先生，讨论转学燕研及筹款调查华南民族事。时顾师以学校放寒假，已整行装，将南返苏省度岁，征车待发，不克与余畅谈，余遂？函匆匆告别去。

　　是日（注：民国二十一年一月二十日）下午三时，访洪先生（注：即洪煨莲教授）于燕南园五十四号。洪先生殊热心提倡学术……余，且大喜，谓："适有协和医科大学西人史蒂芬生博士（Dr.PaulHuston Stevenson）将往广东、福建二省测验客家、畲民、疍民、黎人、福老诸人种，甚欲得一熟悉华南民族情形之学者，以就询一切进行测验之事宜，经由彼介绍史氏与余合作，非余亲至者，亦将电粤请余出来协商也。"二十一日，与洪先生同乘汽车至六国饭店访史蒂芬生。……洪氏声明，谓：此次燕大派余协往调查华南诸部状之语言（尤注重客家）文化，实未尝希望其他私人予以津贴。关于余之用费，当由燕大国学研究调查费项下及余Scholarship应得津贴内支给云云。下午三时，出六国饭店，驱汽车与史氏同往地质调查所访丁文江先生，畅谈多时，乃由丁氏作书与洪先生表示愿余与史氏同行，并愿燕大国学研究所能负担余之费用云云。①

---

① 罗香林：《南行日记》（手稿），第 2 ～ 7 页，香港大学冯平山图书馆特藏。

从罗香林先生的日记所述可知，洪煨莲先生与陈寅恪先生、顾颉刚先生这几位国学大师一样，对于客家研究十分重视，因此对于罗香林先生前往华南开展民族调查特别是客家调查研究，自然也十分支持。仅凭这一点，就完全可以反映出客家研究在民国初年的中国学术界已崭露头角。罗香林先生对于客家的调查研究，在当时更是引起了诸多报刊媒体的广泛关注。

据民国二十一年（1932）二月十六日《大公报》刊登消息云：

> 闽粤二省，民族复杂，畲民、蛋民杂处，黎、猺、汉多族同居，而汉族又可分为客族、福老、广府（又称本地）、福州四系，而语言习俗各异，国人鲜为注意之者，西人虽间有记载，然皆有所锢蔽，非失之穿凿附会，即病于传闻失实。[①]

民国二十一年（1932）二月十七日，北平《晨报》刊登罗香林先生南下调查客家文化的消息。其文云：

> （本报特讯）北平燕大国学研究所，以华南民族种类复杂，各有其不同之习性，及特殊之语言文化，在学术研究上，已成为非常重要之问题。非积极收集与彼有关之史料，及从事实地之调查，殊不足以引起国内外诸学者之注意与努力，以促成华南语言文化人种，及其中国北、中二部之关系诸问题之解决……[②]

罗香林先生对于客家的调查和研究，还得到了当时学界的大力支持，特别是陈寅恪、顾颉刚、洪煨莲等国学大师，给予他很大帮助和关注，从顾颉刚给罗香林的信函便可见一斑。

---

① 罗香林：《南行日记》（手稿），香港大学冯平山图书馆特藏。
② 罗香林：《南行日记》（手稿），第9～13页，二月十二日至十七日条，香港大学冯平山图书馆特藏。

香林吾兄足下：

……欣悉兄长征调查所得甚多，惟在粤曾染腹疾，未识此后即未再发否？甚念哉！今治学，端赖实际寻求，兄对于民族问题向感兴趣，此次得亲莅粤东诸地，从事于客家人种风俗之研究，他年伟大工作得于此次旅行中打好基础，无任欣幸。所不足者，美国经济恐慌使燕大基金（自注：公司股票）损失三分之一，因之校中裁员减政，大起踌躇，研究所之旅行费，下年即无法筹措，兄归来时为研究生，领奖学金固无问题，但要在短时期中再到南方调查事已不易。因此，弟望兄下年在此间研究院中选课读书，一方面从事于调查报告中之撰述，明年暑假毕业，得一硕士学位，以为他日留学时之方便。如明夏后不能即出洋，则可先与邹海滨先生约定到中大任教，一方面继续研究客家问题，且续编《民俗周刊》，以搜集此方面材料，如此则与兄将来学业甚为有益。吴敬轩系弟至交，兄可将此函与之一览，且与一商此后计划，想敬轩先生籍隶客家，当必慨允相助也。兄何日北归，如在假中来，则相晤匪统，远俟晤谈。……①

香林吾兄：

昨日失迎，为罪。借书权请求证，兹填好送上，乞检收。客家调查事，会议结果，委洪先生审查，并请兄开一详细用费计划（以四千元一年计，自己薪金亦在内），下次开会再行讨论，乞兄于本月二十日前开就送下是荷。匆上，即请课安。②

---

① 罗香林：《客家对述评》，《北平晨报》1931 年 3 月 15 日。
② 顾颉刚：《致罗香林先生书》，《乙堂函牍》第 36 册第 16 项第 8 通，香港大学冯平山图书馆特藏。

从上，可知顾颉刚先生的各种精心安排，皆为培育罗香林先生成为学术人才之由，顾先生培育学科研究人才之用心也在客家研究中传为一段佳话。从中，亦可推知罗香林先生曾经致函顾颉刚先生咨询8月后能否再申请调查经费予其再推进调研一事，致有复其"不易"者，并为安排可行之道。今既欲续无望，唯如谕持函谒中大文学院院长吴敬轩先生，吴先生为其引见邹鲁校长。辞别后即于8月返旧京，9月旋应中山大学电聘为校长室秘书兼广东通志馆纂修而离京上任，肇造其新人生。

当时的北平《晨报》《大公报》等报刊往往在第一时间报道关于罗香林先生的客家研究动态，加之陈寅恪、顾颉刚、洪煨莲等学术名家的支持帮助，充分说明了客家具有重要的学术研究价值。罗香林先生受他的老师们的委派和指导，遂以客家为研究对象进行了深入调查，并为之制定了系统、周全的研究计划，"印客家调查计划贰佰张，征集客家史料启事叁佰张"。①这些调查研究和相关材料，经过罗香林先生的整理和分析，后来成为《客家研究导论》等著作的重要资料来源。

1933年，罗香林先生的《客家研究导论》正式问世，成为客家研究的扛鼎之作。他在书中明确指出："南部中国，有一种富有新兴气象、特殊精神、极其活跃有为的民系，一般人称他为'客家'（Hakkas），他们自己也称为'客家'。他们是汉族里头一个系统分明的支派，也是中西诸社会学家、人类学家、文化学家，极为注意的一个汉族里的支派。近百年来，中国一般局势的变迁、一般历史的进展，差不多都和他们有很大的关系，所以中西学者关于他们种种事实或问题的论著与记录，也就一天天多起来了。到了现在，'客家研究'差不多已成为一种新兴的专学。三年前，我在北平，遇着一位办报的朋友，他便主张将'客家研究'这门学问，径以'客家学'名之。"②此后，客家研究遂为世人所重。自罗香林先生开此一门研究客家民系历史、现状与未来发展学科之风气至今，已演变为国际

---

① 罗香林：《乙堂札记》第1册，香港大学冯平山图书馆特藏。
② 罗香林：《序》，《客家研究导论》，上海文艺出版社，1992年。

"显学"之一。历史学家吴泽先生在罗香林先生所言"客家研究差不多已成一门新兴专学"的基础上，提出了"客家学"的主张。他在《建立客家学刍议》一文中提出："客家学是一门运用科学的观点和方法去研究客家民系的历史、现状和未来的一门学问。"①

二是外国学者对客家研究的认识和态度。客家研究在学术界的影响力，还表现在国外学者对于客家的高度重视及客家在国际学术界的影响力。据北京大学历史系、客家历史与文化研究所所长郭华榕教授统计，如今世界以英、法、德、意、西、俄、日等文字出版的比较知名的百科全书或词典中，大约有20种刊载了关于客家人或客家话的专门条目，各自对客家的含义作了的解释，其中美国6种，法国4种，日本3种，英国与德国各2种，意大利、西班牙和瑞士各1种②。这充分反映了国际社会对于客家的广泛关注。国际学术界对于客家文化的研究兴趣亦日益浓厚，兹举数例予以说明。

美国人类学家、华盛顿大学人类学系斯蒂文·郝瑞教授（Stevan Harrell）③曾于2001年在美国《人类学年度评论》（*Annual Reviews Anthropology*）发表了《改革的人类学和人类学的改革——中国人类学复苏与进步的人类学叙述》一文（后由斯蒂文·郝瑞教授的学生、南京大学人类学研究所范可教授以《中国人类学叙事的复苏与进步》为题译成中文），比较全面地概括了改革开放以来中国人类学的发展情况。在这篇文章中，斯蒂文·郝瑞教授十分认可客家研究在国际学术界特别是人类学科中的地位。该文是郝瑞教授应邀为《人类学年鉴》所撰写的有关近年来人

---

① 吴泽：《建立客家学刍议》，载吴泽：《客家学研究》（第2辑），上海人民出版社，1990年，第1页。

② 郭华榕：《客家文明的世界地位》，《史学月刊》1996年第4期，第75页。

③ 斯蒂文·郝瑞（Stevan Harrell）于1988～1993年担任华盛顿大学人类学与国际研究所教授，1993～1999年担任华盛顿大学人类学系主任，1999年开始担任华盛顿大学博克自然历史文化博物馆民族学部亚洲项目主任。在中国民族问题研究、西南族群研究和彝学研究方面都有大量的著述，在海内外学术界产生了深远的影响。除了学术专著以外，郝瑞教授还以不同的实践方式，直接参与了中国人类学的变革过程。

类学界对中国所做研究的回顾性文章，他把人类学所涉中国研究分为"社区""生活""民族及其组成部分"三个课题，在第三个课题中他单列出"地方文化与汉族的实质"子课题，着重谈到客家研究。斯蒂文·郝瑞教授指出："从罗香林起，客家认同就一直是个研究热点。罗香林认为客家作为中国人比他们的邻居更为优秀。这一自我定位立即为客家知识分子所接受并在 20 世纪被一直沿用。近来的客家学者如李泳集对客家性别制度的研究加强了这一文化诉求并将之发挥到了极致。梁肇庭（Sow-Theng Leong）的历史研究考察了有关客家和操客家方言的'棚民'认同的来龙去脉，也开始了对本土话语的批评论证。在他看来，客家认同的内容随历史条件和语境的不同而变，Constable①编辑的论文集里的文章强化了这一论证。这些作者通过对客家认同的系统化和语境化研究，揭示了客家人在香港、台湾和海外的自我认同是极为不同的。"②斯蒂文·郝瑞教授的论述可以说是近年来国际学术界对于客家研究的贡献和成就的首次总结，其意义自然是不同凡响，这充分反映出客家研究在国际学术界的地位和影响。

客家研究在国际学术界影响力渐长的另一个典型事例，是由法国高等研究学院荣休教授、香港中文大学中国研究中心讲席教授、美国哈佛大学博士劳格文教授(John Lagerway)③主持的大型客家研究计划及其丛书。从

---

① Constable，是指美国匹兹堡大学人类学教授兼国际研究中心研究教授 Nicole Constable，其中文名为郭思嘉。她曾在香港客家社区从事田野调查研究，出版《基督徒心灵和华人精神：香港的一个客家社区》（*Christian Souls and Chinese Spirits: A Hakka Community in Hong Kong*）等相关著作。斯蒂文·郝瑞教授在其文中所提"Constable 编辑的论文集"，是指郭思嘉（Nicole Constable）教授于 1996 年主编出版的《客家人：海内外客家族群认同》（*Guest people:hakka identity in china and abroad*）一书。

② ［美］郝瑞著，范可译：《中国人类学叙事的复苏与进步》，《广西民族学院学报》2002 年第 4 期。

③ 劳格文，汉学家，曾在美国哈佛大学东亚语言与文明系从中国古代文学专家海陶玮（J. R. Hightower）教授完成有关《吴越春秋》的博士论文，1975 年获得博士学位。随后在法国高等研究学院师从道教学者康德谟（M. Kaltenmark）教授和施舟人（K. Schipper）教授从事博士后研究。1977 年成为法国远东学院（EFEO）研究员，2000 年始任法国高等研究学院宗教学部道教史与中国宗教专业教授，2008 年始任香港中文大学中国研究中心讲座教授。主要从事中国宗教和传统社会文化研究，著述甚丰，大都结合文献记载和田野调查，见解独到而深刻。

20世纪90年代开始，一大批人类学、社会学学者相继加入客家研究的行列，不仅壮大了客家研究的队伍，而且有力地推动了理论方法的创新和研究视角的转换。正是在这样的学术背景下，一些极具学术价值的综合性和专题性客家研究成果应运而生。客家研究最有代表性的综合性成果就是劳格文教授主持的"客家传统社会结构与原动力"大型国际合作研究计划。这个多地区、多学科、多部门参与的大型课题主要倡导采取人类学实地调查方式，深入赣南、闽西、粤东北、粤北、赣西北等客家地区的广大乡村进行访问与调查。其参与者既有大学教师、科研人员，也有政府文化官员和地方文化工作者等。"每个工作者，不是去抄别人的文字数据，而是真的走出家门访问乡村中的老人，以了解过去的一些事情是如何做的，如何发生的。因此，他们带回来的每一个事实都是不可替代的，也是极为宝贵的。"因此，《客家传统社会丛书》所收录的田野报告十分弥足珍贵，其内容可说是丰富多彩，翔实厚重，具有其重要的史料价值和文化传承作用。

《客家传统社会丛书》是在香港出版的一套重要的客家地方社会研究文献，是劳格文教授主持的"中国传统社会结构与原动力"的系列成果。该书由国际客家学会、法国远东学院和海外华人资料研究中心联名出版。内容包括对我国福建、广东、江西等省的多个客家聚居区域的历史渊源、传统社会结构、社会经济，以及客家人的文化传承、宗教信仰、民风民俗、岁时节庆等开展的调查研究，是一部大规模全面而系统地记录客家地区社会生活传统的学术著作。特别要指出的是，"中国传统社会结构与原动力研究"计划的总体目的并不是"就客家而论客家"，而是透过对赣闽粤边区的人类学的田野调查研究，回应人类学界长期以来有关中国社会与中国文化的诸多争论，但这并不影响该计划对客家文化所做出的积极贡献。相反，还大大提升了客家研究的学术水准。

综上所述，笔者认为，客家研究当然是一门专业性的学问，而且经过长期的积累，已从最初的"无名之学"，到20世纪30年代发展成为罗香林先生所言的"新兴专学"，到今天已成为一门在世界范围内具有较大影响力的"国际显学"。

三、客家研究的学科化：从缺位到"C 位"

客家研究是一门学科吗？笔者的回答：既是，又不是。为何说客家研究既是一门学科，又不是一门学科？要回答这个问题，笔者认为首先要回到学科这个概念上来。

之所以说客家研究不是一门学科，是由于无论是国务院学位委员会颁布的《研究生教育学科专业目录》，还是教育部的《普通高等学校本科专业目录》（从学科门类到一级学科、二级学科），都没有客家研究。因此，从这个意义而言，客家研究当然可以说不是一门学科。

有意思的是，尽管客家研究不是我国高等教育中的一门学科，但却又在学科建设特别是我国的学科评估中发挥着重要作用。因此，从这个角度来说，客家研究又可以称得上是一门学科。

以赣南师范大学为例，该校在全国第四轮学科评估中共有马克思主义理论、教育学和社会学共三个学科上榜，其中社会学的评估结果为"C-"，而赣南师范大学社会学学科，其主要的特色研究方向和优势领域就是客家研究。换句话说，赣南师范大学社会学之所以能够在全国第四轮学科评估中榜上有名，有关客家研究的成果可谓是功不可没。因此，尽管客家研究在我国现行的学科专业目录体系中处于缺位、失语的状况，然而在实际的学科建设发展过程中，又具有特色优势、比较优势，常常能够剑走偏锋，取得意想不到的效果。因此，客家研究在学科评估中做出了突出贡献，地位如同"C 位"。赣南师范大学依靠客家研究实现了科学研究、学科建设、平台机构等很多方面的零的突破：获得了全国第一个以客家文化为主要方向的硕士学位授权点，全国第一个省级人文社科重点研究基地，全国第一个客家文化的国家社会科学基金重大项目，创办了全国第一本正式出版的客家学术期刊——《客家学刊》，打造了目前已连续举办了十二届的高水平学术平台——客家文化高级论坛，主持编纂了全国第一部客家专志——《江西客家志》，建起了全国第一个客家文化主题博物馆——赣南师范大学客家博物馆，等等。赣南师范大学的客家研究与其他四个特色领域共同构成了学术科研的"五朵金花"①。赣南师范大学的客家研究在全国领先，被时任江西省副省长朱虹称赞"为江西省高校特色学科的打造树立了榜样"。这些辉煌成绩，都充分彰显了赣南师范大学实现了从全球客家研究的"追赶者"到"并行者"甚至"领先者"的成功跨越，并因此成为客家学界的一个重要研究阵地。

打特色牌，将特色学科的优势转换为学科胜势的现象，这是我国高校学科建设的常态。如深圳大学的艺术学理论学科（最新一版学科目录艺术学理论，更名为艺术学），由于深圳大学的文化产业研究在全国具有较大优势，异军突出、特色鲜明，②使得深圳大学艺术学理论学科排名一路上升，在 2022 年软科中国最好学科排名中位居全国第 4 位，2023 年泰晤士学科排名中位居全国第 5 位。这就是特色研究领域成就优秀学科、一流学科的缘由所在。

笔者认为，客家研究是不是一门学科，是探讨客家学科建设的前提和关键。要想回答这个问题，首先要通晓"学科"的定义标准。所谓学科，按照一般性的解释，是指在大学教学（教育）与研究的知识分科。《现代汉语词典》对"学科"一词的定义是"按照学问的性质而划分的门类。如自然科学中的物理学、化学等"。《辞海》则从学术和教学两个维度对"学科"进行了界定。其中，学术意义上的学科，是指一定科学领域或一门科学的分支。概而言之，一门学科应具备三个要素：一是有完整的知识体系；

---

① "五朵金花"，包括一家人（客家研究）、一棵树（脐橙研究）、一面旗（苏区研究）、一条虫（血吸虫研究）、一抔土（稀土研究）。

② 文化产业研究属于典型的交叉学科，从本科专业来说，文化产业管理可以授予艺术学士学位，也可以授予管理学学士学位。但到研究生阶段，则是五花八门，有的侧重从艺术学，有的侧重从经济学、管理学，还有的则从传播学等角度进行研究。相比而言，目前我国文化产业研究成果多是归属艺术学的学科门类。

二是有明确的研究领域和方向；三是有独立的学术阵营，如学术杂志、研究机构等。①

将客家研究作为学科的呼吁由来已久。先是 20 世纪 30 年代罗香林在《客家研究导论》中提出"客家学"。改革开放以后，历史学家、华东师范大学历史系吴泽先生发表《建立客家学刍议》一文，提出建设客家学。此后吴泽先生的弟子、华东师范大学王东教授撰就《客家学导论》一书，对客家学进行了相对系统的解释和建构。基于上述对学科的理解，笔者认为，客家研究应该是一门学术意义上的真正学科。因为客家研究有着明确的研究对象和领域，形成了自己的研究范式和理论学说，拥有众多的客家研究机构和稳定的学术队伍，而且已经取得了丰硕的研究成果。

具体来说，客家研究是一门以客家族群和客家文化为研究对象，通过研究其历史与现实、传统与当下事象，认识客家族群的形成发展，促进客家文化的传承与创新，揭示客家发生、发展规律的学科。由于客家是一个兼具族群、文化、区域的复合概念，因此客家学是一门典型的边缘学科、交叉学科和新兴学科。例如，鉴于客家研究是汉族的一个支系，客家研究可归为民族学的学科大类，作为民族学的下属学科；若立足于客家文化维度，也可将客家研究归为人类学或历史学。不管归属哪个学科，不可否认的是，经过长期的发展建设和历史积淀，客家研究已日益成为一门国际性显学。

首先，客家研究拥有自己的知识体系和独特的路径范式。客家研究知识体系诞生、形成于对客家来源的探索中，诸如"我是谁""我从哪里来""我向何处去"这类文化发生学的命题同样发生于客家，对"客从何来""何谓客家""客始何时"的反复追问，可以说是客家知识体系的最大催生剂；而"中原说""土著说""融合说"则是对客家来源的主要解释和

---

① 周建新：《客家学作为学科的必要和可能》，《中国社会科学报》2018 年 12 月 26 日。

代表流派。在此基础上，客家研究形成了独特的研究路径与理论范式，从谱牒资料到田野调查，从历史学到人类学、语言学等多学科，从"民系－文化论"到"赣闽粤边地域社会论"再到"族群－认同论"，客家研究已经逐步形成了融理论、方法、史料等为一体的完整知识体系。

其次，客家研究依据已有的知识体系和研究范式建立起明确的研究领域。学界围绕客家的起源与形成，以及客家妇女、民俗、宗族、建筑、语言、教育、艺术等各个客家文化的具体面向，进行了全方位的研究。随着现代学科的不断交叉融合，客家学的学科体系还在不断完善，研究对象日益丰富多元，产生了更多的分支学科，如客家经济学、客家社会学、客家语言学、客家宗教学、客家艺术学、客家医学、海外客家研究等。

再次，客家研究已打造出坚实的科研阵营和稳定的学术队伍。目前全球各地均设有客家研究机构，尤以海峡两岸高校最为集中。"客家文化高级论坛""海峡两岸客家高峰论坛""国际客家学研讨会"，以及《客家学研究》《客家研究辑刊》《客家学刊》《全球客家研究》《客家研究》等常设性、连续性的学术交流平台与发表园地，使得客家研究凝聚和团结了一大批专家学者，并产生广泛而积极的影响。

最后，客家研究已取得丰硕的研究成果。最有代表的是汉学家劳格文教授主持的"中国传统社会结构与原动力"计划等国际性跨学科的大型研究计划，以及《客家传统社会丛书》《世界客家文库》《客家区域文化丛书》《海外客家研究译丛》《客家研究新视野丛书》《客家民俗与社会丛书》《赣南民间文书》等专题性集成式研究成果。

四、客家研究的当下境遇：显学还是险学？

虽然客家研究逐渐升温，甚至成为"客家热潮"，但其热闹的表象背后也隐藏着不少问题。一是学术观点陈旧。曾令存教授曾一针见血地提出：近30年来的客家研究，基本上是对罗香林等人研究成果的"照着说"，或"接着说"。①二是学术向度固化。以往的客家研究多属于"自说自话"的封闭叙事，导致客家学术话语的单向度和线性化。三是学术门槛过低。随着客家成为世人关注的热点，各路人马都纷纷将目光投向客家，因此难免鱼龙混杂、良莠不齐，导致客家研究的学术性不强，学术成果质量不高，学术规范不足。这就是为何客家研究作为学科建设的基础已经具备，时机也已成熟，却一直徘徊于主流学科之外的缘由所在。虽然已经过200余年的发展和积淀，客家研究的学术范围仍主要在长江以南的赣闽粤地区。总体而言，作为现代学术和学科意义上的客家研究还是一门"将成未成"之学，小众、非主流等是其学科标签。四是学术成果日益减少。据不完全统计，客家研究年度出版著作总量在2015年达到历史最高的99本后，随即大幅减少，2017年共计出版39本，2019年共计出版41本。在学术论文方面，2014年达到696篇的最高年发表量后开始下降，2017年仅发表517篇。除了研究成果的数量下降，在研究成果的质量方面也不尽如人意，标志性的成果少之又少，这反映出客家研究的学术影响力正在逐渐减弱。五是人才和机构减少。当前客家研究的专门人才严重短缺，后继乏人。近年来，随着老一辈客家学者的逐渐离场，新时代客家学领军人物还没有出现。此外，不少独立的客家研究机构被合并，面临存续危机。如赣南师范大学客家研究中心被并入该校的历史文化与旅游学院，龙岩学院闽台客家研究院被并入该校的师范教育学院。

因此，无论是学科发展、人才储备，还是学术成果、研究机构建设，客家研究有着成为"冷门绝学"的隐忧和危险，面临着从昔日"显学"沦落到"险学"的尴尬境地。究其原因，笔者认为主要在于以下四个方面：一是客家文化作为一种地域文化，具有特定的活跃地域和影响范围，客家学者只关心自己的"一亩三份地"；二是客家文化作为一种族群文化，研

---

① 曾令存：《返本溯源：作为学科对象的客家研究》，《华南师范大学学报》2017年第5期。

究者多为客家人，难免有排他性、情绪性和功利性，造成"当局者迷，旁观者清"的不利局面；三是客家研究还没有建立起规范的学科体制，缺少为主流学术界所公认的学术成果；四是客家研究的发端是源于"因为客家""为了客家"，这导致客家研究"只重客家、不言其他"，只顾着"自说自话""自言自语"，很少与其他学科展开学术对话，最终导致客家研究在主流学科和学术话语体系中的"失语"和"无言"，有被边缘化为"冷门"和"偏门"的危险。

针对客家研究的建设路径和发展对策，学者们见仁见智，发表了很多见解。笔者认为，客家研究的良性健康发展，需要"重返现场"，引领客家研究再度出发。具体而言，客家研究的"重返现场"，应该包括以下四个层面。

一是要重返客家学术命题的发生学现场。应重新检视客家研究的发展历程、研究文献和问题意识，摸清家底，夯实客家学的学科基础。在全面总结客家研究学术遗产的基础上，科学分析客家研究的具体内涵，规避日益失去言说权威和书写权力的研究困境，激励客家学者自我反思和觉醒，建构新的客家研究范式。

二是要重返客家文化的广阔田野。这就要求客家学者回归现场、回归田野，开展有计划、有组织、有步骤的实地调查研究。应倡导多地区、多团队、多部门协同参与，运用历史人类学等多学科的研究方法，对每个调查地点进行尽可能详细的民族志记录，掌握第一手资料。要鼓励学者深入"民间"，打破以往自上而下、单向度的学术叙事，建构起"自下而上、自主式、对话性"的学术话语体系，让客家文化的花朵盛开在客家地区的土地上，建构起科学的客家研究方法体系、学科体系。

三是重返严格学术意义的场域。应将客家研究放置于严格的学术场域，充分借鉴和吸收相关学科最新理论，引导学者从以客家研究为"职业"向以客家研究为"事业"转变。要杜绝以"表扬替代批评""重量而失质""以市场为导向"等不良取向，培养遵循学术规律、遵守学术伦理、遵照学术规范的客家学术团队，建构客家研究的学术共同体。

四是要重返客家研究的当下。在重视客家历史的同时，应与时俱进，关注现实，面向未来，科学审视当下客家研究面临的机遇与挑战，加强对客家族群和文化的当下性和前瞻性研究。还要勇于打破藩篱，客观公正地看待客家研究的前辈学者及其研究成果，不盲目崇拜，站在当下时代的"场域"推出新时代高水平的客家研究成果。

进入新时代以来，党和国家高度重视中华优秀传统文化的复兴。党的十九届四中全会指出要坚定文化自信，牢牢把握社会主义先进文化前进方向，推进中华优秀传统文化传承发展工程，坚持创造性转化、创新性发展，激发全民族文化创造活力，更好构筑中国精神、中国价值、中国力量。党的二十大更是明确提出推进文化自信自强，铸就社会主义文化新辉煌。客家作为汉民族的重要支系之一，保留了丰富的古汉文化元素和文化资源，是中华优秀传统文化的重要组成部分。当前，在新时代下推进中华优秀传统文化复兴无疑对客家族群及客家文化的研究提出了更高的要求，也提供了发展的历史契机。

五、结语与余论

从学术和学科这两大维度来看，具有地域文化和族群文化双重特质的客家文化，经历了从新兴专学到国际显学、从我国现行学科目录中的缺位到学科建设中的"C位"，从偏门热门到冷门绝学，从显学到险学，以及从客家研究到客家学等一系列的发展变化过程。在这个过程中，客家研究的特色与优势可以说是相当突出，同时其后继乏人、发展乏力等弊端也日渐显露无遗。

在全球化背景下，受文化产业化和传统文化复兴的影响，客家情潮、客家学潮与客家商潮等多种力量在客家研究的学术场域中相互角逐并交织、扭结在一起，使客家族群和文化意象在历史架构与意识结构领域下形成了自己的脉络。①无论是作为意识形态的客家，还是作为研究对象的客家，或者是作为文化资源的客家，都在主观想象与实践运作中重新编织（weaving）②完成了自己的文化表述。作为现代学术和学科意义的客家研究，有着边缘之学、新兴之学和交叉之学等学科属性和特点；从成效来说，客家研究可以说是从以前的"将成而未成"发展至今日的"已成而未大成"。在当下，客家研究的发展既存在诸多危机与挑战，又拥有巨大的历史发展契机，特别是我国对传统文化的高度重视，强调中华优秀传统文化的创造性转化、创新性发展，无疑让我们对客家族群、客家文化和客家研究怀有更好的憧憬和更多的期待。

---

① 周建新：《客家的族群意象与文化表述——论作为意识形态、研究对象和文化资源的客家》，《学术研究》2020 年第 6 期。
② "编织"（weaving）一词是英国人类学家蒂姆·英戈尔德（Tim Ingold）提出，他以篮筐的编造为例，认为手艺人与竹子之间存在着各种各样的力，既有手中的力，也有材料的力。后来，英戈尔德将"编织"的概念从竹篮延伸到其他方面，发展成为一个具有广泛解释力的概念，以编织来理解生活，指出"生活也像是造物一样，人在这世上的过程，就是将生命与环境不断编织的过程。而人的心灵及其所体验到的世界也正是在编织中不断生长的"。

Academia and the Disciplinarization of Hakka Studies [1]

Zhou Jianxin [2]

Abstract: Hakka culture embodies the dual traits of regional and ethnic cultures. This paper, from the two dimensions of academic field and discipline, analyzes the evolution of Hakka studies from an emerging specialty to a subfield widely recognized in international scholarship. It outlines the progression of Hakka studies from "non-existent" in the current academic catalogue system in China to a "mainstay" in the construction of disciplines, from niche popularity to obscure specialty, from scholarship to risky study, and from Hakka research to Hakka studies. The process reveals the disciplinary attributes, nature, and characteristics of Hakka studies—Hakka research is marginal, emerging, and interdisciplinary. Overall, the characteristics and advantages of Hakka studies are quite prominent while the shortcomings, such as a lack of successors and weak development, are increasingly apparent. Nevertheless, Hakka studies have transitioned from initially being "on the brink of formation" to today's "established but not yet fully developed" state. At present, Hakka research faces many crises and challenges, but also opportunities for development and a promising future.

Keywords: Hakka studies   Emerging specialty   International scholarship

① This paper is funded by the National Social Science Foundation project "Research on Hakka Image from the Perspective of Others" (22FMZB008) and the General project of Humanities and Social Sciences Research of the Ministry of Education "Corpus-based Collation and Research of Overseas Hakka Document" (22YJA850002). This paper is a research result of project "The Academic History Study of Hakka". This paper is a research result of project "The Academic History Study of Hakka".
② Author's Bio: Zhou Jianxin is the Director of the Institute for Cultural Industries and the Hakka Research Institute at Shenzhen University. He is also a second-level professor and doctoral supervisor and a leading scholar of Liyuan. His research concentration is Hakka culture and cultural industries.

早期客家史学之"正统"观研究[①]

张勇华　蔡慧[②]

摘要：早期的客家史家研究始终以"正统"史观进行客家问题研究，以"汉族""中原""儒学"为"正统"话语的关键词，在客家民系的几个重要问题上与此建立联系，逐渐形成"客家源于中原世胄""客家方言由中原音韵演化而来""客家是汉族支派""客家文教是对儒学文明的传承"等重要命题。同时，他们不断加强学理化，为研究提供理论支撑，不断加强实证化，形成论从史出，从而构成早期客家史学研究的主要命题，早期客家史学的"正统"史观也由此获得构建。

关键词：早期客家史　正统史观　罗香林

早期客家史从可追溯到的最早关于客家史论述的文本算起，涵盖从《丰湖杂记》成稿的 1808 年到早期客家问题研究路径集大成者《客家研究导论》出版的 1933 年，本文将这段时期作为客家史研究的早期。

早期的客家史具有一些不成熟的特征，比如通过生活经验、新闻阅读、口头访谈、游学等方式积累客家知识，从而构成早期的客家史学研究。这些研究对客家史的论述难免简略粗梳，甚至出现以论代史的问题。在客家问题的研究上摸索出一些经验，比如形成了对客家方言、客家溯

---

①　本文为"客家研究的学术史调查"项目研究成果。
②　作者简介：张勇华，赣南师范大学教师，主要从事客家学研究；蔡慧，赣南师范大学教师，主要从事客家文化研究。

源、客家文教、客家风俗的重要主题研究，以及客家问题研究的基本范围与路径。然而，这些主题研究存在专题化研究分割状态，直到《客家研究导论》将这些专题进行有机统一，并在学理上创建一套民系理论，在实证上充分使用正史、方志、谱牒、民族志材料进行论证，客家问题研究才转型成客家学研究。早期客家史的探究始终透露出"正统"史观，其存在既是现实形势的需要使然，也是客家史家对这一史观的自觉选择。

一、早期客家"正统"史观出现的背景

客家史学研究兴起的背景为客家族群与其他族群之间矛盾的爆发和持续，对社会产生广泛而深远的影响，引起官方、学界和社会名流的关注和介入，他们试图解决这一族群矛盾。

土客矛盾最早发生在族群摩擦频繁的粤东粤北。区域社会经济周期性兴衰，加上在出发地"推力"和目的地"拉力"的共同作用下，客家定向移民导致人稠地狭矛盾，因而土客矛盾的发生便是一种必然的趋势。

澳大利亚墨尔本大学的梁肇庭先生对明清客家族群移民并产生土客矛盾的历史提出了两次移民说。第一次是明代嘉靖二十三年（1554）开始的东南沿海客家移民，一部分客家人从程乡（梅州）、长乐（五华）一带，移动到海丰和归善，以挖矿、种植蓝靛、砍伐木材等为生；另一部分客家人在1608～1609年间顺着东江到达博罗，与当地居民出现摩擦。政府为了便于管理，采取根据客家人籍贯地实行乡约管理的做法，组成"兴宁约""长乐约"。第二次是清代康熙二十一年（1682）放开海禁至清乾隆十九年（1754）以广州为核心的岭南客家移民，广州增城100多个客家村庄从嘉应州、龙川、英德等地迁往岭南，组织成一层层乡村见的"约"，引起土著恐惧。[①]梁肇庭从一个较长周期观察区域社会的经济活动和人群

---

① 梁肇庭：《客家历史新探》，《中国社会经济史研究》1982年第1期

流动，从而探讨两次土客矛盾的社会、经济、政治背景。客家学奠基人罗香林提到的战乱导致北民持续向赣闽粤交界区迁徙，聚集的人口持续增多，随之出现人稠地狭的矛盾，加之时遇旱灾，使得山区的客家人面临更加艰难的生存困境，这些都是客家人走出山区谋生的重要推力。清嘉庆十三年（1808）发生的东莞博罗土客械斗，清咸丰至同治年间，发生的大规模土客斗案，本质上都是土客族群间利益矛盾激化的表现。

上述有关土客矛盾问题被官方注意到，且官方参与矛盾调解的事情，同时被记录在官修方志上，这种记录也反映了地方政府和地方精英对土客矛盾看法之意识形态。明万历《惠州府志》、崇祯《博罗县志》，清乾隆《肇庆府志》《海丰县志》、雍正《揭阳县志》等方志，都不同程度地记录了其行政管辖范围内发生的有关客家事情，尤其是呈现了官方对土客矛盾问题的态度。方志客观记录社会现象本无可厚非，但带着排斥其他族群的史观来书写，土客矛盾问题就会在另一个层面——知识界层面表现出来。

以客家移入地岭南行政县市官修志书上的记录为例，作为土著的地方文人将客家和贼联系在一起，或者在客字左边加上"犭"偏旁，存在贬低羞辱客家身份之意。如清雍正九年（1731）《揭阳县志》记载："崇祯十七年，即国朝顺治元年（1643）甲申正月，獠贼通闽贼阎王老等四五千人突至县西关。"[1]此后的地方志上也出现了歧视性称呼，如道光二十年（1840）的《新会县志》中将客家之"客"写作"獠"，光绪五年（1879）的《广州府志》和光绪十九年（1893）的《新宁县志》将械斗客民称为"客贼""客匪"，光绪二十二年（1896）的《四会县志》将客家写作"犵家"，光绪三十一年（1905）的《广东乡土历史》教材提到客家"非粤种，亦非汉种"，黄节提到客家为古代越族的苗裔。民国十九年（1930）广州的《建设周报》第三十七期有"客为犵"的论述。[2]

---

[1]（清）陈树芝：《揭阳县志》（影印雍正九年刻本），卷三，书目文献出版社，1991，第309页。
[2] 罗香林：《客家研究导论》（外一种：客家源流考），广东人民出版社，2018，第17、25页。

当然，并非客家迁入地的方志都一律贬低客家，客家聚居区的飞地（赤溪）周边土著环绕，其县志在土客斗案的叙述中隐含对土著的批评。赤溪县位于广州附近，其本身就是政府在土客矛盾难以调解的情况下，专门为管辖客家而建立的一个县，于清同治六年（1867）为客民开设。增城客籍赖际熙主修《赤溪县志》，其中提到"谨按五岭以南民风强悍，械斗之事时有耳闻焉……清咸同间新宁、开平、恩平、鹤山、高明等县土民与客民械斗受祸之惨也。今赤溪县民，即原居新宁籍之客民也。自经巡抚蒋益澧止斗联和，划厅分治，土客相安垂五十余年于兹矣"。[①]五岭以南，即通常所称的岭南。岭南的经济核心地带位于广州，岭南土客矛盾主要发生在广府及周边，"民风强悍"正是在隐含地批评广府人的好斗之性。罗香林对于土客问题的发生有这样一段论述："自明末清初，客家人士随着同住闽粤的其他汉人，竞向海外各地从事工商业的经营以后，因经济势力的膨胀，中西人士始渐有注意到客家民系来的。而粤省广惠二属的客家，又以人口日增，势力日扩，语言习俗不与其他邻居的民系相同，致引起其邻居民系的恶感，渐有斗案发生，且以恶言相詈。"[②]

上述方志反映的是我群（土著族群）对他群（客家族群）看法的一种意识形态。换个角度看，即是客家族群被他群归类、描述。土著精英对客家身份污名和贬低的归类、描述，必然遭到来自岭东客家移出地、岭南客家聚居地的客家精英的抵制和自我辩护。因此，"正统"观成为客家族群的现实需要，客家精英也据此开始从实践、学理中为客家书写"正统"史观。

二、早期客家"正统"史观建构的初步探讨时期

土著精英在发出"客匪""客贼""犵家""非粤种亦非汉种"等断语

---

① 王大鲁修，赖际熙纂：《赤溪县志·开县事纪》卷八，《中国方志丛书》，1920 年。
② 罗香林：《客家研究导论》（外一种：客家源流考），广东人民出版社，2018 年，第 13 页。

时，客家精英几乎同时在为客家发现"正统"、寻找"正统"而努力。受到儒学熏陶的客家精英明白"中原""汉族""儒学"等在国家正史主流意识形态话语表述中具有举足轻重的地位，因而从客家源自中原、嘉应方言由中原音韵演变、客家风俗是中原礼俗之传承、客家为汉种四条途径进行自我辩护，并由此构成客家"正统"史观的主要内容。

最早追溯客家之源的文本是《丰湖杂记》。该文本产生于清嘉庆十三年（1808）东莞、博罗土客械斗的背景下，掌教丰湖书院的徐旭曾对客家来源有所了解，于是应门生之问阐述自己的看法。"今日之客人，其先乃宋之中原衣冠旧族，忠义之后也。自宋徽钦北狩，高宗南渡，故家世胄先后由中州山左，越淮渡江而从之，寄居各地。迨元兵大举南下，宋帝辗转播迁，南来岭表，不但故家世胄，即百姓亦多举族相随。有由赣而闽、沿海至粤者，有由湘赣踰岭至粤者，沿途据险，与元兵战，或徒手与元兵搏。全家覆灭，全族覆灭者，殆如恒河沙数。"①客家源自"宋之中原衣冠旧族"，随"高宗南渡"，为"忠义之后也"，与"元兵战""徒手与元兵搏"，这些描述反映了徐旭曾关于汉族治国的正统史观，将客家向南移民的过程与高宗南渡、与元兵战斗的历史联系，首次构建客家源自汉族、源自中原世胄、辅助汉人王朝的客家"正统"史观，且这种"正统"史观的建构路径，在后来客家精英的著述中也可见。如，赖际熙在 1921～1926年编纂完成的《崇正同人系谱》中专辟"源流"卷，论述客家来源。

方言研究存在两方面需要：一方面，语言的差异容易被感知。在传统社会中，语言不同较容易产生心理隔阂，"而语言往往因其起源不易考证，更容易使这种想象产生一种古老而'自然'的力量"。②通过方言研究可从学理层面去除这种因语言不同带来的隔阂。另一方面，在土客产生矛盾

---

① 罗香林：《客家史料汇编》，南天书局出版社，1992 年，第 297～298 页。《丰湖杂记》原收录在和平《曾氏族谱》中，罗香林又将之辑录在《客家史料汇编》中。
② 吴叡人：《认同的重量：〈想象的共同体〉导读》，1999 年，第 12 页。[美] 本尼迪克特·安德森著，吴叡人译：《想象的共同体——民族主义的起源与散布》，上海人民出版社，2011 年。

时，客语常被本地人嘲笑为南蛮鸟语，客家人被迫自我证明客语源自中原音韵，是在迁徙过程中演变而来的，从而进行了一种"正统"论证。方言逐渐成了客家族群自我归属的一个重要特征，也成为被他群描述的一个重要事象。

比如，嘉应方言大致在明代中期形成，随着其使用者的迁徙而扩大了使用的地理范围。18世纪初，嘉应方言使用者大举移民到珠江口一带，随后与广府话使用者产生冲突。[1]蕉岭籍黄钊在道光二十四年（1844）成稿的《石窟一征》中，对客家方言做了较为系统的记录。其中，有两卷专门记录客家方言，涉及名词、动词和形容词等近500条，同时做了解析。[2]这一嘉应方言的记录启发了后来者，如梅州籍林达泉、黄遵宪等均研究了嘉应方言与中原音韵的关系，从而为客家"正统"史观进一步提供学理依据。林达泉于同治六年（1867）作《客说》，根据客家方言等力称客家为唐虞三代后裔，[3]将客家历史进一步前推到尧舜禹三代。黄遵宪通过客家方言调查和古今音韵对比，在客家方言与中原音韵之间、在客家和中原旧族之间建立起一个逻辑上的沿革关系，以便证明客家人为中原遗裔。他在为张煜南所刻《梅水诗传》作序（1901）时，提到"嘉应一州，占籍者十之九为客人。此客人者，来自河、洛，由闽入粤，传世三十，历年七百，而守其语言不少变。有《方言》《尔雅》之字，训诂家失去其意义，而客人犹识古义者；有沈约、刘渊之韵，词章家误其音，而客人犹存古音者……余闻之陈兰甫先生，谓客人语言，证之周德清《中原音韵》，无不合。余尝以为客人者，中原之旧族，三代之移民，盖考之语言文字，益自信其不诬也"。[4]

---

① 刘镇发：《客家——误会的历史、历史的误会》，学术研究杂志社，2001年，第2页。
② （清）黄钊：《石窟一征》卷七、卷八，学生书局，1970年（影印1909年），第367～400页。
③ 温廷敬：《茶阳三家文钞四·林太仆文钞》（影印1925年），见沈云龙：《近代中国史料丛刊》第三编（23辑），文海出版社，1966年，第131～135页。
④ 黄遵宪著，吴振清、徐勇、王家祥编校整理：《黄遵宪集》（下），天津人民出版社，2003年，第390页。

在研究客家方言的音义实践上，既要找到其与中原古音义的对应关系，也要充分考虑到其在继承中的变化问题。兴宁籍人胡曦在《广东民族考》中指出，"粤乘风俗门曰：惠州府方言有二：一水源音，一客家音。自福建来者为客家，自江右来者为水源，云云，此长宁方乘之说也。其实客家字，未可求音义，只可以考历代递迁递徙之人。水源二字，即非求音之义，恰有可以考历代递因递变音声之义。长宁方乘截然分二者为音义之规则非也，何言之？盖水者准也，能表诸情理之平者也，即可借之为准则音声之义，音声之义，九州各因其山川而别……假借字也"。① 从其内容的表述来看，指出了求音义存在不妥之处，但如何不妥未有言明。从发音的角度看，可以推断"客家"容易被曲解为"犵家"，借此可以从地理变化的角度探求音声之变的问题，用来考证迁徙之人所操嘉应方言是中原音韵之变的结果。

力证客家种族属性为汉族是早期客家精英的一个努力方向。在这方面的研究中，具有代表性的学者有大埔籍邹鲁、蕉岭籍丘逢甲两位先生。邹鲁和张煊合著了《汉族客福考》，丘逢甲在 1911 年为此书作序。他在序中写道："溯汉族辟土开疆，奠定中原以还，始而播衍于中国，继而扩殖于南洋，虽地居不同，语言个别，初不过转徙有前后，变化有钜微，其同为汉族则一也。否则如苗瑶黎侗之异族，自汉族繁殖之后，即有存者，自为风俗，成历史之遗物而，何至于与汉族混哉？乃近有著作，竟贸然不察，以客家、福佬语音之差异乎广音，遂以客家、福佬非汉族；且以'老'做'犵'，更有一二著作，以'客家'作'哈加'，抑何其倛哉。"②

从客家风俗中寻找古风的代表人物是有广东"徐霞客"之称的屈大均先生。他在游历岭南、岭东部分地区后，于康熙二十六年（1687）写就《入永安县记》，其中记录了客家人勤俭、敦朴之风气："县中多闽、豫章、

---

① 胡曦：《广东民族考》，《文史学研究所月刊》1907 年第 4 期。
② 黄志平、丘晨波：《丘逢甲集》（增订本），广东人民出版社，2019 年，第 448～449 页。

潮、惠诸客家。其初，高、曾至此，或农或商，乐其土风，遂居之。风气所移，大抵尚勤俭，务敦朴，有浑古之风。"①他还在《永安县次志》中对客家文教大加赞赏："县中雅多秀氓，其高曾祖父多自江、闽、潮、惠诸县迁徙而至，名曰客家。比屋读诵，勤会文，富者多自延师，厚修脯。"②这个记载表明客家人重教尊师、勤奋善学，出了很多才能出众之人。

以上研究，涉及客家溯源、客家方言、种族属性、风俗、文教等方面，为客家"正统"史观的建构做了早期探索。但其缺点也明显，论述较为简略，且出现以论代史的问题。20世纪早期，土客问题之笔争达到高潮之际，客家问题研究集大成之作《客家研究导论》（1933）出版了，不仅以上述客家研究成果为基础，还采用了将客家"正统"史观深度融入客家民系的研究中的研究路径。

三、早期客家"正统"史观建构的成熟时期

罗香林对早期客家研究探索的客家溯源、客家方言、种族属性、风俗、文教等主要研究路径和内容进行了调整，形成《客家研究导论》。第一章客家研究的发端（含种族属性、背景），第二章客家的源流，第四章客家的语言，第五、六章客家的文教（含文教、风俗），第七章客家的特性（含种族属性）。此外，增加了第三章客家的分布及其自然环境（前期探索偶有提到），第八章客家与近代中国，第九章客家一般趋势的观察。可以说，《客家研究导论》为客家研究转向客家学研究提供了理论基础。

比如，关于客家为汉族的论述，罗香林直接创造了"民系"一词来论述客家是汉族的一支，并在《客家研究导论》第一章开宗名义："南部中国，有一种富有新兴气象、特殊精神、极其活跃有为的民系，一般人称它

---

① 屈大均：《入永安县记》，《翁山文外》（第1册），文物出版社，1982年。
② 张进篆续修，紫金县地方志办公室译注：《康熙永安县次志译注》，广东人民出版社，2018年，第394页。

为'客家'（Hakkas）。他们是汉族里头一个系统分明的支派，也是中西诸社会学家、人类学家、文化学家极为注意的一个汉族里的支派。"①民系，不仅是一个新概念，还孕育了民系理论的提出。罗香林在《民族与民族的研究》中提到："民系原为民族里头的各个支派……若干不同的民族，有时会因环境和时代的变迁，互相混化，成为一种新起的民族；而一个庞大的民族，有时亦会因环境和时代的变迁，逐渐分化，成为若干不同的系派，这些都是不可避免的事实。"②他还在《客家研究导论》第二章客家的源流中对客家民系是汉族里头的一个支派进行实证性研究，以正史资料为依托，结合客家族谱资料、方志资料和民族志等文献，提出东晋至隋唐、唐末五代、宋末元初、明末清初、同治六年（1867）至民国"五次"客家迁徙说。③

客家"五次"迁徙说对客家源自中原、客家为汉族的支派做出了系统性探索，从理据上进一步证明了客家源自中原的问题。在西人所编的《世界地理》中提到："其山地多野蛮的部落，退化的人民，如客家等等便是。"④客家种族来源之争的四种说法："其一谓客家为苗、蛮的别支……其二谓客家为古代越族的苗裔……其三谓其不与汉族同种……其四谓客家为纯粹的汉种。"⑤前三种观点都被罗香林逐一批判，第四种则获得了罗香林大体上的认可。这种逻辑符合中国历代以汉人文明为中心的"正统"，以及视东夷、南蛮、西戎、北狄为未开化的民族观念。因此，只要证明客家为北民南迁的汉族分支，也就证明了客家有东晋衣冠南渡等的高贵血统，从而在血统上否认了广府人、西方人所认为的客家是苗蛮或古越族分支的观点。由此，《客家研究导论》再次构建了客家的"正统"史观。

---

① 罗香林：《客家研究导论》（外一种：客家源流考），广东人民出版社，2018 年，第 12 页。
② 罗香林：《民族与民族的研究》，《文史学研究所月刊》1933 年第 1 期。
③ 罗香林：《客家研究导论》（外一种：客家源流考），广东人民出版社，2018 年，第 37 ～ 74 页。
④ 罗香林：《客家研究导论》（外一种：客家源流考），广东人民出版社，2018 年，第 19 页。
⑤ 罗香林：《客家研究导论》（外一种：客家源流考），广东人民出版社，2018 年，第 25 ～ 31 页。

　　民系理论在对民系特征的研究上，借助了民族理论，即将早期客家探索的客家方言、风俗、文教内容，归纳为民族属性的四要素，即共同语言（第四章）、共同地域（第三章）、共同经济生活（第三章）、基于共同文化的共同心理素质（第五、六、七、八章）。罗香林在《民族与民族的研究》一文中提到"人种，地理，语文，文教"构成民族四要素，也即民族的基本属性，"所谓民族的各个局部会成为各殊支派者，就是说，族内各个部分以受有外来特殊影响，使其原有各种要素发生若干变化，而其变化的程度又尚不能遂致使该民族完全失却整个属性的存在，因此各局部便成为各个微有分别的民系"。即民系的民族属性没有改变，而是继承了原民族的族属。根据这一理论逻辑，客家民系的论述根据四要素进行，《客家研究导论》第二章中的客家源流对应种族，第三章的客家分布及其自然环境对应地理，第四章的客家语言对应语文，第五、六章的客家文教对应文教，一一对应上了民族四要素。①具体而言，《客家研究导论》中的研究运用历史学方法，将客家民系之源追溯到中原汉族；运用人类学田野调查方法，将客家方言追溯到中原古音；运用文化学方法，力证客家文教是中原世胄礼俗的遗存。唯有不同的就是居住的地理环境，但正因客家所在的赣闽粤交界区丘陵地带较为封闭，为移民提供了避祸场所，也为保留中原古音、中原遗风提供了屏障。

　　此外，民系理论的提出也带来了新问题，与民族理论相比，民系理论有哪些不同？即客家民系为何与汉族有诸多不同？罗香林通过对民系特性的研究来表明民族支派的纵深演化情况："一民系有一民系的特性；所谓特性，与属性不同。属性是指构成民族或民系的种种规准，如语言、文教、地理……等便是；特性是指由各种属性规范而成的惯例，或脾气与好向；属性是母是体，特性是子是用；属性是整个的，特性是片面的畸形的，不片面，不畸形，便没什么特不特了。"①那么，若把客家兼顾各业、勤

---

① 罗香林：《客家研究导论》（外一种：客家源流考），广东人民出版社，2018年，第37～189页。
② 罗香林：《客家研究导论》（外一种：客家源流考），广东人民出版社，2018年，第190页。

劳、好动、进取、俭朴和妇女耐劳等优点作为对客家民系特性的说明，能证明客家民系源于汉族又胜于汉族吗？或者说，能证明是"母体－子用"的关系吗？如果能证明，也只是提到客家民系如何如何，但作为参照系的汉族特性是什么，没有明确阐述，汉族的总体特征似乎是一个不证自明的问题。这在汉族与民系边界建构上出现了边界模糊的问题。从罗香林对民系的构建上说，他既想证明客家民系是汉族的分支，又想证明客家民系自成特性，这种既有内在关联又有区分的辩证关系需要进一步探讨。

罗香林的客家"正统"史观，以民系理论为学理支撑，然后按民族属性的四大要素，对客家民系始于汉族演化，进而创造性构建"民系"学说。他对客家民系源出汉族的宏观叙述和论证得到学界的肯定，作为罗香林的外父兼老师的历史学家朱希祖在《客家研究导论》的序中，对该书第二至六章评论道："此数章皆用科学之方法，为客观之叙述，为此书最精审之作。"[1]

四、结语

人类学家弗里德里克·巴斯把族群当作一个文化孕育单位，认为它具有自我归属和由他人归类的特征。[2]在地域社会中出现你群、我群、他群边界区分之时，有关族群的"自我归属和由他人归类的特征"便会逐渐出现，因此，采用这一理论分析客家族群问题较为恰当。

从客家史学兴起的背景中可以发现，族群知识界一方面对客家族群的客观特征进行描述，另一方面对客家族群特征也进行必要建构。这种使族群边界清晰化、显化的尝试，一方面是客观存在的，另一方面是人为的社会建构。当进入人为建构之时，即意味着族群矛盾的激化。本文即提供了

---

[1] 朱希祖：《朱希祖序》，见罗香林：《客家研究导论》，上海文艺出版社，1992年，第2页。
[2] ［挪威］弗里德里克·巴斯著，高崇译，周大鸣校：《族群与边界》，《广西民族学院学报》1999年第1期。

这样一个案例，客家精英致力于从源头上证明客家来源中原世胄、名门正宗，从历史视角梳理源流，他们的论著都蕴含着"正统"史观，运用这一"正统"逻辑，逐渐将"野蛮人"的标签剥离，消解"他群"对"我群"的文化伤痕，从而达到以正视听的目的。比如，光绪三十一年（1905）出版的由诗人黄节所著的乡土教材《广东乡土历史》指出客家非粤种汉种，该说影响广泛，对客籍人士来说如鲠在喉。客籍人士丘逢甲、黄遵宪、温廷敬与钟用和一起著书立说，以客家为汉种之"正统"的论述对之进行批判，最后让《广东乡土历史》做出修正，以误据上海徐家汇教堂所编的《中国地舆志》释之，客家人最终"释然矣"。正是客家精英的"正统"叙述，客家"正统"史观在实证过程中逐渐得以构建和形成。

The "Orthodox" View of Early Hakka Historiography [1]

Zhang Yonghua, Cai Hui [2]

Absrtact: Early Hakka historians have always studied the Hakka issue with the "Orthodox" view of history, with "Han", "Central Plain" and "Confucianism" as the key words of the "Orthodox" discourse, on several important issues of Hakka People's people, Hakka gradually originated from Central Plain, Hakka people dialect evolved from the sounds of Central Plain, Hakka people is a branch of the Han people, Hakka people culture and education is the inheritance of Confucian civilization, etc. , the main proposition of early Hakka people historiography is to provide theoretical support and strengthen positivistic formalism. The "Orthodox" view of history in early Hakka people was thus constructed.

Keywords: Early Hakka History   Orthodox View of History   Luo Xianglin

① This paper is a research result of project "The Academic History Study of Hakka".
② Author's Bio: Zhang Yonghua is a teacher at Gannan Normal University, he is mainly engaged in Hakka studies. Cai Hui is a teacher at Gannan Normal University, she is mainly engaged in Hakka culture research.

HISTORY
AND
INHERITANCE

历史与传承

董越：富有国际影响力的客家籍廉吏

钟俊昆　王芳[①]

摘要：江西客家乡贤董越为明代成化五年 (1469) 探花，任翰林院编修、充任典试官，后成为东宫侍读及皇帝日讲官，建言屡受重视；担任礼部右侍郎、工部尚书，革除陈年弊案，开源节流，以利社会。他是赣南最早出使国外的使臣，曾率团出使朝鲜，"考其山川，著其风俗，察其好尚，详其居处，观其服食"，因其谢绝钱物馈赠、谢绝宴乐享受等清廉品行受到朝鲜官民的持续赞誉，可谓是富有国际影响力的廉吏；其出使朝鲜行程、地方风物、礼仪活动、诗文酬唱记等成果载于其自撰的《朝鲜赋》，传至朝鲜，并编入中朝官员交流成果之一的诗文集《皇华集》，成为 15 世纪域外地理、中朝关系史研究的绝佳史料。

关键词：董越　《朝鲜赋》《使东日录》　客家文化

据记载，明代（1368～1644）共计 277 年，期间使臣出使朝鲜半岛计有 153 个行次，即约两年出使一次，"使臣的相互往来，沟通着两国政治、经济和文化的密切联系，有力地推动了两国关系发展。……中国传统思想文化对朝鲜产生了更加深刻的影响，成为朝鲜的主流文化"。[②]使臣出

---

① 作者简介：钟俊昆，赣南师范大学客家研究中心教授，研究方向为客家文化与文学；王芳，赣南师范大学历史文化与旅游学院硕士研究生，研究方向为民俗学与客家文化。

② 高艳林：《明代中朝使臣往来研究》，《南开学报》2005 年第 5 期，第 75～83 页。

使并不频繁，但承担的使命及其影响力之大可载入史册，其中特别值得一提的是江西籍客家乡贤董越，其曾有幸于弘治元年（1488）率团出使，并且因其清廉得到朝鲜官民的持续赞誉，其出使行程和成果见于他自撰的《朝鲜赋》中，这也是明代历次出使朝鲜中行程记载最为清晰的一次。"明代在赋史上首次出现描写外国的赋，即董越的《朝鲜赋》和湛若水的《交南赋》"①。湛若水 (1466 ~ 1560) 的出使比董越晚 20 多年，是在正德七年 (1512)，奉使往安南国册封安南王，归国时婉谢安南王厚馈，归后作《南交赋》。从中可知，两者既是清廉的使者，又是"明人域外双赋"的作者，但董越开风气之先，影响力也更大。虽然董越是江西客家地区最早出使国外的外交使臣，但相关研究远不够翔实。现结合有关文献资料，笔者试图"还原"董公相貌，勾勒出一位江西客家人的出行事迹与廉洁风骨。

一、董越及其作品研究动态综述

学术界学者对董越及其《朝鲜赋》等作品所做的研究较少，多数学者从董越生平、《朝鲜赋》写作背景、主要内容与文献价值、董越对礼仪的重视、外交礼仪交涉等方面来展开研究。如傅德华、李春博的论文《明弘治年间中朝礼仪外交——以董越出使朝鲜为中心的考察》，②从董越生平、董越对礼仪的重视、双方在颁诏礼仪上的分歧、出使路线、《朝鲜赋》的撰写价值及文献价值等方面展开研究；叶晔的论文《明人域外双赋：董越〈朝鲜赋〉与湛若水〈交南赋〉》，③主要从两篇赋的写作背景、主要内容、文献价值等方面展开研究；曹虹的论文《论董越〈朝鲜赋〉——兼谈古代

---

① 王准：《从〈朝鲜赋〉和〈交南赋〉看明代文人的颂美意识》，《昆明学院学报》2014 年第 4 期，第 90 ~ 93 页。

② 傅德华、李春博：《明弘治年间中朝礼仪外交——以董越出使朝鲜为中心的考察》，《韩国研究论丛》2009 年第 2 期，第 345 ~ 361 页。

③ 叶晔：《明人域外双赋：董越〈朝鲜赋〉与湛若水〈交南赋〉》，《文史知识》2009 年第 7 期，第 31 ~ 36 页。

外交与辞赋的关系》①主要从文献价值、辞赋与外交等方面着手；也有谈及此赋的价值的，认为董公《朝鲜赋》"是一篇用纯文学的古雅体式，持体国经野的写作态度的，精致地描绘异国的山川形胜，民俗风情，并辅之以大量的自注，以备读者周览咨询。……而且，董公严谨认真的写作态度使《朝鲜赋》内容翔实可信，是十五六世纪域外地理研究的绝佳史料"。②也有人从中国历史上较少出现异域书写的角度认为，"通过明代董越使东期间所写《朝鲜赋》及其在朝鲜文史界的反响，可以了解'异域'是怎样被如实呈现的"。③从上面的文献梳理中可以看出，董越《朝鲜赋》在文学史及研究明代对朝鲜的外交关系方面，都具有重要的文献价值。然而，目前对董越的研究仍显不足，特别是较少结合地方文献资料进行研究。对其清廉品格的形成原因与体现，至今没有专文研究。

二、董越的生平交游及其与江西客家的关系

董越生平事略在《中国人名大辞典》《中国文学家大辞典》中均有载。有关董越的资料，在地方文献《赣州府志》《宁都直隶州志》中较为详细，有传记，也有少部分的诗文记载。遗憾的是，目前所知的董氏族谱资料中记述不多。

董越（1430～1502），字尚矩，号圭峰。原籍江西省赣州宁都县田头镇璜坊村人，辞官后迁居宁都县城董屋巷，死后赐祭葬于宁都县城东门永渡桥左岸。江西赣州市位于赣闽粤客家人聚居区，有"客家摇篮"之称，宁都县则是客家人第二次南迁到达的主要区域之一，是一个纯客家县。其著有《圭峰文集》《朝鲜赋》，其子董天锡将董越出使行状及诗文整理成

---

① 曹虹：《论董越〈朝鲜赋〉——兼谈古代外交与辞赋的关系》，见张伯伟：《域外汉籍研究集刊（第9辑）》，中华书局，2013年。

② 叶晔：《明人域外双赋：董越〈朝鲜赋〉与湛若水〈交南赋〉》，《文史知识》2009年第7期，第31～36页。

③ 曹虹：《辞赋源流与综合研究》，《文学遗产》2006年第1期，第15～18页。

《使东日录》《董文僖公集》。

对董越生平事迹的记载，以《宁都直隶州志》最为翔实，先是记载了其生卒、官职与政绩：

> 董越，字尚矩。明成化己丑进士及第第三人，授翰林编修，上西北备边封事。己未、戊戌分校礼闱，取大学士王鏊、梁储等，称得人。九载进侍读直东宫侍读，充经筵讲官。屡有开陈，上多感悟。
>
> 辛亥修《宪宗实录》成，擢太常少卿兼侍读学士。壬子兼直日讲，引喻婉切，上每为注听。癸丑擢南京礼部右侍郎，寻拜南工部尚书。条陈宿弊，请从节省，为中贵寝阁不行。卒赐葬祭。赠太子少保，谥文僖。①

从中可知，作为进士的董越曾任翰林院编修，还给皇帝呈递过《西北备边封事》奏折，②这可看出董越参政议事的眼光相当开阔——空间上言及西北之事，所涉议题上言及文人较少关注的兵事。另一方面，这也足见明代对西北兵事的看重，正如李鸿章同治十一年（1872）五月《复议制造轮船未可裁撤折》所言"历代备边，多在西北"，这与历代重视西北边防有关。董越还充任典试官、太子老师及皇帝日讲官，甚至屡屡有建言，能击中肯綮，让皇帝"每为注听"，有所感悟，某种程度上能影响高层决策；后来担任礼部右侍郎、工部尚书时能却除陈年弊案、开源节流，有利社会。纵观董越的生平，可知他是踏踏实实行事的，一步一个脚印地做出了政绩，并得到快速提拔，成为皇帝身边值得信任的大臣。

至于董越的为人处世风格，文献中也有栩栩如生的记载，"越风采凝

---

① 赣州地方志办公室：道光四年《宁都直隶州志》卷二十二《人物志》，1986 年重印本，第 475 ～ 476 页。
② 指封事，是臣子给皇上上书言事的一种文体。

重，言动有则。虽乐道人善，而亦不轻许可；虽耻炫能以形人之短，而不忘规箴。至于寡嗜欲，敦俭约，禄入恒以恤宗邓及贫贱之交，则其天性云。少孤食贫，竭力以事太夫人"。①从这段记载中可知，董越为人的品德：一是严谨冷静，言行有规有矩，人如其名，诚如其字"尚矩"，未敢逾越儒家礼仪的规范；二是与人为善，道人所长，不逞己能，不揭人短；三是乐于助人，孝顺母亲，有所得常乐捐乡党、族人及同僚宾朋；四是清廉自守，清心寡欲，生活俭朴。

明天启《赣州府志》②卷十六《乡贤志》及清道光四年《宁都直隶州志》卷二十二《人物志》，都记载了一件异事：董越居乡后，常常为族人讲经读史。夜晚归家时，曾有虎相护送："教授村中，尝夜归，荧荧有光前导。比及门，咆哮而去，视之则虎也。以此自负，人亦以大受期之。"③董越以此得到精神上的满足，乡人也以此奇之，身受其教益。

三、董越清廉品格的体现

明代有数批官员出使朝鲜半岛，如陈鉴、张宁、金湜、祁顺、倪谦、董越、徐穆、唐皋、龚用卿、华察、许国、韩世能、黄洪宪、朱之蕃、刘鸿训等人。其中，董越率团出使时以其廉吏形象最为显著，成为中朝交流史的一个典范。

董越是江西客家地区第一个出使朝鲜的官员，也是明代派出使节中口碑最好的一位。他于明代第九位皇帝孝宗（1487～1505 年在位）登基后

---

① 赣州地方志办公室：道光四年《宁都直隶州志》卷二十二《人物志》，1986 年重印本，第 475～476 页。
② 清顺治十七年刻本。
③ 赣州地方志办公室：道光四年《宁都直隶州志》卷二十二《人物志》，1986 年重印本，第 475～476 页。
④ 《朝鲜赋》中所言："二月方中，樱桃尽放；季春未晦，郁李皆残。"并自注："予三月十八日自其国启行时，棠梨花落殆尽。又行数日，过鸭绿江始见有初开者。盖其国渐近东南，地暖故也。"

的次年春天出使朝鲜，④行程70余天。孝宗于1487年即位后，改国号为弘治，弘治元年（1488），"（董）越以右春坊右庶子兼翰林院侍讲，同刑科给事中王敞使朝鲜"。①右春坊右庶子为明代官职名，服务于太子，董越以此身份衔"正使"率团出访，出色地完成了外交出使任务。作为官员到访朝鲜后，他向朝鲜国王宣传明帝德政，参加了朝鲜的庆典。事务完成后，立即做返程准备工作，居三日而还，不应对方之邀约而做久留。《宁都直隶州志》中对此有记载："孝宗登极，以右庶子颁朔朝鲜，赐（董越）麒服。至则宣德意，贞王度，馈赠一无所受。作《朝鲜赋》以纪国俗，他所题咏尤多，国人锓以传之。后贡使至，必问其起居。"②这里非常清晰地记录了董越出使的背景、身份、任务、目标，以及出使的表现、成果与影响，特别是董越在出使过程中"馈赠一无所受"的清廉品行及《朝鲜赋》的刊行，极受称赞。

董越在朝鲜期间，理性应对，以儒家礼仪维护明朝政府形象。如到汉城郊外驿馆，不见对方礼官来迎接。当即告谕对方必须礼官来迎接，随后对方即恭敬相迎。完成公务过程中及接待交谊时，与对方以诗赋互为唱和，开展诗赋外交，增进情谊，并以高超的诗赋创作才华让对方折服。这些文化交流使得"以儒家思想为代表的中华文化已成为朝鲜文化血脉的文化本质"，③为推动邦邻文化交流与政治教化做出了重要贡献。

行程中，不接受任何钱物馈赠体现出董越的清廉品质与外交自律。在出使过程中，董越一行受到朝鲜官员的热情接待，甚至有些超出了约定俗成的标准，如对方赠送的华贵衣物和珍贵食物，董越均依礼婉谢。后来囿于朝鲜半岛饮食习惯，加之朝鲜官员反复劝说，实在无法谢绝，董越只得

---

① 傅德华、李春博：《明弘治年间中朝礼仪外交——以董越出使朝鲜为中心的考察》，《韩国研究论丛》（第21辑）2009年第2期，第345～361页。
② 赣州地方志办公室：道光四年《宁都直隶州志》卷二十二《人物志》，1986年重印本，第475～476页。
③ 高艳林：《明代朝鲜中华文化血脉的形成》，《廊坊师范学院学报》（社会科学版）2017年第3期，第38～45页。

象征性地收取鱼肉等低价食物，之后再公开分发给随行人员分享。在朝鲜新安驿馆、平壤、开城等地，董越曾多次谢绝对方所赠礼物。完成颁发诏书仪式后，朝鲜国王设宴款待使团，之后又命赠送礼物。[1]董越只接受了一纸礼单，坚辞了任何实物之礼，并向国王表达谢意与歉意，这让朝鲜国王及上下官民对董越一行的清廉与有礼产生了深深的敬意。

谢绝享乐，是董越出使期间清廉自守的另一表现。董越在应对这些原则性的事件时，则坚辞不受。如，朝鲜宣慰使在新安驿馆安排宴会宴乐，让"妓女"（艺伎）在驿馆奏乐陪伴。当对方言明这也是当地待客习俗，并请求董越一行接受时，董越以先皇帝驾崩三年期内不宜听乐享乐之名拒绝。到达开城后，对方官员再次提出宴会时以宴乐款待，认为按"以日易月"旧制则朝廷国丧已过，以伎艺展演款待也属宾礼之一，并请求"客随主便"。董越违拗不过，艺伎们被安排在大厅后，董越行过见面礼，便说"今既见之，速出可也"，并没有观看、享受宴乐表演，此举赢得了开城宣慰使的敬佩，赞扬道："臣等窃观两使举动，凡行礼极其敬谨，无少差违，可谓正大之人矣。"[2]这给了双方一个折中的礼仪方案，既不违内心所愿，不贪图享乐，又不损对方颜面，有礼有节，持中有度。

董越因清廉而备受朝鲜人民的尊重。返国时，凡朝鲜国王和地方官员馈赠给他个人的物品，一件未受。回国后，他参照有关史料，结合自己的行程所见及问询所得的朝鲜风俗撰写了《朝鲜赋》，记述朝鲜的地理环境、民情风俗，内容丰富，文采斐然，广为传诵。此书也传到了朝鲜，并受到当地社会的广泛欢迎，有部分诗赋被编入《皇华集》。正因为董越出使时既能宣达王意，又廉洁自好，使其深受朝鲜王室的信赖与喜爱，"此时的中朝交流迈入了一个平稳期，不同于彼时宦官出使的索求无度，董越等文

---

[1] 傅德华、李春博：《明弘治年间中朝礼仪外交——以董越出使朝鲜为中心的考察》，《韩国研究论丛》（第21辑）2009年第2期，第345～361页。

[2] 朝鲜《成宗大王实录》第二百十三卷成宗十九年条目，1488年。参见傅德华、李春博：《明弘治年间中朝礼仪外交——以董越出使朝鲜为中心的考察》，《韩国研究论丛》（第21辑）2009年第2期，第345～361页。

官的清廉出使受到了朝鲜方面的友好接待。"①后来朝鲜使者来贡，"贡使至，必问其起居"，非常关心董越的生活近况。可知董越出国期间凭借着自己的严谨、公正与善心，以及不贪财、不享乐的廉洁操行和高尚品格，赢得了对方的尊重，享有崇高的威望，以致在相当一段时间都让对方使者关心惦念，主动表达真诚问候与友善敬意，以其品正德行赢得了交口赞誉的口碑，形成了广泛且持久的国际影响力。

四、董越清廉品格的养成因素

董越的清廉品质是与家庭教育、良好家风，以及客家文化的滋养分不开的。据出土的董越妻温氏墓志铭所述，温氏"富而能俭，贵而能勤，孝敬自少至老而不替"。②这与儒家文化的核心观念是一致的。勤劳、节俭、孝顺，这三者既是儒家文化所倡导的，也是客家人优秀品质与精神气质的体现。勤是发家之本，俭为持家之本，孝则安家之本，本固而枝荣。董越母亲具有这样的良好品质，有着良好的家风，耳濡目染，言传身教，这对董越清廉品质的形成自然是密切相关的。据说董越少孤而贫，事母极细，不贪财，且散财，外出任官前把家产分给兄长。董越的良好家风家训又教化影响着其后人。董越有四子一女，次子董天锡为弘治九年（1496）进士，曾任刑部主事、山东青州太守、四川参政，擢升南京大理寺卿，为参与朝政的正三品官员。他与乃父同样有着清廉品质，有论者提及董天锡"为官期间刚正廉洁，有商人曾经试图凭借家中财富和家中权贵的势力来进行走私活动，但都未能得逞"。③打铁还须自身硬，这种不畏权贵、依律行事的底气正是来源于他刚正廉洁的品格修养。

---

① 刘惠、杨秀英：《明代中期使臣笔下的朝鲜——以董越〈朝鲜赋〉为例》，《安阳师范学院学报》2018年第3期，第37～41页。
② 龚远生：《江西宁都出土明代董越妻温氏墓志铭》，《南方文物》1992年第3期，第114～125页。
③ 邹春燕：《明嘉靖〈赣州府志〉研究》，福建师范大学硕士论文，2021年，第10页。

董越之子董天锡秉承了家学传统，除了有其父相同的清廉品质之外，还有可贵的修史品格与卓越功勋。唐代史官兼历史学家刘知几对修史者提出了才、学、识三长之说，清朝史学家章学诚补充提出了"史德"之说，作为史官需具备"才学识德"四种品质。而董天锡被赣州知府推荐出任《赣州府志》主纂，无疑具备了这样的品格，以其持论公允，才能达到修史立典、存史启智、以文化人的目的。事实上，他的修史成果被后人给予了极高的评价。有论者认为"明嘉靖《赣州府志》是赣州地区现存最早的一部府志，由时任赣州知府康河主修、董天锡主纂"，"在内容上涉猎广泛，书中对四百八十多年前赣州地区的地理山川、风俗民情、政治经济、人物事件、文化教育、人才选拔等内容都有清楚地记载……在保存人物史料、经济史料、文化教育与人才选拔史料、文学史料等方面，具有很高的史料价值"。①这本府志对保存赣州地方历史文化做出了贡献，在文献学上占有重要地位，这无疑凝结着董天锡的"才学识德"，得益于其晴耕雨读、明理尚德的家学教诲与客家传统文化的滋养。"董天锡从小受父亲教导，家中有丰富的藏书且他个人十分勤奋好学，因此他本人非常有才干"。②从子女的成功中，也可以看出董越对崇文重教、吃苦耐劳、勤俭朴实、不断进取、爱国爱乡等客家精神的秉持与弘扬，优良的家风家训孕育了子孙的优秀品质。

五、对董越生平与诗赋作品的评价

关于董越的行状，明代茶陵诗派宗主李东阳在《谕祭工部尚书谥文僖董越文》中有中肯评价，其中有一段引用了弘治皇帝对董越的评价："卿以博雅之文，恭慎之行，赐名甲第，列职词林。史局有编校之功，经筵多启，有沃之益。官坊劝学，艺苑持衡，历试弥深，蜚声愈著。暨参邦礼，旋正冬曹，其在留都，实勤政务。""卿春官旧学，留都正卿。历事有年，

---

① 邹春燕：《明嘉靖〈赣州府志〉研究》，福建师范大学硕士论文，2021年，第1页。
② 邹春燕：《明嘉靖〈赣州府志〉研究》，福建师范大学硕士论文，2021年，第10页。

懋著嘉绩。"①这是弘治十五年十二月初三，皇帝得知董越去世后派遣江西承宣布政司左布政使林泮转达谕祭董越的悼词，代表了当时官方对董越功绩的高度赞赏与肯定。李东阳曾应董越之子董天锡之约，为其所编校的《董文僖公集》作序言，其中对董越的情谊及诗文亦有很高评价：

> 公初举乡荐，游国学，时已能古文歌诗。暨及第，入翰林，奉诏与庶吉士肄业，学益博，制作日益工，四方造请，酬应无虚旬月。其直经筵有讲读文章，使朝鲜有述事之录，在南都有纪行之作，并为一集，盖皆公所自录，而散佚不存者弗预也。予与公同官久，雅相契厚，朝夕倡和，互相为谐谑必以文。公尝谓文章贵规矩，尤尚警策，苟执常而不变，虽多而无所于用。予感乎其言，而亦征乎其文也。……公所为诗文，大抵皆清峭简洁，脱去尘俗，不为荒诞之语。虽不能尽录以传，然观一隅而知室，尝一脔而知羹，欲求公者于斯集焉足矣。②

这种评价虽有请托之谊而着意于溢美之词，但作为董越的同僚与唱和诗友，李东阳的评价还是有其精当之处的，对董越的才学与为人给予了充分肯定。

董越出使朝鲜归国后，因述所见闻，以作《朝鲜赋》，影响极大。《朝鲜赋》所纪实内容丰富，包罗万象，"越自正月出使，三月还朝，留其地者仅一月有馀。而凡其土地之沿革，风俗之变易，以及山川、亭馆、人物、畜产，无不详录"。③这些内容大致可分为山川形貌、民俗风情、礼仪接待等三部分，即"先纪朝鲜的地理形盛和风俗礼制，再叙朝鲜的山川气

---

① 道光四年《宁都直隶州志》卷二十二《人物志》，第 479 页。
② 赣州地方志办公室：同治《赣州府志》卷六十八《艺文志·明文》，1986 年重印本，第 2006 页。
③ 傅德华、李春博：《明弘治年间中朝礼仪外交——以董越出使朝鲜为中心的考察》，《韩国研究论丛》（第 21 辑）2009 年第 2 期，第 345 ~ 361 页。

象和城郭建筑,以及描述国王接待明朝使臣的诸多礼数"。^①比较完整地、真实地对出行中的所见所思进行了记载。

礼仪是《朝鲜赋》的重要内容,也体现了其外交使命所在。中国与朝鲜是近邻,朝鲜深受中华文化圈的辐射,儒家礼制对朝鲜上层贵族与下层百姓都具有深远影响。朝鲜对明王朝的尊重,正是君臣尊卑有序的具体体现,有文记载:

> 董公等人诏至殿廷,王则伛偻。世子陪臣,左右夹辅。展轩县于阶墀,列障幕于庭宇。殿前及墀内皆设白布幕,以色尚白故也。仗齐一于干卤,乐作止于枧围。齐三声于虎拜嵩呼,率两班于凤仪兽舞。虽音声之不可通,而礼仪亦在所取。礼一准于华,加三上香、三叩头,山呼时则侍卫皆拱手应。阙庭既撤,赐物亦予。乃序东西,乃分宾主。宣诏毕,引礼引天使降自中阶,东至幕次,俟王易服,乃引天使由中阶东升殿,引王由中阶西升殿。天使居东,西向;王居西,东向,再拜序坐。王之位对副使,稍下半席。正所谓门庑殿庭,皆蹈以席。宾主座分,则加以袭。^②

由此可见,朝鲜君臣对大明王朝使臣表现得十分敬重。当然,由于董越是以正使身份出使朝鲜,代表朝廷颁布宣布王命,所以很大一部分时间接触的都是政府要员,进行的活动大部分也是外交礼仪活动,《朝鲜赋》中所反映的这部分内容自然不免带有贵族色彩。

出使期间,董越还以儒家礼仪规范为基础,维护明朝国家形象,"对于稳定明朝在朝鲜半岛的主导地位起了非常重要的作用","从而稳定东亚

---

① 叶晔:《明人域外双赋:董越〈朝鲜赋〉与湛若水〈交南赋〉》,《文史知识》2009 年第 7 期。
② 董越:《朝鲜赋》,日本早稻田大学馆藏,第 20 ~ 22 页。

的政治格局"。①包括《朝鲜赋》在内的域外题材赋文在文学史,特别是赋文创作史上占有重要地位,"明朝使臣将外交活动纪实地固定于赋学文本中,并将行人赋作为帝国文化软实力的组成部分加以运用……在密切的外交活动中,明代赋作的题材得以扩充,形制有所增益,丰富的行人赋作在内部也萌发模仿及竞赛活动。"②也就是说,出使官员董越等的域外赋作既是外交之需,又以其所载域外见闻拓展了国内文朋诗友的视野,推动了行人赋、域外赋的创作,体现了"明代以册封、朝贡为主题的外交模式对明代辞赋创作的推动作用",③一个直接的例子就是此后湛若水的诗赋创作。

董越与朝鲜官员的唱和之作,被朝鲜史官遴选后编入《皇华集》,足见《朝鲜赋》的价值与影响力。有论者认为,"有明一代,中朝两国频繁互遣使臣。在中国使臣使朝途中,进行了大量的文学创作。为了加强文化交流,宣扬朝鲜文物,显示藩国忠心,朝鲜将明使使朝期间的诗文创作和朝鲜文臣的应制酬唱之作辑录成集,命名《皇华集》。……明使以诗歌的形式描写迎诏敕礼仪,虽然细节描写不足,但渲染出颁诏敕礼威严庄重的特点"。④《皇华集》虽主要记载唱和之作,也收入了有关的诗文赋作。"据《足本皇华集》《韩国文集丛刊》,现存明使赋作共10人,13篇"⑤,其中就有董越的《朝鲜赋》,有论者对董越的入选作品给予了很高的评价,认为"明使秉持'观风俗,知薄厚'的原则,在赋作中记录经行及途中见闻,反映出朝鲜的山川地理、特产民情、文化风俗,以及两国使臣宴集交游的盛况等,将朝鲜朝在天朝上国映照下的文化礼仪之邦的美好形象呈现纸上,最具典型和代表性的就是董越《朝鲜赋》"。⑥《朝鲜赋》创作出来

---

① 傅德华、李春博:《明弘治年间中朝礼仪外交——以董越出使朝鲜为中心的考察》,《韩国研究论丛》(第 21 辑) 2009 年第 2 期, 第 345 ~ 361 页。
② 尧育飞:《赋与明朝的对外信息传递——以〈朝鲜赋〉〈交南赋〉为中心》,《中国韵文学刊》2021 年第 2 期, 第 99 ~ 106 页。
③ 王准:《明代域外题材赋研究》, 云南大学硕士学位论文, 2015 年, 第 1 页。
④ 白礼如:《明代中国使臣笔下的朝鲜形象》, 延边大学硕士学位论文, 2022 年。
⑤ 刘秀秀:《朝鲜李朝前期汉文赋研究》, 湖南大学博士学位论文, 2020 年, 第 158 页。
⑥ 刘秀秀:《朝鲜李朝前期汉文赋研究》, 湖南大学博士学位论文, 2020 年, 第 167 页。

后不久即传至朝鲜，至嘉靖九年（1530）已有太斗南刻本单行本问世，直接推动了两国的文学创作，"《朝鲜赋》成书并在中、朝两国广泛流传后，对两国文学创作的影响及对朝鲜生活习俗的影响"①，推动文学创作是浅层的影响，更深层的影响是加深了两国的民俗文化交流，让两国人民对彼此的民间文化有了更全面、更正确的理解。后来，日本也刊刻了太斗南刻本，可见其流传很广，影响遍及整个东北亚地区。

《朝鲜赋》的"自注"也非常有价值。《朝鲜赋》比较鲜明的特点之一是用谢灵运《山居赋》例，自为之注，如自注中记载董越"予使朝鲜，经行其地者，浃月有奇。凡山川风俗人情物态，日有得于周览咨询者"。②从中可以看出，董越出使前的准备工作之认真，既查询已有史料，又结合自身所观察到的事实和田野调研式访谈得到的资料，力求其记载准确。比如当地父子同川共浴、寡妇服务于驿亭等风俗，虽明代之前史书上有记载，但朝鲜馆伴认为其时已难觅此俗，不能仍以旧的历史观念来看待已发生变迁的现实，"所谓川浴同男，邮役皆嫭。始则甚骇于传闻，今则乃知已更张"。"予未使其国时，皆传其俗以嫭妇供事馆驿，予甚恶其渎。比至，则见凡来供事者皆州县官吏，妇人则执爨于驿外之别室。相传此俗自景泰中其国王变之。辽东韩副总兵斌所谈也。川浴事出旧志，今亦变"。③董越从中国史料中得知这些习俗，很是惊异，且认定是陋俗。到朝鲜半岛，后经实地考察与访谈，才得知当地父子同川共浴之事曾有但已改变了，嫭妇事馆驿之说也只是居馆驿外执厨事而已，并非从事不耻行当。这些真实的文化现象经《朝鲜赋》"自注"的方式记载下来，而且经董越报请，1491年编纂《宪宗实录》时予以更正，以实事求是的精神正确看待变化中的朝鲜半岛民俗文化。欧阳鹏《朝鲜赋原序》认为"其文信而有征，一时洛阳纸贵，京师士大夫'传诵其成编，莫不嘉叹，以为凿凿乎可信，而郁郁乎有

---

① 胡佩佩：《董越〈朝鲜赋〉整理与研究》，延边大学博士学位论文，2017年，第1页。
② 刘秀秀：《朝鲜李朝前期汉文赋研究》，湖南大学博士学位论文，2020年，第167页。
③ 赵季：《足本皇华集》，凤凰出版社，2013年，第338页。

文也'"。可见《朝鲜赋》及其"自注"的准确性与斐然文采在当时就得到了很高评价，充分展现了明弘治时期朝鲜的社会风貌，是研究朝鲜社会、历史与民俗的重要文献，内容翔实，在中朝文化交流史上占有重要地位，有重要影响。

董越除了《朝鲜赋》外，还著有《圭峰文集》等，其子董天赐还将董越诗文编成《使东日录》《董文僖公集》传世。有研究者认为，"《使东日录》具有独特的文献价值，有利于将董越出使朝鲜的行程情况加以印证与说明；当中收录的诗文记载了董越出使途中及在朝活动的亲身经历和个人体会，反映了当时朝鲜的外交礼仪、社会风俗、自然风光与人情交往等方方面面，展现了一个明朝文人士大夫眼中的异域世界，并从中窥见董越与朝鲜文人的交游与情谊"。[①]这是从文学创作的异域写作角度所做出的恰当评价。

从创作的空间场景来看，董越还有描写国内历史文化及与友朋的酬唱之作。其诗文佳者如《十二境诗》《送刘上舍归兴国》《送郭时会还赣》《送罗通判赴赣》《送杨上舍还桃江》《送五敬之举人还赣》《绵江馆记》《琴江馆记》《修城记》等，大多载于《赣州府志》《宁都直隶州志》中，而且所述大体与赣地有关，特别是与其出生地赣南之绵江、琴江、桃江的地域风情有关。如《十二境诗》之《金精山》，"太白此降精，本为民祈福。痴情笑番君，偶尔堕污辱。对明崇祀典，亦以能出云。如何千载下，只说张真人"。此诗说的是汉初张丽英的故事。金精山，因道姑张丽英在此修炼而得名，北宗张君房在其所著《云笈七签》中将金精洞称为道家七十二福地之三十五福地。相传汉朝时，山下樵夫有女名为张丽英，年芳十五，美貌出众。一天，她同母亲上山砍柴，遇到南极仙翁，仙翁送了两颗仙桃给她，张丽英给了一颗与母亲。但其母与仙道无缘，失手将桃掉

---

① 曾肖、陈彦蓉：《董越〈使东日录〉的域外书写与文献价值》，《历史文献与传统文化》2022年第1期，第123～150页。

在地上后桃便消失不见了。张丽英吃下另一颗仙桃，马上忘了饥渴，飘然进山修炼去了。此后，长沙王吴芮征战福建时路经此地，被她的美貌所吸引，想娶她为妾，张丽英坚决不从。于是，吴芮连夜发兵，凿了三天三夜就把石壁打通了。吴芮冲进山洞，只见一股紫气涌动，张丽英乘着紫云缓缓飞上天空，吴芮只抓住了她的几缕发丝，如今这些发丝就留在这山壁之上供后人瞻仰。董越又有《游金精》一诗："石径幽幽出翠微，半林晴日静烟霏。闲云出谷还依树，白鹭窥鱼稳立矶。仙境尚遗踪迹在，诗囊收得画图归。山灵应笑来游者，京洛风尘满素衣。"李东阳评价其风格特色为清峭简洁。《送刘上舍归兴国》一诗，亦清新如画："碧梧修竹秀娟娟，共说各家有名贤。璧水且聆杨子铎，云衢还著祖生鞭。离亭木落秋风后，古道杨垂夕照边。归拜尔翁应念我，为言双鬓欲幡然。"他的送别诗情景相融，如《送罗通判赴赣》："新乘别驾古虔州，一望先将胜概收。山绕玉虹流作带，沙分圭角壅成州。孤台爱李增华扁，八境劳苏忆壮游。独有春陵遗迹泯，凭君相约一搜求。"董越的诗文洁净俏丽，又有用典、执情之实，将苏轼《八境图诗八首并序》之情境纳入其中而又圆融于内，诚如李东阳所评"大抵皆清峭简洁，脱去尘俗"。

综上所述，董越是赣南第一个出使朝鲜的官员，他的清廉与正直在朝鲜半岛享有盛誉，其才华为世人所敬佩，其诗文也在中国文学史上占有一席之地，也因此被祀为"乡贤"。今后，进一步挖掘董越生平及其出使朝鲜半岛的价值，可以更好地发挥其文化影响力。

Dong Yue: A Hakka Official with Integrity and International Influence

Zhong Junkun, Wang Fang [1]

Abstract: Dong Yue, a Jiangxi Hakka Sage for the Ming Dynasty's Chenghua emperor for five years (1469) and a scholar served at Hanlin Academy as a test officer, during which he gained the court's trust and became the East Palace reader and the emperor's day lecturer. Later, he served as the rite minister of the Ministry of Rites and the minister of the Ministry of Public Works, where he eliminated malpractice and cut expenses for the benefit of society. He was the earliest ambassador of Gannan to foreign countries led delegations to the Korean Peninsula, and earned praise from the local officials and citizens for his refusal of money gifts and abstention from feasting . For his actions, he gained international influence and a reputation as one of the most incorruptible officials. After his mission to Korean Peninsula, he recorded details of his trip such as his itinerary, the local scenery, ceremonial activities, and poems and songs in *Chao Xian Fu*. Not only was this manuscript transmitted to Korean Peninsula and compiled into a collection of poems and songs called *Huang Hua Ji* but it also became a lasting record of the exchanges between officials of China and the Korean Peninsula. The *Chao Xian Fu* has become an excellent historical source for the study of the geography of the 15th century and the history of the relationship between China and Korean Peninsula during the Ming Dynasty.

Keywords: Dong Yue *Chao Xian Fu* *Shi Dong Ri Lu*
Hakka Culture

---

[1] Author's Bio: Zhong Junkun is a professor at the Hakka Research Center of Gannan Normal University. His research concentration is Hakka culture and literature. Wang Fang is a postgraduate student at the School of History, Culture and Tourism of Gannan Normal University. Her research direction is folklore and Hakka culture.

南宋福建汀州宁化文教中兴考

刘涛①

摘要：科举强县策略在一定程度上影响着福建汀州宁化县的发展兴衰。宁化文教在南宋得以中兴，与朱熹及其父执、后学密切相关。南宋初，朱熹父执陈汝楫宦游宁化，发展文教，移风易俗，为宁化文教中兴奠定基础。南宋中后期，朱熹高足陈孔硕之子陈韡、杨方门生丘鳞、真德秀部属李华参与平定潭飞磜起事，结束宁化百年动乱，促成宁化文教中兴。本文据此提出新时期朱熹与客家文教、地方教育史的研究，应重点进行文本分析，以达到重建史实、还原历史真相的目的。

关键词：宁化　科举　朱熹　南宋　文本分析

宁化县地处闽西，是海内外客家认同的祖地，宋、明两朝为汀州科举强县。宁化在汀州属县中最早设立，涌现出汀州首位进士伍正己、汀州科举史上获得最高功名的张显宗②。宁化科举中兴，既得益于泉州进士陈汝楫大力推动，又与福州进士陈韡、汀州进士丘鳞、建州进士宋慈等人的平乱事功密不可分，还与来自徽州婺源的建州进士朱熹及其父执、后学渊源

① 作者简介：刘涛，肇庆学院肇庆经济社会与历史文化研究院研究员，龙岩学院闽台客家研究院研究员，研究方向为历史人类学、闽学、客家学。
② 刘涛：《明初客家榜眼张显宗生平事迹考实及其影响》，《宜春学院学报》2022年第1期。

深厚有关。①

目前，学术界关于朱熹与闽西文教关系已有论述，对后学有所启发，但也存在一些问题。如，局限于重述文献记载层面，未能揭示文本生成及其演变的历史情境，未能还原宁化科举强县的兴衰历程并分析其成因，尚未发现朱熹及其父执、后学与宁化文教之间的渊源，等等。谢重光《宋明理学在客家地区的传播》一文论述朱熹高足杨方及其门生丘鳞推动理学在汀州的传播，但未深入考察朱熹后学与宁化文教中兴关系，未述及杨方曾称道朱熹高足陈孔硕之子陈韡，未云及丘鳞深得陈韡赏识，并参与平定宁化潭飞磜起义事功。②盛长富《宋元时期闽西地方动乱与社会变迁》一文论述潭飞磜起事，却未揭示晏梦彪揭竿而起造成宁化地方社会百年动荡，出现尚武之风盛行、百姓不知礼义的现象；将"晏梦彪"误作"宴梦彪"，未提及以陈汝楫为代表的宁化官员为此力推教化、移风易俗③。

宁化文教及其移风易俗对宁化地方社会产生深远影响，南宋时期宁化文教中兴成为客家发展历史的里程碑。客家族群及其后裔不忘宁化石壁——客家族群公认祖地，既与族谱书写有关，又与宁化文教繁荣有一定关联。宁化文教兴衰及其成因分析具有重要的学术研究价值与现实意义，却未获得学术界应有的关注，未能揭示宁化文教发展重要节点。鉴于此，本文搜集正史、地方志、文集等史料，通过考证宁化文教发展历程中的重要时间节点，考辨宁化文教与朱熹历史和文化渊源，揭示宁化文教中兴与朱熹及其父执、朱子后学之间的关系，再现宁化文教中兴的历史情境，还原朱熹及其父执、朱子后学在宁化文教发展史上应有的地位，以期达到为客家学、朱子学、科举史等领域研究提供一些参考与借鉴的目的。

---

① 陈汝楫，为朱熹父执；陈韡是朱熹高足陈孔硕之子，深受其父影响；丘鳞是朱熹再传弟子，宋慈乃陈韡部属。

② 谢重光：《宋明理学在客家地区的传播》，《福建师范大学学报》（哲学社会科学版）2007 年第 6 期。

③ 盛长富：《宋元时期闽西地方动乱与社会变迁》，南昌大学硕士学位论文，2007 年，第 15～31 页。

一、朱熹父执陈汝楫为宁化文教中兴奠定基础

（一）朱熹为陈汝楫撰写行状披露陈汝楫宦绩

朱熹为其父执陈汝楫撰写行状《朝散郎致仕陈公行状》，述及其推动宁化文教中兴宦绩，内载：

> 本贯泉州同安县永丰乡感化里……公讳汝楫，字济夫，政和八年上舍出身……升从政郎，为汀州司法参军。未行，改宣教郎，转奉议郎、知汀州宁化县丞……而公自宁化罢归，历承议、朝奉、朝散郎，凡十年不调，晏如也。年六十一，以绍兴二十三年三月二十六日终于家……在宁化兴学校、治复屋，聚经子史氏群书以教其人。始，宁化以武为俗，民不见义，至是学者彬彬焉。①

陈汝楫是朱熹父执，与朱熹之父朱松是同科进士。朱熹对其仰慕不已。在初任同安县主簿时，得知有此父执，计划前往拜会。但朱熹未及拜会，陈汝楫已去世。

> 熹先君子吏部府君与公同年进士也，熹之来此，不及拜公矣。②

朱熹绍兴二十五年乙亥（1155）时任左迪功郎、同安县主簿、主管学事，应陈汝楫之子陈忱邀请，由陈忱提供资料，为陈汝楫撰写行状。

---

① （宋）朱熹：《朝散郎致仕陈公行状》，载朱熹：《晦庵先生文集》卷97第63册，中国国家图书馆藏，馆藏书号：03329，宋刻本，第1～2页。
② （宋）朱熹：《朝散郎致仕陈公行状》，载朱熹：《晦庵先生文集》卷97第63册，中国国家图书馆藏，馆藏书号：03329，宋刻本，第2页。

公嗣子忱将葬公于某山之原，以公行事授熹序次，将以求志于作者。熹谢不能，而其请不已。既不得辞，乃取忱所论纂，具著其大者如右。时绍兴岁次乙亥人日，左迪功郎、泉州同安县主簿、主管学事朱熹状。①

但是，朱熹所云未见载史志，且史志有多种说法，其说是否可信呢？

目前，学界关于陈汝楫姓氏的相关研究说法有二：其一，陈姓。系陈忱提供，朱熹所云。其二，东姓。万历《泉州府志》作"东汝楫"。②笔者认为，应以陈忱提供为是。陈忱述及其父陈汝楫姓氏不致有误，万历《泉州府志》所载，实则抄写或刊刻之误。

陈汝楫籍贯有二说：其一，泉州同安县。系陈忱提供，朱熹所云。其二，泉州晋江县。出自《寰宇通志》，"陈汝楫……俱晋江人"；③《八闽通志》沿此说，"陈汝楫……俱晋江人"。④陈汝楫行状未载其是晋江县人，陈汝楫实则同安县人，并非晋江县人。

陈汝楫考取进士时间有二说：其一，政和八年（1118）。《寰宇通志》作"政和八年嘉王榜进士"。⑤其二，重和元年（1118）。《八闽通志》作"重和元年戊戌王昂榜"。⑥

陈汝楫应是重和元年王昂榜进士。《宋史》载："重和元年……三

①（宋）朱熹：《朝散郎致仕陈公行状》，载朱熹：《晦庵先生文集》卷97第63册，中国国家图书馆藏，馆藏书号：03329，宋刻本，第2页。

②（明）阳思谦、徐敏学、吴维新：《万历重修泉州府志》，载刘兆祐：《中国史学丛书三编》，台湾学生书局，1987年，第1090页。

③（明）陈循等：《寰宇通志》第4册，载《玄览堂丛书续集》第2辑第13册，台北正中书局，1985年，第412页。

④（明）黄仲昭：《八闽通志》（下册），载福建省地方志编纂委员会：《福建地方志丛刊》，福建人民出版社，1991年，第157页。

⑤（明）陈循等：《寰宇通志》第4册，载《玄览堂丛书续集》第2辑第13册，台北正中书局，1985年，第412页。

⑥（明）黄仲昭：《八闽通志》（下册），载福建省地方志编纂委员会：《福建地方志丛刊》，福建人民出版社，1991年，第156页。

月……戊申，赐礼部奏名进士及第、出身七百八十三人。有司以嘉王楷第一，帝不欲楷先多士，遂以王昂为榜首"。[1]陈汝楫卒于宋高宗绍兴二十三年（1153），由此逆推其生年为宋哲宗元祐八年癸酉（1093）。

陈汝楫在宁化任上，兴办学校、修理文教设施，搜集经史子集等丰富图书供士子阅读。自此宁化由尚武之风盛行、百姓不知礼义之地，成为学者如云、彬彬有礼之邦。陈汝楫最终却遭罢官归里。

（二）陈汝楫宁化宦绩真实可信

陈汝楫宦游宁化未见载《临汀志》[2]，导致明弘治、嘉靖和清乾隆《汀州府志》，以及明崇祯、清康熙《宁化县志》等，亦无相关记载，但陈汝楫确曾宦游宁化，理由如下：

第一，南宋贾昌朝所撰《群经音辨》收录王观国《群经音辨后序》，述及陈汝楫宁化任职及其宦绩。

第二，王观国《群经音辨后序》述及宁化县学镂板，载有该县文武官员名单如下：

> 右迪功郎、汀州宁化县东尉：刘嘉猷
>
> 左迪功郎、汀州宁化县主簿：胡琏
>
> 承节郎、汀州清流、宁化两县巡检：邓助
>
> 忠翊郎、汀州巡捉私茶盐：刘执礼
>
> 成忠郎、监潭州南岳庙：赵子序
>
> 成忠郎、监潭州南岳庙：赵子玶
>
> 承节郎、添差监汀州宁化县：赵子立
>
> 敦武郎、监汀州宁化县税：张球

---

① （元）脱脱等：《宋史》第 2 册，中华书局，1977 年，第 399 页。
② （宋）胡太初：《临汀志》，载马蓉、陈抗、钟文、乐贵明、张忱石：《永乐大典方志辑佚》第 2 册，中华书局，2004 年，第 1392 页。

武翼郎、汀州邵武军都巡检使：林子重

左奉议郎、知汀州宁化县丞：陈汝楫

左承务郎、知汀州宁化县、主管劝农公事兼兵马监押：王观国[1]

该序落款为"绍兴壬戌秋七月中澣日"，即绍兴十二年壬戌（1142），陈汝楫时任左奉议郎、知汀州宁化县丞。

宁化知县王观国称"宁化号称多士"[2]，其时宁化以士子辈出著称，宁化文教获得大力发展。宁化县学发展获得文武官员大力支持，既有知县、主簿、县丞、税官等传统文官，又有宁化县巡检及其所属汀州都巡检、县尉巡捉私茶盐等武官参与其中，且知县还兼兵马监押。赵子序、赵子玶、赵子立均是赵宋宗室成员，宁化文教备受赵宋宗室关注。可见，朱熹所云陈汝楫宦绩符合史实。

陈汝楫未见载于宁化及其所属汀州地方志，究其原因应与宁化绍定年间战乱有关。《临汀志》所载宁化县丞名单自绍定五年（1232）起，"米巨宏……绍定五年到任"[3]，因绍定二年（1229）宁化潭飞礤起事，攻入宁化县城，县署遭毁。宁化"县治……绍定寇毁"，[4]宁化县丞名单毁于战乱，由此阙载陈汝楫，宁化知县王观国亦是如此。该志所载南宋宁化知县名单囊括南宋建立到绍兴三十一年（1127～1161）间的历任知县。"宁化知县题名"[5]载："施禔……建炎间到任"，[6]"林寅，绍兴三十一年知……

---

① （宋）王观国：《群经音辨后序》，载贾昌朝：《群经音辨》第2册，中国国家图书馆藏，善本书号：17509，清抄本。该书未标注页码。

② （宋）王观国：《群经音辨后序》，载贾昌朝：《群经音辨》，清抄本。

③ （宋）胡太初：《临汀志》，载马蓉、陈抗、钟文、乐贵明、张忱石：《永乐大典方志辑佚》第2册，中华书局，2004年，第1392页。

④ （宋）胡太初：《临汀志》，载马蓉、陈抗、钟文、乐贵明、张忱石：《永乐大典方志辑佚》第2册，中华书局，2004年，第1310页。

⑤ （宋）胡太初：《临汀志》，载马蓉、陈抗、钟文、乐贵明、张忱石：《永乐大典方志辑佚》第2册，中华书局，2004年，第1390页。

⑥ （宋）胡太初：《临汀志》，载马蓉、陈抗、钟文、乐贵明、张忱石：《永乐大典方志辑佚》第2册，中华书局，2004年，第1390页。

右五人以旧志修"，①该史料为战乱幸存部分。

陈汝楫促使宁化成为邹鲁之地，却遭罢免。朱熹所云陈汝楫推动宁化文教发展之举是否可信？这就要从南宋早期宁化文教的发展历程说起。

南宋建立到绍兴二十五年（1127～1155），汀州士子考中6科进士②；宁化士子考取2科进士：绍兴五年（1135）汤莘叟与伍杞③，绍兴十五年（1145）伍昇④。

北宋时期宁化科举成果丰硕，陈汝楫到任前仅一人考中进士，陈汝楫到任后，伍昇重振家声。伍昇是"祐曾孙"⑤，即大中祥符元年（1008）进士伍祐⑥曾孙。

汀州首位特奏名，为宁化士子伍锡在熙宁六年（1073）所得。⑦南宋建立到绍兴二十五年，汀州士子特奏名5科；宁化士子特奏名3科：绍兴八年（1138）伍利用⑧，绍兴十二年（1142）伍伯思⑨、绍兴十五年（1145）雷靖。⑩陈汝楫任上，即有伍伯思为特奏名，随后又有雷靖为特奏名。

---

① （宋）胡太初：《临汀志》，载马蓉、陈抗、钟文、乐贵明、张忱石：《永乐大典方志辑佚》第2册，中华书局，2004年，第1391页。
② （宋）胡太初：《临汀志》，载马蓉、陈抗、钟文、乐贵明、张忱石：《永乐大典方志辑佚》第2册，中华书局，2004年，第1426～1427页。
③ （宋）胡太初：《临汀志》，载马蓉、陈抗、钟文、乐贵明、张忱石：《永乐大典方志辑佚》第2册，中华书局，2004年，第1426页。
④ （宋）胡太初：《临汀志》，载马蓉、陈抗、钟文、乐贵明、张忱石：《永乐大典方志辑佚》第2册，中华书局，2004年，第1427页。
⑤ （宋）胡太初：《临汀志》，载马蓉、陈抗、钟文、乐贵明、张忱石：《永乐大典方志辑佚》第2册，中华书局，2004年，第1427页。
⑥ （宋）胡太初：《临汀志》，载马蓉、陈抗、钟文、乐贵明、张忱石：《永乐大典方志辑佚》第2册，中华书局，2004年，第1423页。
⑦ （宋）胡太初：《临汀志》，载马蓉、陈抗、钟文、乐贵明、张忱石：《永乐大典方志辑佚》第2册，中华书局，2004年，第1431页。
⑧ （宋）胡太初：《临汀志》，载马蓉、陈抗、钟文、乐贵明、张忱石：《永乐大典方志辑佚》第2册，中华书局，2004年，第1431页。
⑨ （宋）胡太初：《临汀志》，载马蓉、陈抗、钟文、乐贵明、张忱石：《永乐大典方志辑佚》第2册，中华书局，2004年，第1431页。
⑩ （宋）胡太初：《临汀志》，载马蓉、陈抗、钟文、乐贵明、张忱石：《永乐大典方志辑佚》第2册，中华书局，2004年，第1431页。

（三）陈汝楫中兴宁化文教原因

陈汝楫大力推动宁化文教，究其原因有二：

其一，宁化科举源远流长，考取汀州最早进士，北宋时期成果丰硕，在汀州属县中名列前茅，激发陈汝楫奋发图强。

早在唐宣宗大中十年（856），宁化士子伍正己考取进士，成为汀州历史上第一位进士。伍愿"改名正己"。[①] "自正己后，子孙蕃衍，登第者至今不绝"，[②] 成为科举世家。上文所云伍祐即"正己曾孙"。[③]

北宋时期，宁化士子学而优则仕，名宦辈出。郑文宝"累官至工部侍郎"[④]，"尝题缑氏山……后晏文献公守洛，过而见之，取乐天语书其后"[⑤]，"又题绿野堂……欧阳公谓不减王摩诘、杜少陵"，[⑥] "晏文献公"指晏殊，"乐天"指白居易，"欧阳公"指欧阳修，"王摩诘"指王维，"杜少陵"指杜甫。可见郑文宝备受晏殊、欧阳修称道。皇祐五年（1053）进士伍择之是"祐之子……调南丰簿。时曾子宣、子固犹未第，择之一见奇之，与为忘年友……文潞公荐擢秘书少监"，[⑦] "曾子宣、子固"指曾布、曾巩，"文潞公"指文彦博。伍择之担任南丰县主簿期间，善于发现人才，垂青曾巩、曾布兄弟的才华，与之结成忘年交，激励曾巩、曾布成长。伍择之还获得文彦博的器重，被推荐入京，升任秘书少监。

---

① （宋）胡太初：《临汀志》，载马蓉、陈抗、钟文、乐贵明、张忱石：《永乐大典方志辑佚》第2册，中华书局，2004年，第1421页。

② （宋）胡太初：《临汀志》，载马蓉、陈抗、钟文、乐贵明、张忱石：《永乐大典方志辑佚》第2册，中华书局，2004年，第1421页。

③ （宋）胡太初：《临汀志》，载马蓉、陈抗、钟文、乐贵明、张忱石：《永乐大典方志辑佚》第2册，中华书局，2004年，第1423页。

④ （宋）胡太初：《临汀志》，载马蓉、陈抗、钟文、乐贵明、张忱石：《永乐大典方志辑佚》第2册，中华书局，2004年，第1421页。

⑤ （宋）胡太初：《临汀志》，载马蓉、陈抗、钟文、乐贵明、张忱石：《永乐大典方志辑佚》第2册，中华书局，2004年，第1422页。

⑥ （宋）胡太初：《临汀志》，载马蓉、陈抗、钟文、乐贵明、张忱石：《永乐大典方志辑佚》第2册，中华书局，2004年，第1422页。

⑦ （宋）胡太初：《临汀志》，载马蓉、陈抗、钟文、乐贵明、张忱石：《永乐大典方志辑佚》第2册，中华书局，2004年，第1423页。

其二，潭飞磜起事造成宁化地方社会百年动荡，宁化从汀州山中邹鲁沦落为崇尚武力之地，促使陈汝楫大力推动教化。

二、朱熹后学陈韡、丘鳞推动宁化文教中兴

（一）陈韡主持平定宁化百年动乱

陈韡，福州侯官县人，开禧元年（1205）进士，虽师从叶适，却与朱熹渊源深厚。

陈韡及其先人与朱熹渊源深厚。陈韡先祖的墓志铭均为朱熹所撰。

> 公陈氏，讳韡，字子华。曾大父讳僖，赠太傅……母华国夫人黄氏。大父讳衡……母婺国夫人黄氏，墓皆朱公所铭。①

陈韡曾祖陈僖备受朱熹推崇：

> 文公书法严，不以一字假人，然称太傅"重厚长者"，自谓"浅之乎为人，知之不尽"。②

陈僖，《八闽通志》误作"陈禧"③，"朱晦庵称其长者"④。上述"朱公""文公""朱晦庵"均指朱熹。

---

① （宋）刘克庄：《忠肃陈观文神道碑》，载刘克庄：《后村先生大全集》卷146第31册，中国国家图书馆藏，善本书号：A01063，清抄本，第1页。
② （宋）刘克庄：《忠肃陈观文神道碑》，载刘克庄：《后村先生大全集》卷146，中国国家图书馆藏，善本书号：A01063，清抄本，第1页。
③ （明）黄仲昭：《八闽通志》（下册），载福建省地方志编纂委员会：《福建地方志丛刊》，福建人民出版社，1991年，第457页。
④ （明）黄仲昭：《八闽通志》（下册），载福建省地方志编纂委员会：《福建地方志丛刊》，福建人民出版社，1991年，第457页。

陈韡伯父陈孔夙、其父陈孔硕同为朱熹高足。陈孔硕"后复偕其兄孔夙拜晦庵于武夷,甚为所器重"。①

陈韡在嘉定三年(1210)随其父赴任期间,即奉父命,首次用兵。"嘉定三年,侍北山公使海陵"②,"叛寇胡海挟金虏来袭,(陈孔硕)遣子韡募死士迎击破之"③。"北山公"指陈孔硕,"学者称为北山先生"④。

陈韡又备受朱熹高足杨方称道:

> 未冠,袖贽见淡轩杨先生方,淡轩览而奇之,贺北山公曰:"真英物也。"⑤

"淡轩杨先生方"指杨方,"自号淡轩老叟"。⑥杨方故里汀州长汀县食用"福盐"⑦,即产自陈韡福州故里的食盐,促使陈韡对其伯乐杨方的汀州故里多有了解。陈韡在绍定二年(1229)平定的宁化潭飞礤动乱,正是汀州属地,宁化亦食用"福盐"。⑧

> (绍定二年)十二月,盗发于汀、剑、邵,郡(群)盗蜂

---

① (明)黄仲昭:《八闽通志》(下册),载福建省地方志编纂委员会:《福建地方志丛刊》,福建人民出版社,1991年,第457页。

② (宋)刘克庄:《忠肃陈观文神道碑》,载刘克庄:《后村先生大全集》卷146,中国国家图书馆藏,善本书号:A01063,清抄本,第1页。

③ (明)黄仲昭:《八闽通志》(下册),载福建省地方志编纂委员会:《福建地方志丛刊》,福建人民出版社,1991年,第457页。

④ (明)黄仲昭:《八闽通志》(下册),载福建省地方志编纂委员会:《福建地方志丛刊》,福建人民出版社,1991年,第457页。

⑤ (宋)刘克庄:《忠肃陈观文神道碑》,载(宋)刘克庄:《后村先生大全集》卷146,第1页b。

⑥ (宋)胡太初:《临汀志》,载马蓉、陈抗、钟文、乐贵明、张忱石:《永乐大典方志辑佚》第2册,中华书局,2004年,第1428页。

⑦ (宋)胡太初:《临汀志》,载马蓉、陈抗、钟文、乐贵明、张忱石:《永乐大典方志辑佚》第2册,中华书局,2004年,第1233页。

⑧ (宋)胡太初:《临汀志》,载马蓉、陈抗、钟文、乐贵明、张忱石:《永乐大典方志辑佚》第2册,中华书局,2004年,第1233页。

起，残建宁、宁化、清流、泰宁、将乐诸邑，闽中危急……寻除直宝章阁，起复知南剑州、提举汀邵兵甲公事、福建路兵马钤辖……（三年）十一月，破潭飞礤贼起之地，夷其巢穴。①

此"盗"以"潭飞礤贼"为首，陈韡不负朱子高足厚望，是当时宋廷公认的平乱人选。

（己丑，绍定二年）汀郡寇发，陈韡平之。晏头陀名梦彪，啸聚汀郡境上……残破宁化……帅府请于朝，谓非陈韡莫破此贼。时韡丁父忧，诏起复知南剑州。韡至州，籍峡、常民兵，申乞调淮西精兵五千人救援。淮西制置曾式中遣将陈万以三千五百人来，朝廷遂除韡提刑、招捕使，击破潭飞礤，谕降莲城七十二寨，贼溃。梦彪降，诛之。②

陈韡平定导致宁化及其周边百年动荡不安的策源地潭飞礤。

潭飞礤，在宁化县南乡……寇恃其险，为私贩，为剽盗，根据百年，莫敢谁何。此绍定间始祸之地，未几，为淮兵荡平之，因置南平寨焉。③

"私贩"指私自贩卖食盐者，"绍定间始祸之地"指晏头陀于此揭竿而起，"根据百年"指建炎四年到绍定二年己丑（1130～1229）晏头陀起事。陈韡平定潭飞礤，居功至伟，获宁化百姓为建祠堂。有文云："招使

① （宋）刘克庄：《忠肃陈观文神道碑》，载刘克庄：《后村先生大全集》卷146，中国国家图书馆藏，善本书号：A01063，清抄本，第4～5页。
② （宋）佚名：《宋季三朝政要》，载王云五：《丛书集成初编》，商务印书馆，1939年，第6页。
③ （宋）祝穆：《宋本方舆胜览》，上海古籍出版社，1986年，第152页。

陈大参韡寿祠……绍定间，公平寇至邑，民德之，为立祠。”[①]“招使陈大参韡”指陈韡。

（二）陈韡为宁化文教中兴创造安定环境

陈韡任人唯贤，举贤不避亲。宋慈参与陈韡主持的平乱，多有功劳。宋慈在“绍定间，奉捕使陈韡牒差同李监军革，平汀寇叛。未几，剿渠魁于谈笑间，慈参赞之功居多，上功辟差知长汀县，转奉议郎”。[②]丘鳞参与平乱，立有功勋，陈韡为之请功。丘鳞是“莲城县人。师事杨淡轩。赣州赣县尉……归值绍定寇，郡委摄莲城令，画计御寇，率民登东田石，全活甚众。招捕使陈韡奏其功，辟知邵武军建宁县”。[③]“杨淡轩”指杨方，此“郡”指汀州知州李华，是朱熹高足真德秀的部属。刘克庄在《汀州重建谯楼》中写到，“会上亲政，放黜贪浊，用真公德秀为帅，视属部如家”，[④]通过真德秀对李华有所了解，“余从真公久，见其尚论当世人物，如公仅屈一二指”。[⑤]

李华参与平定潭飞磜起事：

> 绍定间，磜寇猖獗……华以安丰倅淮军来摄州事，剿外寇……于不动声色之顷。闻于朝，进三秩，除大府簿。[⑥]

宁化知县黄徕曾与潭飞磜“盗贼”勾结，沆瀣一气。“黄徕，宣教郎，

---

①（宋）胡太初：《临汀志》，载马蓉、陈抗、钟文、乐贵明、张忱石：《永乐大典方志辑佚》第2册，中华书局，2004年，第1275页。

②（宋）胡太初：《临汀志》，载马蓉、陈抗、钟文、乐贵明、张忱石：《永乐大典方志辑佚》第2册，中华书局，2004年，第1419页。

③（宋）胡太初：《临汀志》，载马蓉、陈抗、钟文、乐贵明、张忱石：《永乐大典方志辑佚》第2册，中华书局，2004年，第1433页。

④（宋）刘克庄：《汀州重建谯楼》，载刘克庄：《后村先生大全集》卷88第20册，中国国家图书馆藏，善本书号：A01063，清抄本，第19页

⑤（宋）刘克庄：《汀州重建谯楼》，载刘克庄：《后村先生大全集》卷88第20册，中国国家图书馆藏，善本书号：A01063，清抄本，第20页。

⑥（宋）胡太初：《临汀志》，载马蓉、陈抗、钟文、乐贵明、张忱石：《永乐大典方志辑佚》第2册，中华书局，2004年，第1417页。

宝庆元年十二月二十五日到任，宝庆四年十二月二十五日满替，与潭飞礤寇通谋而首祸者"①。

陈韡平定晏头陀起事后，居安思危，大刀阔斧改革宁化营寨。

> 安远寨，在下土，元（原）名下土寨……绍定二年寨毁于寇，抽回戍军。六年，招捕使陈公韡奏请改下土寨为安远寨，增作土军三百人为额。
>
> 中定寨，在柳杨团，元系福林、三溪二寨，额共管一百人。绍定六年，招捕使陈公韡奏废二寨，改名中定，增作二百人为额。
>
> 南平寨，元系黄土寨盐巡，额管一百人。绍定六年，招捕使陈公韡奏废黄土，移就潭飞礤，增作二百人为额。
>
> 北安寨，在招贤里，元系苦竹，额管五十人，绍定六年，招捕使陈公韡奏请移创，增作一百人为额。
>
> 以上四寨，乃绍定寇后，上司差运干陈诚之、同权宰李顺甫躬亲相视形势，以定寨基。②

宁化其时在汀州属县中，营寨数量居首位③，为汀州重兵把守之地。陈韡奏请合并、新置营寨，使宁化形成铜墙铁壁，为宁化长治久安奠定基础，为宁化文教再度中兴创造有利条件，推动宁化移风易俗。

陈韡此事功，始见祝穆《方舆胜览》。该书虽未提陈韡其名，但所载"置南平寨"，结合陈韡奏请设置南平寨，实则述及陈韡事功。祝穆是朱熹表弟祝康国之子，祝穆曾与其弟祝癸师从朱熹，朱熹命其弟子黄榦为祝穆

① （宋）胡太初：《临汀志》，载马蓉、陈抗、钟文、乐贵明、张忱石：《永乐大典方志辑佚》第2册，中华书局，2004年，第1391页。
② （宋）胡太初：《临汀志》，载马蓉、陈抗、钟文、乐贵明、张忱石：《永乐大典方志辑佚》第2册，中华书局，2004年，第1338～1339页。
③ （宋）胡太初：《临汀志》，载马蓉、陈抗、钟文、乐贵明、张忱石：《永乐大典方志辑佚》第2册，中华书局，2004年，第1339页。

行成人礼①。祝穆为朱熹高足，陈韡又是朱熹高足之子，促使祝穆更加关注陈韡。

宁化百年间动荡不安，百姓为自保，尚武之风盛行。汀州尚武之风，亦是宁化其时情形。"汀民勇悍好斗，有善兵器者，众辄目为大师，委身愿学"，②所谓"勇悍好斗"，实则尚武之风盛行。陈韡平乱后，宁化从此彻底安定，宁化文教最终得以完全恢复。

（三）陈韡促成宁化文教中兴

绍兴二十五年到绍定六年（1155～1233），汀州士子考中14科进士③，宁化士子仅考中6科进士，分别是：淳熙十四年（1187）黄允升"或之从弟"④，庆元二年（1196）赵希玙⑤，嘉泰二年（1202）黄颐"允升之弟"⑥与丘唐杰⑦，嘉定七年（1214）伍唐⑧，嘉定十六年（1223）伍梦谐⑨、宝庆二年（1226）赵与堂"寓宁化县"⑩。

其时，虽有宁化士人考取进士，却分别来自科举世家或赵宋宗室，如黄允升是景德二年（1005）进士黄迪五世孙、政和八年（1118）进士黄或

---

① 朱一华：《祝穆与〈方舆胜览〉研究》，南昌大学硕士毕业论文，2014年，第14页。
② （宋）胡太初：《临汀志》，载马蓉、陈抗、钟文、乐贵明、张忱石：《永乐大典方志辑佚》第2册，中华书局，2004年，第1435页。
③ （宋）胡太初：《临汀志》，载马蓉、陈抗、钟文、乐贵明、张忱石：《永乐大典方志辑佚》第2册，中华书局，2004年，第1427～1430页。
④ （宋）胡太初：《临汀志》，载马蓉、陈抗、钟文、乐贵明、张忱石：《永乐大典方志辑佚》第2册，中华书局，2004年，第1429页。
⑤ （宋）胡太初：《临汀志》，载马蓉、陈抗、钟文、乐贵明、张忱石：《永乐大典方志辑佚》第2册，中华书局，2004年，第1429页。
⑥ （宋）胡太初：《临汀志》，载马蓉、陈抗、钟文、乐贵明、张忱石：《永乐大典方志辑佚》第2册，中华书局，2004年，第1429页。
⑦ （宋）胡太初：《临汀志》，载马蓉、陈抗、钟文、乐贵明、张忱石：《永乐大典方志辑佚》第2册，中华书局，2004年，第1429页。
⑧ （宋）胡太初：《临汀志》，载马蓉、陈抗、钟文、乐贵明、张忱石：《永乐大典方志辑佚》第2册，中华书局，2004年，第1430页。
⑨ （宋）胡太初：《临汀志》，载马蓉、陈抗、钟文、乐贵明、张忱石：《永乐大典方志辑佚》第2册，中华书局，2004年，第1430页。
⑩ （宋）胡太初：《临汀志》，载马蓉、陈抗、钟文、乐贵明、张忱石：《永乐大典方志辑佚》第2册，中华书局，2004年，第1430页。

堂弟。赵希堂寓居宁化，实则赵宋宗室。宋理宗时期，宁化仍动荡不安，文教事业深受影响。颜颐仲在"理宗朝以祖遗泽补官。历宁化尉"，[①]刘克庄《宝学颜尚书》述及颜颐仲宦游宁化情形，"环邑皆溪峒"，[②]宁化士子如何安心求学？颜颐仲虽有"美政"，[③]却无法解决宁化动荡不安之根源。

绍定二年到绍定六年（1229～1233），因潭飞磜起事，宁化士子无人考取特奏名。[④]绍定六年到南宋灭亡（1233～1279），宁化文教再度崭露头角，汀州士子考取5科进士，[⑤]均有进士来自宁化：端平二年（1235）刘并[⑥]，淳祐四年（1244）张廷辅[⑦]，淳祐十年（1250）伍功甫[⑧]，宝祐四年（1256）黄潜与伍安然[⑨]。同时期，汀州士子考取特奏名6科，[⑩]宁化士子考取特奏名3科，分别是端平二年（1235）丘梦周[⑪]，宝祐元年（1253）黄旗[⑫]，开庆元年（1259）黄荣[⑬]。绍兴二十五年到绍定六年（1155～

---

① （明）陈洪谟修：正德《大明漳州府志》（下册），厦门大学出版社，2012年，第1510页。

② （宋）刘克庄：《宝学颜尚书》，载刘克庄：《后村先生大全集》卷143第31册，中国国家图书馆藏，善本书号：A01063，清抄本，第13页。

③ （明）陈洪谟修：正德《大明漳州府志》（下册），厦门大学出版社，2012年，第1510页。

④ （宋）胡太初：《临汀志》，载马蓉、陈抗、钟文、乐贵明、张忱石：《永乐大典方志辑佚》第2册，中华书局，2004年，第1433页。

⑤ （宋）胡太初：《临汀志》，载马蓉、陈抗、钟文、乐贵明、张忱石：《永乐大典方志辑佚》第2册，中华书局，2004年，第1430～1431页。

⑥ （宋）胡太初：《临汀志》，载马蓉、陈抗、钟文、乐贵明、张忱石：《永乐大典方志辑佚》第2册，中华书局，2004年，第1430页。

⑦ （宋）胡太初：《临汀志》，载马蓉、陈抗、钟文、乐贵明、张忱石：《永乐大典方志辑佚》第2册，中华书局，2004年，第1430页。

⑧ （宋）胡太初：《临汀志》，载马蓉、陈抗、钟文、乐贵明、张忱石：《永乐大典方志辑佚》第2册，中华书局，2004年，第1430页。

⑨ （宋）胡太初：《临汀志》，载马蓉、陈抗、钟文、乐贵明、张忱石：《永乐大典方志辑佚》第2册，中华书局，2004年，第1431页。

⑩ （宋）胡太初：《临汀志》，载马蓉、陈抗、钟文、乐贵明、张忱石：《永乐大典方志辑佚》第2册，中华书局，2004年，第1434页。

⑪ （宋）胡太初：《临汀志》，载马蓉、陈抗、钟文、乐贵明、张忱石：《永乐大典方志辑佚》第2册，中华书局，2004年，第1434页。

⑫ （宋）胡太初：《临汀志》，载马蓉、陈抗、钟文、乐贵明、张忱石：《永乐大典方志辑佚》第2册，中华书局，2004年，第1434页。

⑬ （宋）胡太初：《临汀志》，载马蓉、陈抗、钟文、乐贵明、张忱石：《永乐大典方志辑佚》第2册，中华书局，2004年，第1434页。

1233)，汀州士子考取 22 科特奏名，[①]宁化士子考取 11 科特奏名。

宁化士子能取得如此优异的成绩，与宁化地方社会安定密不可分。宁化士子考取特奏名有所起色，则得益于陈汝楫推动文教发展、促进移风易俗。

三、结语

综上所述，得出以下四点结论：

第一，宁化在南宋时期的科举中兴，与朱熹及其父执、朱子后学密不可分，朱子后学对宁化文教的关注，对后世产生深远的历史影响。朱熹及其父执陈汝楫分管地方文教，实则反映了朱熹曾考察过宁化文教，对宁化文教的发展历程有所知。宁化原本作为汀州科举强县，其时却沦为崇尚武力、不知礼义之地，令朱熹十分震惊。朱熹于文中述及宁化文教，通过自身影响力，引起其时学人的关注。陈汝楫推动宁化文教中兴的举措，促使朱熹深受启发。朱熹高足陈孔硕之子陈韡、朱熹再传弟子丘鳞、朱熹高足真德秀的部属李华参与平定宁化潭飞礤起事，结束了宁化的百年动乱，为宁化文教中兴营造了良好环境，对宁化文教中兴做出了积极贡献。朱熹门生祝穆述及宁化潭飞礤事件始末，反映了朱子后学关注宁化，既与朱熹述及宁化人事有关，又与朱子后学同宁化的渊源有一定关联。明代作为南宋之后汉人建立的封建王朝，促使宁化学子张显宗抚今追昔，经过刻苦攻读最终夺得榜眼。

第二，陈汝楫、陈韡与宁化的历史渊源鲜少人知，与历史文献的阙载及其历史遗迹改建有关。陈汝楫长期未见宁化史志记载，除了源自宁化战乱导致《临汀志》未能保存相关史料外，又与陈汝楫仕途折戟有关。陈汝

---

① （宋）胡太初：《临汀志》，载马蓉、陈抗、钟文、乐贵明、张忱石：《永乐大典方志辑佚》第 2 册，中华书局，2004 年，第 1431 ～ 1433 页。

楫在宁化任上遭到罢免，导致后人对相关史事的漠视，认为不值一提，从而掩盖了其事功。陈汝楫虽未得新旧方志立传，却实在是名副其实的地方名宦，朱熹为其所撰行状即可反映时人公论。陈韡平定宁化潭飞礤事迹出现的文化断层，与宁化地方社会的历史变迁有关。陈韡生祠"招捕使陈公祠……国朝洪武十六年，以其故址改建连山招惠庙"[①]，"国朝"指明朝，即原本纪念地方名宦陈韡的"生祠"，其遗址在洪武十六年（1383）被改建成连山招惠庙，沦为地方民间信仰的场所。明代中期福建发生动乱，激烈的社会动荡下，《八闽通志》作者黄仲昭开始缅怀文武兼备的陈韡，对陈韡"生祠"的遭遇感到"惜哉"[②]不已。

第三，新时期，朱熹与客家文教、地方教育史研究，除了应加大文献搜集与整理外，更应重点进行文本分析，以达到重建史实、还原真相的目的。相关研究既要回到历史现场，又要置身于更为广阔的时空中深入考察。即想考证南宋宁化史实，就不能局限于就南宋论南宋，亦不能就宁化论宁化，而要从汀州、客家等方向出发，深入考察其在客家族群、程朱理学、宗族社会、封建社会等方面发挥的积极作用及产生的历史影响。针对文献阙载问题，应还原相关文本的书写过程，揭示文本生成与演变的历史情境，并分析其成因与目的。此外，还应通过解读文献记载，揭示文本书写背后的历史情境，揭示其时代意义、产生的历史影响，以及发挥的积极作用。

第四，南宋时期的宁化文教中兴对客家族群产生的历史影响。北宋嘉祐七年（1062），虔州、汀州百姓已在粤东活动，宁化士子伍正己早在唐宣宗大中十年（856）考取汀州首位进士；嘉定十四年（1221）成书的《舆地纪胜》述及汀州与赣州百姓前往梅州活动，已是朱熹关注其父执陈汝楫宁化宦绩之后、朱熹高足陈孔硕之子陈韡平定宁化动乱之前，其时宁化潭

---

① （明）黄仲昭：《八闽通志》（下册），载福建省地方志编纂委员会：《福建地方志丛刊》，福建人民出版社，1991年，第396页。

② （明）邵有道：嘉靖《汀州府志》，载《天一阁藏明代方志选刊续编》第39册，上海书店出版社，1990年，第459页。

飞磲聚集大量"盐寇"，自陈韡与朱熹再传弟子丘鳞、朱熹高足真德秀得力助手李华参与平定后，宁化走向安定。客家不忘宁化祖地——宁化石壁，既与族谱书写有关，又同宁化文教繁荣相关。宁化作为汀州最早设置的属县，又涌现出汀州首位进士，自然备受客家族群关注。宁化祖地在客家社会中，形成以追溯宁化祖地为荣的现象，宁化祖源叙事成为客家族群引以为傲的文化认同。族谱为儒生书写，是封建社会宗族文化的产物，宁化文教中兴正是儒家文化传承与发展的结果。明初编定里甲户籍，促使客家族群为证明来历清楚而不忘宁化祖地，有利于客家族群在明世宗准允庶民祭祀始祖的历史背景下建构宁化祖先谱系。宁化与朱熹及其后学的深厚渊源，有助于客家族群通过清代粮户归宗改革，在聚族而居的聚落形态中凝聚宗族成员、激励子弟立志向学。

A Study of the Revival of Culture and Education in Ninghua County in Tingzhou, Fujian in the Southern Song Dynasty

Liu Tao [①]

Abstract: The strategy of strengthening the county through imperial examinations influenced the development of Ninghua county in Tingzhou, Fujian province. The revival of Ninghua's culture and education in the Southern Song Dynasty was closely related to Zhu Xi, his father's followers, and later scholars. In the early Southern Song Dynasty, Chen Ruji, a friend of Zhu Xi's father, arrived to Ninghua as an government officer and making efforts for locals on developed culture and education, changed customs, and laid the foundation for the revival of culture and education in Ninghua. In the middle and late Southern Song Dynasty, the children, students, and subordinates of Zhu Xi's students participated in the pacification of the Tanfei Rebellion, ending the century-old turmoil in Ninghua and promoting the revival of culture and education in Ninghua. This paper considers that text analysis should be more emphasized in the process of explores Zhu Xi, Hakka culture and education, and local history of education research, this is helpful to reconstruct historical facts and restore historical truth.

Keywords: Ninghua　Imperial Examination　Zhu Xi
the Southern Song Dynasty　Text Analysis

[①] Author's Bio: Liu Tao is a researcher at the Zhaoqing Institute of Economic Society, History and Culture of Zhaoqing University. He is also a researcher at the Fujian–Taiwan Hakka Research Institute of Longyan University. His research interests include historical anthropology, Fujian Studies, and Hakka studies.

论赣南客家传统村落水口区域的生态保护 与文化传承①

钟福民②

摘要： 赣南作为"客家摇篮"，留存了丰富的传统村落。在赣南客家传统村落中，水口是极为重要的生态之境，也是重要的文化空间。水口区域的生态环境深刻地影响着村民的生产和生活，可谓传统村落的核心生态区域。水口区域也是客家村民祭祀、娱乐、交往的文化空间，具有丰富的民俗内涵和文化意蕴。在乡村振兴的过程中，水口区域的生态保护和民俗文化传承应引起重视。

关键词： 客家传统村落　水口区域　生态保护　文化传承　乡村振兴

　　赣南素有"客家摇篮"之称，是最大的客家人聚居区。尽管不同的客家传统村落③形态有所差异，但依水而建是其共同的特点。因此，几乎每个客家传统村落都有门户性质的水口区域。

　　水口是河流流入村子或流出村子的位置。在该位置上，水口连接着村

---

① 本文为"非物质文化遗产保护视域下的客家文化研究"项目研究成果。
② 作者简介：钟福民，民俗学博士，赣南师范大学客家研究中心教授，研究方向为客家文化、民俗学。
③ 客家传统村落有较悠久的历史。而客家村落，有不少是中华人民共和国成立后形成的，历史较短。

内与村外，是村落边界的标志。由于客家村民向来信奉风水，所以在他们看来，一方面，水口可以锁住村内的风水龙脉与财运，使其不致以外流；另一方面，以水口为界限，村民可以从村外陌生不安的世界，进入熟悉安全的村内，水口对于村民有着心理上的防范与镇守意义。不少村落的水口还有具备防御功能的工事，在历史上为防御外敌入侵发挥过重要作用。正因水口在客家村民的生活中发挥着综合的作用，客家村民都很看重自己村子的水口，注意对它的营造和保护。

一、客家传统村落水口区域的聚落形态

客家传统村落的水口区域，是一个融灌溉、防御、交通、祭祀、娱乐、迎送等多种功能于一体的生产和生活空间，是村民几乎每天经过的公共空间，也是村中景致最佳、最具意境的区域。其聚落形态既有因形就势的自然景观，也有村民匠心而造的人文景观。其多样的构成要素及丰富的民俗意蕴，既体现客家传统村落鲜明的文化特色，也反映客家村民丰富多彩的民俗生活。客家传统村落的水口区域主要有如下构成要素：

水口山：赣南多山，故而客家传统村落多在山坳之中。村民为了趋利避害，便在两座山丘的夹峙之处设水口，并加以精心营造。山丘被称为"砂手"，有了"砂手"，村落就不会完全敞开。当然，并非所有村落的水口都有天然的山丘。对于没有天然山丘的水口，村民则会创造性地堆土筑堤，构筑人工"砂手"，以追求良好的风水效应和生态效应。比如，赣南兴国县梅窖镇的三寮村，是一个以风水文化出名的村子，该村的"水口砂"并非天然形成，而是由村民堆土筑堤营造而成的。

河流：依水建村是生产生活的需要，也是文化象征的需要。在客家村民看来，村里有河流经过，庄稼的收成和日常的用水才有保证。此外，水源还是财富和灵气的象征。河流的走势很重要，在流出村子的时候，应曲折舒缓。唯有如此，村里的财源和福运才能留住，村民才会富庶。

水口林：在客家村民的观念中，水口除了要有山丘的遮挡，还应有树木的掩映。因为根据客家人的风水理论，树木茂密，有助于缓解水口的"冲煞"，并有益于气的凝聚，进而藏风得水。为此，水口便有了各种大树或古树。树有野生的，也有人工种植的。树种多为适合南方生长的乔木，如枫树、樟树、榕树、荷树等。那些树形奇特或历史久远的树木，则被村民封为"社公树"，成为敬奉的对象。水口林不仅以屏障的形态阻挡山风与寒流，使村落内部形成较为宜人的气候环境；还以翁翁郁郁的树荫和花香鸟语的氛围，为村民提供歇脚纳凉的好场所。

水口桥：有河便有桥，有桥才有路。如果说水口是客家传统村落的隘口，那么水口桥则是客家传统村落的标志。河流往往是自然形成的，水口桥则为人工所建，多为村民集资或大户人家资助修建而成，多为石板桥或石拱桥。不少客家传统村落的水口桥历久弥坚，依然发挥着重要的交通作用，表征着村落的厚重历史和古朴气息。

社公庙：客家村民多信社公神，而社公庙多设于水口处。客家村民口中流传着"老虎进村都要敬社公"的说法。意思是说，任何外界的力量进入村子，都得经过社公的允许。因为社公是村民最重要的保护神，"把水口""镇村户"是社公神最主要的职掌。也因此，在客家传统村落，关于社公神在水口降妖除魔的传说就非常丰富。

茶亭：茶亭也叫凉亭，是为村民遮风挡雨、歇脚纳凉而建的。有些茶亭建在水口桥上，但多数茶亭建在桥头，从而减轻桥的负荷。茶亭有木质的，也有砖混的。在炎热的夏天，村民无论是赶集，还是劳作归来，经过水口时都乐意在茶亭稍作停留，惬意地享受其间的清凉。不仅如此，茶亭也是村民迎来送往的重要场所。

风水塔：在客家传统村落里，风水塔是为弥补村落风水的缺陷而建的，同时被认为可以镇水患、除河妖，能保护村落的平安。风水塔也常被村民称为"文昌塔"，强化了它助文风、兴科举的功能。这与客家村民崇文重教的传统有关。文昌塔内既陈列古代圣贤的丰功伟绩，也张贴着近年村民子弟高考的龙虎榜。文昌塔中的文教宣传，对于激发村民积极培养人才发挥着重要作用。

除此之外，有些客家传统村落的水口区域，还树立有彰显村规民约的碑刻、标榜村落分界的牌坊，以及灌溉的水车和榨油的作坊等。

总体而言，客家传统村落的水口区域，既是具有重要实用功能的公共区域，也是具有丰富民俗意蕴的文化空间。在这一文化空间的建构中，村民不断附会各种"风水传说"。也正是在这些"风水传说"的渲染下，村落的水口区域被村民视为影响村落安危、盛衰、贫富的象征。

二、客家传统村落水口区域的生态保护

赣南客家传统村落水口区域，以其被精心营造的山形地势和茂盛的森林植被，有助于村落涵养水源和保护水土，从而发挥着多方面的生态效应。正是由于水口区域重要的生态功能，所以村民长期以来注重对水口区域的生态保护，形成了种种生态保护的禁忌和规约。

客家村民在生活中，几乎都遵循这样的禁忌：水口位置的树木严禁砍伐，特别是那些形态奇特或历史悠久的树木，因为村民往往视其为神灵的化身，并加以崇拜和敬奉。村民对水口树的保护，既表现于平时的生产方面：无论是伐木打柴，还是割草放牛，都尽可能远离水口，不破坏水口的花草树木；也表现于日常的生活方面：告诫孩子不能在水口林中玩火，不要抓捕水口林中的鸟禽等，否则将遭到惩罚，轻则肚子疼，重则丢性命。可以说，在客家传统村落，多数孩子都接受过类似的生态教育。显然，这是一种极具特色的乡土生态教育，也是一种重要的生态文化传承方式。

在客家村民的观念中，水口区域之所以具有很强的神圣性，与水口所在的社公庙有关。社公是客家村民生活中最重要的保护神之一，水口位置的大树往往被视为社公的化身，让村民心怀敬畏，并获得村民最频繁的祭祀。无论是新年的正月初一，还是二月初二的"社日"，村民都不忘到水

口的"社公树"下或社公庙前祭拜，祈求一家人平安顺遂。这种活动，村民称为"撑社"。客家村民在保护"社公树"的时候，也对其附近的花草树木加以精心呵护。可以说，正是由于社公庙和社公树的存在，水口区域才成为客家传统村落中的生态核心区。

客家村民对水口区域的生态保护，不仅表现在精心呵护水口的花草树木与土地水源，还表现在积极修缮和维护水口的各种设施，尽可能使水口的自然景观与人文景观有机结合，相得益彰。在村民看来，修缮和维护好水口的设施，不仅可以带来生产和生活的便利，还是修善积德的义举。而修善积德的最大回报，就是后嗣的兴旺发达。可以说，客家传统村落水口的公共性，既直观地表现为村民常常参加发生于水口的公共性民俗活动，又深层地体现在村民将水口视为公共性遗产，都愿意为保护这一遗产而出资或出力。

客家村民对水口区域生态保护的禁忌和规约，源于对自然界的崇敬、感恩、畏惧和顺从，本质上反映了其与自然和谐共处的心理诉求。世世代代的客家村民朴素地认识到：对村落生态核心区域——水口的保护，事关自己和子孙的福祉。

三、赣南客家传统村落水口区域的文化意蕴及其传承

水口在客家传统村落的布局及村落景观中，占有十分重要的位置。其多样的聚落形态，形成了客家传统村落独特的水口环境。村民在水口区域的活动和惯例，由很深的民俗原理支配着。

水口是村民进出村子的隘口，也是藏风聚气的关口。水口具有很强的防御功能，能给予村民安全感和归属感。外村人强行突破水口进入村子，可能被视为对村民的侵犯，也就可能遭到村民的抵制。历史上的赣南地区，客家村民与土著的畲、瑶等少数民族群体，因为争夺土地、山林、水源等生存资源，矛盾冲突时有发生。不仅如此，当地的兵燹和盗

乱也甚为频繁。有地方志记载："山僻俗悍……是以奸不测之徒，时时乘间窃发。"[①]为了应对这些危机，客家村民便强化了村落水口的防御功能。比如，赣南于都县银坑乡的岳飞村、牛皋井村，以及赣县三溪乡的将军村等，其水口便设有用于防御的堡垒。[②]从这些防御工事可以看出，水口的防御功能对于历史上的客家村民是很有必要的。

水口作为村落的边界，是客家村民身份界定的主要依据。笔者在田野调查中发现，兴国县鼎龙乡有两个以水口相连的村落——花龙村和高井村，花龙村的村民多被称为或自称为"水口内的人"，而高井村的村民则多被称为或自称为"水口外的人"。另外，该乡的白芒村和芮坑村也是由水口连着的两个村子，两个村的村民常以"上水口的人"和"下水口的人"来指称。在客家村民看来，水口是每天经过的地方，用水口位置来指称身份最为直接明确，也最为亲切自然。

水口在客家村民的丧葬民俗中具有潜在的边界意义。一般而言，村民生前是哪个村子的，去世后就安葬在这个村子，少有村民跨村安葬。这就意味着，村民的阴宅范围也以水口为界限。村民认为，将逝者安葬在本村，有助于逝者的灵魂在熟悉的环境下安顿。如逝者确因"八字"的原因须葬于外村，则要在出葬前一天，请巫师到水口做法事，以求逝者的灵魂以后可以回村。

客家传统村落还有这样的风俗：对于在外非正常死亡的村民，其遗体不允许进入村子，只能停放在水口桥的村外一头。村民认为，在外非正常死亡者，其魂灵可能变成厉鬼祸害村民，而将其遗体停放在水口桥的村外一头，一定程度上可以避免这种危险，因为水口具有防范和镇守的功能。

在客家村民的观念中，水口也是召回灵魂、解决疑难病症的重要地点。倘若哪家有人生病，特别是出现神志不清的症状，或者出现小孩夜哭

① 文翼：《赣州府志·武事》，同治九年刻本。
② 罗勇：《客家赣州》，江西人民出版社，2004年，第95页。

不止的情况，家人便到水口，为其招魂请愿。例如，在赣南石城县秋溪村，哪家有人生病，家人便会去水口拜会社公神。尤其是受到惊吓的，家人会到水口的社公庙前"喊惊"，希望找回病人丢失的灵魂。[1]可以说，在医学尚不昌明的时代，水口是村民禳病消灾的重要仪式空间。

客家村民在婚姻生活中有一种民俗约定：同一水口的姑娘和小伙尽量不结婚，两户人家的距离至少要出水口。这就是说，尽量不要同村结婚，而应跨村结婚，这样的婚姻更幸福。水口在客家村民的婚俗中，还是重要的迎来送往之地。村民到水口迎送客人，以示敬重和礼貌。如果是男村民与外村女子联姻，在定亲那天上午，男方要到水口迎接女方家人，并将客人带到自家；下午女方家人回去时，男方则要送客人至水口。在迎亲那天，男方也要提前到水口迎接。新娘到了水口，则要下轿对水口的社公神鞠上三躬，祈求自己能在村子里安居乐业。再起身进村时，迎亲队伍更加精神抖擞，吹唢呐的乐师也格外卖力。这是因为，只有过了水口才算进村，村里人才会真正关注迎亲队伍。

不仅如此，客家村民无论外出经商做手艺，还是参军求学，家人往往会送至水口；无论是村民打工归来，还是外嫁女子回来探亲，家人也常常到水口迎接。可以说，水口成了客家村民生离死别之伤情与久别重逢之欢悦的交汇处。发生于水口的迎来送往，折射了水口这一空间的境界性，而这种"空间上的境界性，蕴涵着时间上的开始与终结"。[2]

水口也是客家村民民俗活动展演的重要空间。游神是客家村民最普遍的民俗活动。每年正月初一到初六，是村民游神的时日。村民敲锣打鼓，把村子的地方神"请"出来。地方神的正式巡游从水口位置开始，然后经过每家每户的门前，最后回到水口。如此，巡游才算结束。可以说，在游神活动中，水口是让神祇附魅与祛魅的关键场所。客家传统村落还有正

---

① 林晓平：《客家民间信仰与民俗文化》，中国社会科学出版社，2013 年，第 88 页。
② 周星：《汉民族的桥俗文化》，载周星：《乡土生活的逻辑》，北京大学出版社，2011 年，第186 页。

月舞稻草灯（或称为"秆龙灯"）的习俗。如在赣南兴国县鼎龙乡的多数村落，都有正月初六到十六舞稻草灯的习俗。在初六的当晚，村民要举着刚刚扎好的稻草灯到水口的社公庙前祭拜，祈求风调雨顺、五谷丰登；在十六晚上，则要到水口的社公庙前烧毁稻草灯，以谢社公。社公的权限很大，即便是来自外村的舞龙队、舞狮队等进入村子，也要到水口的社公庙前祭拜，否则会被视为无礼而不得进村。

客家传统村落的水口区域作为客家村民祭祀、娱乐、迎娶、交往的空间，蕴含着丰富的民俗知识和民俗意蕴，建构了客家村民生活的意义世界，并对村民起着潜移默化的作用。

四、赣南客家传统村落水口区域的当代境遇

历史上，水口区域作为客家传统村落中景致最美的区域，也是客家村民祭祀、娱乐、交往、交通的重要空间。然而，随着社会的急剧变迁，特别是在当前的城镇化进程中，客家村民的生活方式和思想观念发生深刻的变化。与此相关联，客家传统村落水口的形态与功能也发生着显著变化，正经历着深刻的变迁。

一部分村落的水口在当前的城镇化进程中趋于凋敝。特别是一些比较偏远的村落，由于青壮年村民外出打工，以及村子人口的不断外迁，村落趋于空心化，村落的水口区域呈现出衰败的景象。比如，赣南兴国县鼎龙乡的林山村，近十年来，村里的人口陆续迁往圩镇和县城，如今村里只剩下七八户人家，仅30多人。留下来的村民在经济上条件较差，无力修缮水口的设施，水口日益破败。

有些村落的水口在城镇化进程中遭到破坏，甚至逐渐消失。比如，赣州市章贡区的水南村和武陵村自被划为城中村后，其水口树被砍伐，水口的深潭也被填埋，生态环境被彻底改变，村民不再聚族而居，水口连同其中的民俗生活已然消逝。

还有些村落的水口在旅游开发中被破坏。比如，赣县的白鹭村，其水口原来的石板路在旅游开发中被铺成水泥路，水口的古风古韵遭到破坏。

另有一些村落的水口，被村民建房等行为破坏。随着村民对住房条件要求的提高，村里的土地资源日趋紧张。于是，有村民开始突破水口区域严禁建房的禁忌，将房屋建到水口区域。这样，不但破坏水口的水土和植被，入住后的生活垃圾和生活污水也污染了水口。

一些村落的水口还受到投资项目的影响。比如，在赣南兴国县龙口乡的金岭村，当地政府引进了一个规模养殖生猪的项目。但自从该项目落户村子后，水口的水质遭到严重污染，村民因而与地方政府和投资公司交涉，希望尽快终止这一项目，以确保村落水口的生态环境。

可以说，当前客家传统村落水口的境遇和变迁，既有村民欲求改善生活的内部原因，也有外来投资和政府介入等外部原因。水口自然生态的变化，折射了村落文化生态的变化。值得欣慰的是，近年来，随着媒体对生态文明宣传的广泛和深入，年轻的客家村民有了越来越自觉的生态保护意识，也有了越来越强的生态维权能力。

五、结语

客家传统村落水口区域以丰富的聚落形态和构成要素，实现了祭祀、娱乐、交通、灌溉、迎送等多种功能，成为客家村民重要的生活空间和文化空间，其表达的民俗意蕴契合了客家村民多方面的生活诉求：从生老病死到功名利禄，从爱情、婚姻到各种信仰，体现了客家村民的幸福观和价值观。

不少客家传统村落山清水秀，景色宜人，自然生态环境得到较好的保护。特别是作为村落门户和生态核心区的水口，得到村民的精心维护，形成了生态保护的禁忌和规约。这主要归因于，村民将水口的自然生态资源与当地重要的神灵融为一体，视水口为信奉和敬畏的对象，从而实现了人与自然的和谐相处和可持续发展。

客家传统村落水口区域正在经历的境遇和变迁，一定程度上反映了当今乡村社会的境遇和变迁。客家村民对于水口区域生态价值和文化价值的日益自觉，以及对其加以保护的种种努力，对于当今中国乡村振兴的宜居建设和传统村落保护，具有重要的启示意义和示范价值。

Ecological Protection and Cultural Inheritance in Shuikou Area of Hakka Traditional Village in Gannan [1]

Zhong Fumin [2]

Abstract: As the "cradle of Hakka", southern Jiangxi province has retained rich traditional villages. In the traditional Hakka villages in Gannan area Shuikou is an extremely important ecological environment and an important cultural space. The ecological environment of Shuikou area profoundly affects the production and life of villagers, and is the core ecological area of traditional villages. Shuikou area is also a cultural space for Hakka villagers to offer sacrifices, entertain and communicate, which has rich folk customs and cultural implications. In the process of rural revitalization, it is necessary to pay attention to the ecological protection of Shuikou area and the inheritance of folk culture.

Keywords: Hakka village   Water outlet area   Ecological protection
Cultural inheritance   Rural revitalization

---

[1] This paper is a research result of project "Research on Hakka Culture from Perspective of Intangible Cultural Heritage Protection".

[2] Author's Bio: Zhong Fumin, Doctor of folklore, professor of Hakka Research Center, Gannan Normal University. His research direction is Hakka culture and folklore.

明朝南岭山区社会治理与客家文化的发展

胡方①

摘要： 明朝以增设州县为基础，通过强化地方统治中心、社会基层组织、社会风俗教化等方式，在赣闽粤交界南岭山区形成地方管控与社会教化有机结合的社会治理体系，有效地巩固了官府在南岭山区的统治与教化，也为地方经济社会发展奠定了基础。作为客家聚居区，南岭山区经济、社会、文化在这一时期的发展，推动了这一地区地域文化的建构和文化认同的形成，也推动了客家文化共性特质的形成和完善。

关键词： 明朝　南岭山区　社会治理　客家文化

　　赣南、闽西和粤东北交界的南岭山区，是客家人群和客家文化形成和发展的摇篮。正如徐旭曾《丰湖杂记》所言："西起大庾岭，东至闽汀，纵横蜿蜒，山之南、山之北皆属之。即今之福建汀州（治所位于今福建省长汀县）各属，江西之南安（治所位于今江西省大余县），赣州、宁都各属，广东之南雄、韶州（治所位于今广东省韶关市）、连州、惠州、嘉应（治所位于今广东省梅州市）各属，及潮州之大埔、丰顺，广州之龙门各属。"②赣闽粤交界南岭及延绵的武夷、雩山、九连诸山是客家人的重要聚

---

① 作者简介：胡方，历史学博士，中国史博士后，河源职业技术学院客家文化学院院长，研究方向为历史城市地理、历史文化地理。
② （清）徐旭曾：《丰湖杂记》，载谭元亨：《客家经典读本》，华南理工大学出版社，2010年。

居区。明代是南岭山区重要的历史发展阶段，这一区域在政治、经济、社会、文化等方面都有长足发展。聚居在南岭山区的人群也借以形成具有共性的文化和社会特质。清中叶，客家人从南岭山区大规模向外迁徙，其在迁出后能够保持原有文化而不被迁入地社会同化，说明他们在走出南岭山区之前，已经在这里形成了具有同质性和独特性的文化特质。基于此，对明朝南岭山区治理方略的研究，无疑有助于探析客家文化的发展及其与南岭自然人文环境变迁的作用机制。

明朝对南岭山区的经略，最重要的举措就是州县的设置。有明一代，先后在南岭山区增设了永安县、归化县（今福建省明溪县）、漳平县、永定县、平和县、崇义县、和平县、大埔县、平远县、镇平县（今广东省蕉岭县）、宁洋县（治今福建省漳平市双洋镇）、长宁县（今广东省新丰县）、长宁县（今江西省寻乌县）、永安县（今广东省紫金县）、定南县、连平州等十余个州县治所。州县的增设，强化了官府对南岭山区的统治与教化，也增强了区域的经济发展动力，为南岭山区经济、社会、文化的发展奠定了基础。

一、地方行政建设

自秦汉王朝开始，南岭及周边地区就已建立起以郡（州）、县为节点的统治网络。但州县治所，大多分布在交通较为便利、经济较为富庶的平原、河谷地区。而南岭山区由于山地纵横，交通不便，往往僻处官府统治网络之外。由于南岭山区深处与县治之间距离悬远，朝廷的统治网络对于这里往往是鞭长莫及。正如明正德年间（1506～1521）南赣巡抚王守仁引福建按察司兵备佥事胡琏呈文中所言："两省居民，相距所属县治各有五日之程，名虽分设都图，实则不闻政教。"[1]两广都御史吴桂芳等也曾上疏："广中一县，常五六百里，缓则不驯，急则啸聚，未可归之山川与有

---

[1] （明）王守仁：《添设清平县治疏》，《王阳明全集》，上海古籍出版社，1992年。

司绥抚失策也。"①可见，这些山区僻处朝廷的行政控制难以触及。明朝年间，当地"山谷之民，至今有老死而不见官府者，大抵土旷民稀，流移杂处"。②如地处翁源、河源两县交界的黄岗，"山径险阻，人迹罕到，其流入惠州府界，故其地属河源，为最远。正统间（1436～1449），闽寇邓茂七余党数百人潜入据之，习性强犷，不服羁管，河源弃为闲地"。③由于山地环境，他们的生产、生活方式也与平原地区迥然有异，容易诱发与官府及平原居民之间的矛盾冲突，甚或酿成动乱。朝廷在南岭山区的统治网络往往失于疏阔而致密不足。

相对于州郡，县一级治所主要负责地方的治安、赋税，与民众生产生活有着更为直接的联系。县作为朝廷管理地方的基层治所，与地方的安定富庶密切相连。要建立统治秩序，只有建县抚缉，通过设置县一级的行政治所，加强地方政权的建设，把地方管理纳入朝廷的统治体系，才能奠定社会长治久安的基础。

明代治理岭南山区的许多官员都认识到在粤闽赣交界山区增设县治的必要性和紧迫性。王守仁认为，要加强地方治理，"其第一件设县，所以便抚御，最为紧要重大。县所既设，则更夫有所归著，哨营可以掣散，至于添屯堡、处巡司、并县堡、审田地四事，可以次第兴行"。④嘉靖年间，南赣总兵俞大猷有言："五岭之间，林菁蒙密，藏奸伏慝，后终为患。莫若众建县治，使县官之政治常有余，而奸雄之伏藏常不足，方可百年无事。"⑤

增设县治也是当地百姓的迫切愿望。正德年间，王守仁平乱后，龙川、河源等县监生、生员、耆老等连名呈称："切见龙川和平地方，山水环抱，土地坦平，人烟辏集，千有余家。东去兴宁、长乐、安远，西抵河

① （明）叶春及：万历《永安县志》，广东人民出版社，2016 年。
② （明）符锡、秦志道：嘉靖《韶州府志》，《广东历代方志集成》，岭南美术出版社，2007 年。
③ （清）陆殿邦：康熙《翁源县志》，《广东历代方志集成》，岭南美术出版社，2009 年。
④ （明）王守仁：《批湖广兵备道设县呈》，《王阳明全集》，上海古籍出版社，1992 年。
⑤ （明）李杜：《征蛮将军都督虚江俞公功行记》，载俞大猷：《正气堂全集》，福建人民出版社，2007 年。

源，南界龙川，北际龙南，各有数日之程。其间山林阻隔，地里辽远，人迹既稀，奸宄多萃。""若不趁此机会，建立县治，以控制三省贼冲之路，切恐流贼复聚，祸根又萌。"①

南岭山地"山林深险"，官府统治鞭长莫及。由于"政教不及"，自然成为"盗贼屯聚之乡"。而且这些地方往往地处粤闽赣三省交通冲要，在这里增设县级治所，"真足以控诸贼之往来，杜奸宄之潜匿"。②反之，如果"县治不立"，弃而不守，则"征剿之后，浸复归据旧巢，乱乱相承"，③社会动乱隐患始终存在。只有"建县抚缉"，推行教化才是实现地方长治久安的治本之策。

明朝先后在南岭山区增设了永安、归化、漳平、永定、平和、崇义、和平、大埔、平远、镇平、宁洋、长宁（今广东省新丰县）、长宁（今江西省寻乌县）、永安（今广东省紫金县）、定南、连平等十余个州县治所。从行政管理、编户、税赋、社会稳定等几方面来看，明朝在南岭山区设置的县级治所，都具有重要意义。新县治的设立，弥补了原先官府对南岭山区腹地控制的空隙，使朝廷的统治网络更加致密，对南岭山区的控制力得以强化，为地方统治秩序的安定奠定了基础。如清人黄文澍所言："非立崇义于横水，建和平于浰头，设定南于高砂，置长宁于蹄江，夺其险阻，则长山邃谷终为藏垢纳污之地。"④同时，在中国传统社会中，县城不仅是朝廷统治地方的据点，也是统治权威的象征。由于原先县治悬远，民众普遍缺乏对于王朝统治的归属感。新县治的设置，一则保障了地方行政机构的安全及其职能运转，强化了官府的统治根基；二则有利于加强基层管控，以县治为中心，编排户籍，征纳赋役，把山区居民编为朝廷的编户齐民；三则奠定了实施礼义教化的基础，有利于官府将社会教化体系全面推进到

---

① （明）王守仁：《添设和平县治疏》，《王阳明全集》，上海古籍出版社，1992年。
② （明）王守仁：《添设和平县治疏》，《王阳明全集》，上海古籍出版社，1992年。
③ （明）王守仁：《添设清平县治疏》，《王阳明全集》，上海古籍出版社，1992年。
④ （清）沈均安、黄世成、冯梁：乾隆《赣县志》，《中国方志丛书》，台湾成文出版社，1975年。

南岭山区，把当地居民的思想信仰纳入正统轨道。

二、乡村基层管控

　　县级治所的增设，为地方社会治理奠定了基础。但是，由于南岭山区山川阻隔，而且居民流动性大，给基层社会的治理带来巨大困难。仅靠官府的力量难免力不从心，因此急需基层社会组织的配合。为此，明朝还积极在南岭山区推行与县治相匹配的保甲制度，实施严格的编户齐民措施，以加强对山区基层社会的治理。

　　明朝十分重视基层社会的保甲制度建设，企望通过保甲制度控制人口流动，既能够借此利用居民互相监视，又可以促进邻里之间守望相助，有利于更好实施基层控制。正德年间王守仁巡抚南赣时，便已开始在南岭山区推行"十家牌法"，进行户籍登记、编排，官府得以借此有效掌握乡村人户情况，形成严密完备的乡村人员控制和管理系统。

　　"十家牌法"是一种严密苛细的乡村基层社会统治系统。基于此，当地官府能够在岭南山区的乡村社会编织出一张集监视、警戒、连坐、告发于一体的严密统治网。依据"十家牌法"的规定，乡村居民每十家编为一牌，作为乡村的基层社会组织。每牌都有一副官府专门制作的粉牌，其上详细罗列将本牌居户的姓名、性别、年龄、籍贯及家庭财产状况。粉牌由"十家轮日收掌"，并另备名册存放于官府备案。以十日为周期，每家轮流一天到各家巡查人员出入诸事，"每日酉牌时分，持牌到各家，照粉牌查审：某家今夜少某人，往某处，干某事，某日当回；某家今夜多某人，是某姓名，从某处来，干某事；务要审问的确，乃通报各家知会。若事有可疑，即行报官。如或隐蔽事发，十家同罪"。有违反规定者，要立即报告官府；如有隐瞒不报者，要十家连坐。[①]王守仁推行的十家牌法，被其后

---

① （明）王守仁：《十家牌法告谕各府父老子弟》，《王阳明全集》，上海古籍出版社，1992 年。

任的陈察、王浚、李显、朱纨、谈恺、汪尚宁、吴百朋、张翀、李棠等人所承袭，并在此基础上逐渐在南岭山区建立起严密的保甲制度。①

虽然保甲并不是正式的国家管理机构，但直接关系民众的生产生活，是中国传统社会县以下基层社会治理的重要环节。明朝在南岭山区积极推行保甲制，加强对山区基层社会的治理。保甲制通过什伍编排，约束了具有破坏性的流动，并可以强制居民之间互相监视，"若使每甲各自纠察，甲内之人，不得容留贼盗。右甲如此，左甲复如此，城郭乡村无不如此；以至此县如此，彼县复如此，远近州县无不如此，则盗贼亦何自而生"？②朝廷通过保甲制这种高度严密的基层社会控制制度，加强人户管理，控制人员流动，查举不法行为，抵御盗匪侵害，使得"面目生疏之人，踪迹可疑之事"，③都难以隐匿，极大地增强了官府对山区的管控能力。

三、社会习俗教化

通过学校、乡约等推行教化也是明朝南岭山区社会治理的重要组成部分。明代伊始，官府就十分重视儒学教化。明太祖认为"治国之要，教化为先，教化之道，学校为本"，视学校教育为"育贤之地，所以兴礼乐，明教化，贤人君子之所自出"。④洪武二年（1369）十月，明太祖下"兴学诏"，"令郡县皆立学校，延师儒，授生徒，讲论圣道，使人日渐月化，以复先王之旧"。于是全国大建儒学，府设教授，州设学正，县设教谕，"盖无地而不设之学，无人而不纳之教"⑤。

明朝南岭山区县城建置的大幅度增加，奠定了官府在这一地区推行

---

① 唐立宗：《在"盗区"与"政区"之间——明代闽粤赣湘交界的秩序变动与地方行政演化》，台湾大学出版委员会，2002 年。

② （明）王守仁：《申行十家牌法》，《王阳明全集》，上海古籍出版社，1992 年。

③ （明）王守仁：《案行各分巡道督编十家牌》，《王阳明全集》，上海古籍出版社，1992 年。

④ 黄彰健校勘：《明实录》，中华书局，2016 年。

⑤ （清）张廷玉：《明史》，中华书局，1974 年。

礼义教化的基础。县治既设，县城既建，就可以以县城为依托，建立地方治理县治和礼乐教化机构，在基层大兴文教，有利于加强对基层社会的教化、管理与控制，以达到"有司存，而其学校、祀典、乡饮酒礼，民日由之，遂渐从善而归治"①的效果。王守仁在奏请增设和平县的奏疏中曾论及建县治与兴学校的联系："于和平地方设建县治以控制傜峒，兴起学校以移易风俗。……庶几变盗贼之区为冠裳之地。"②

明朝建立了从府州县学到民间社学的体系完善的儒学教化体系。民间开办的社学，与官府兴办的府州县学相配套，主要开办于城镇乡村，教少年儿童读书习礼。洪武八年（1375），明太祖诏令："是以行教化而美风俗，今京师及郡县皆有学，而乡社之民未睹教化，宜令有司更置社学，延师儒以教民间子弟。"③社学的作用不仅在于教育少年儿童学习"诗礼章句"，更在于加强民间地方的风俗教化，实现"礼让日新，风俗日美"。④

在加强南岭山区社会教化方面，官府十分重视社学的建设。成化年间，刑部郎中洪钟"奉命安辑江西、福建流民"，建言"福建武平、上杭、清流、永定、江西安远、龙南、广东程乡皆流移错杂，习斗争，易乱。宜及平时令有司立乡社学，教之《诗》《书》礼让"。⑤王守仁巡抚南赣时，也大力倡办社学，"民风不善，由于教化未明。今幸盗贼稍平，民困渐息，一应移风易俗之事，虽未能尽举，姑且就其浅近易行者，开导训诲，互相劝勉，兴立社学"。⑥

乡约也是加强礼仪教化，重塑社会风俗的重要举措。王守仁巡抚南赣时，就制定颁行了《南赣乡约》。乡约的内容涵盖乡村生产生活的方方面

① （明）顾炎武：《闽中分处郡县议》，《天下郡国利病书》，上海书店，1985 年。
② （明）王守仁：《添设和平县治疏》，《王阳明全集》，上海古籍出版社，1992 年。
③ 黄彰健校勘：《明实录》，中华书局，2016 年。
④ （明）王守仁：《颁行社学教条》，《王阳明全集》，上海古籍出版社，1992 年。
⑤ （清）张廷玉：《明史》，中华书局，1974 年。
⑥ （清）杨希闵：《王文成公守仁年谱》，台湾商务印书馆，1981 年。

面，主要包括以下内容：督促寄庄人户纳粮；禁止高利贷；禁止民众居民因小事记恨复仇；禁止私下串通盗贼；禁止差役扰民；婚嫁从俭；丧葬合礼。为了保障乡约的实施，还要求乡村民众推举年高有德者担任约长、约副，并推举正直果断者担任约正、约史等，作为乡村的领导者和践行乡约的组织者，约长每月组织聚会，以彰善纠过，教化百姓。①

乡约的作用，在于"兴教化""淳风俗"②，对民众实施教化，达到和睦乡里，稳定社会秩序的效果：

> 故今特为乡约，以协和尔民。自今凡尔同约之民，皆宜孝尔父母，敬尔兄长，教训尔子孙，和顺尔乡里，死丧相助，患难相恤，善相劝勉，恶相告诫，息讼罢争，讲信修睦，务为良善之民，共成仁厚之俗。③

王守仁推行的乡约，在南岭山区的基层社会治理和礼仪教化中发挥了重要作用，由于其"浅近易行"，各处山乡村落，纷纷遵依乡约，"共兴恭俭之风，以成淳厚之俗"，④构造出基于德治的基层乡村治理模式。

随着地方政治中心与基层组织建设的强化，朝廷在南岭山区兴办学校，推行乡约，在当地全面建立起文化教育和风俗教化体系。以州县儒学、坊厢里甲的社学、书院等构成的儒学为基础体系，通过讲授儒家诗书礼乐，传播儒家伦理道德以教化民众。有府县之学以教士子；有社学以教童蒙，有乡约以教乡民，三者共同发力，把南岭山区社会导入儒家文化与儒家礼治的轨道，促进了南岭山区的社会秩序塑造和社会文化建构。

---

① （明）王守仁：《南赣乡约》，《王阳明全集》，上海古籍出版社，1992 年。
② （明）钱德洪：《阳明先生年谱》，《王阳明全集》，上海古籍出版社，1992 年。
③ （明）王守仁：《南赣乡约》，《王阳明全集》，上海古籍出版社，1992 年。
④ （明）王守仁：《仰南安赣州印行告谕牌》，《王阳明全集》，上海古籍出版社，1992 年。

四、结语

明朝以增设州县为基础，在南岭山区形成了深入且完备的，以县城为节点、以水陆驿道为骨架的统治网络。朝廷以县城为基点，编排户籍，征纳赋役，推行教化，有效地巩固了南岭山区的统治，也为地方经济社会文化发展奠定了基础。如，和平县自正德年间建县以后，逐渐融入明王朝社会发展的整体进程之中，经济社会日渐繁荣。这个原本被官府视为"山林深险之所，盗贼屯聚之乡"的草莽之地，因其邻接三省、连通南北的地理环境，为地方发展提供了得天独厚的区位优势。"计有明建治垂百余年，文物日盛，货殖日多，熙攘日众，久以成为大道""上下往来，无论鱼盐茶油，与一切杂货，争由是路。且番舶洋货以及山珍海错，无不出乎其途"。①至清代，和平等县已经成为连通岭南、岭北，连接国内海外的经贸交通枢纽，这也体现了南岭山区经济社会在明清时期的快速发展。

明代在南岭山区采取的增设州县等一系列社会治理举措，使得南岭山区政治、经济、社会、文化等方面都得到了长足发展。客家人聚居的南岭山区，原先多为远离州县治所的边远地区，难以形成完整的经济和文化单元。新县的增设，推动了县域文化同一性的建构，形成相对完整的文化单元，为南岭山区客家聚居区地域文化的建构和文化认同的形成奠定了基础，也推动了客家文化共性和特质的形成进程。

---

① （清）朱超玟：《重建九子岗茶亭记》，载曹鹏翊、朱超玟：乾隆《和平县志》，《广东历代方志集成》，岭南美术出版社，2007 年。

The Social Governance of the Nanling Mountains and the Development of Hakka Culture in the Ming Dynasty

Hu Fang[1]

Abstract: By adding prefectures and counties, the Ming Dynasty built a social governance system combining local control and social education in the Nanling Mountains at the junction of Jiangxi, Fujian, and Guangdong by strengthening local governance centers, social grassroots organizations, and social customs and education. It effectively consolidated the government's rule and education in the Nanling Mountains and laid the foundation for local economic and social development. As a Hakka inhabited area, the development of the economy, society, and culture in the Nanling Mountains during this period promoted the construction of a regional culture, the formation of cultural identity, and the formation and improvement of the common characteristics of Hakka culture.

Keywords: the Ming Dynasty   Nanling Mountains   Social Governance   Hakka Culture

---

[1] Author's Bio: Hu Fang has a Ph.D. in History and is a postdoctoral scholar of Chinese History and the dean of the Hakka Culture College of Heyuan Polytechnic. His research concentration is historical urban geography and historical cultural geography.

DEVELOPMENT
AND
APPLICATION

开发与应用

河源客家文化旅游品牌打造的若干思考

秦晴①

摘要： 河源市不仅有深厚的客家文化积淀，而且还拥有丰富的生态旅游资源、红色旅游资源和恐龙文化旅游资源，为河源打造多元化的旅游文化品牌奠定了坚实的基础。河源应充分利用邻近珠三角、港澳，连接山区和沿海的区位优势，未来在文化旅游发展战略中应注意合理规划与资金保障，并积极运用新兴传播技术进行推广和传播河源的客家文化旅游资源。河源客家文化旅游品牌打造的关键点是打造和开发有特色、有品位的河源客家"味"文化旅游产品。建议以系列客家乡村文化品牌打造河源客家"土"味，以河源客家系列书院打造河源客家"文"味，以时尚融入传统打造河源客家新"潮"味，为游客提供内容丰富、体验互动性强的客家文化体验之旅。

关键词： 客家　文化旅游　品牌塑造

一、河源发展客家文化旅游的优势与机遇

（一）客家文化积淀与旅游基础

河源市位于广东省东北部，毗邻梅州、惠州、韶关、赣州等客家族群

---

① 作者简介：秦晴，博士，深圳大学国际交流学院、深圳大学文化产业研究院兼职研究员，研究方向为文化产业、国际传播。

聚居城市。河源以"客家古邑"为城市文化品牌定位，是客家人最早居住的地方，距今有 2200 多年的历史，客家历史悠久，文化源远流长。河源市是名副其实的客家文化重要起源地之一，也是岭南文化的重要发祥地之一。河源市客家文化旅游资源丰富，成功打造了龙川佗城风景区、和平林寨古村、南园古村等多个以客家文化为核心的重点文化旅游项目。

此外，河源还拥有丰富的生态旅游资源、红色旅游资源和恐龙故乡之称，华南最大的人工湖——"万绿湖"坐落于此。当地还有桂山风景区、生态旅游胜地的"野趣沟"，以及巴伐利亚庄园、沐春源小镇、恐龙博物馆等旅游景区，持续为河源打造多元化的旅游文化品牌。

（二）客家文化旅游发展新机遇

随着高铁的开通，拉近了河源市与珠三角地区和粤港澳大湾区的距离，地理位置上更具区位优势。今后相当长的一段时间内，河源市的铁路交通在广东省的地位将越来越重要，这将对河源市经济社会发展产生长期的推动作用，同时也给河源文化旅游带来了巨大的发展空间。为此，河源市应充分利用邻近珠三角、港澳，连接山区和沿海的区位优势，深入挖掘和研究河源市客家文化的独特性，大力发展河源市客家文化旅游。从表1可以看出，河源的人均 GDP 高于梅州，与韶关和赣州相比相差不大，虽然和龙岩有较大的差距，但是其增长率高于韶关、赣州、梅州和龙岩，居于首位。因此，若是河源能够抓住新发展机遇，奋力追赶，则能乘势而上，潜能无限。

表 1　2020～2021 年河源及相关城市人均 GDP 一览表[①]

城市	2020 年人均 GDP	2021 年人均 GDP	同比增长
河源	3.89 万	4.49 万	15.4%
梅州	3.12 万	3.38 万	8.3%
韶关	4.74 万	5.44 万	14.8%
赣州	4.08 万	4.64 万	13.7%
龙岩	10.55 万	11.29 万	7%

[①] 中经数据：2022 年 10 月 15 日，https://ceidata.cei.cn/jsps/Default.

二、河源发展客家文化旅游的问题与挑战

（一）品牌定位不够突出

河源目前大力实施文化强市战略，紧紧围绕建设"客家古邑、万绿河源、温泉之都、恐龙故乡、红色经典"的城市品牌文化，同时主打生态旅游、恐龙旅游、红色旅游和客家旅游四大方向。多元主题发展模式导致了河源客家旅游文化品牌的失焦与分散，给河源客家文化旅游发展带了一定的挑战：一方面多元旅游发展主线冲淡了河源核心重点领域的主打品牌，导致品牌多而不精、市民和游客文化认知不清等不良影响。另一方面，同时主打四大旅游发展方向，不利于河源文化旅游品牌的深耕与发展，长此以往，将对进一步扩宽旅游市场、扩大品牌效应产生负面影响。

（二）尚未形成产品品牌

河源市以"客家古邑"为城市文化品牌定位，说明客家文化在河源发展中具有重要的作用。但是，目前河源市尚未形成与该品牌相匹配的高质量客家文化旅游产品。此外，虽然河源市文化旅游资源类型丰富，但较为分散，缺乏统一规划和管理。同时客家文化旅游产品缺乏体验性与参与性，没有形成系统的客家文化旅游品牌，难以对游客形成吸引力。

客家文化旅游产品品牌的打造需要政府相关部门与旅游运行主体形成有效联动，前者在宏观上提供政策指导，对文化旅游产业进行规划与布局；后者则根据发展定位，具体策划和执行文化旅游品牌路线打造策略。

（三）产品缺乏差异化竞争优势

一方面，河源目前开发的客家文化旅游产品比较单一并缺乏市场竞争力。另一方面，梅州、赣州、龙岩等河源周边城市的客家文化旅游品牌竞争激烈，对河源的客家文化旅游发展造成了一定的威胁和挑战。河源客家文化旅游亟须明晰本地客家文化的独特性，合理利用现有的客家文化资源，扎实推进河源客家文化创造性转化和创新性发展，寻求差异化发展，以求在激烈的地区文旅竞争中成功突围。

三、河源客家文化旅游发展思路与对策研究

（一）合理规划与资金保障

进行合理规划和提供资金保障是推动河源客家文化旅游品牌发展的先决条件。首先，建议河源文化旅游主管部门整合相关政府部门的资源，邀请相关领域专家进行论证，对河源客家文化旅游有步骤、有组织、有计划地进行合理发展规划，力争因地制宜、合理布局，形成落地性强、贴近河源发展实际的河源客家文化旅游发展规划。其次，要加大对相关文化旅游品牌项目的资金投入或扶持力度，打造多元的融资渠道，推动客家文化旅游资源的保护式开发。

（二）品牌联动与内涵建设

河源客家文化旅游资源的开发本质和关键在于品牌联动和内涵建设。

首先，要增强河源内部文化旅游资源的品牌联动，推动客家文化旅游资源与当地的恐龙文化、生态文化和红色文化融合发展，增强客家"古色"与"绿色""红色"文化旅游资源的联动。例如，在河源新开发的沐春园小镇中植入客家文化元素，将河源的历史及客家文化发展史融入恐龙博物馆中，探索红色革命圣地与客家文化的互动可能，通过文化互动的形式让河源客家文化深入游客心中。

其次，河源应提升客家文化品牌意识，充分挖掘品牌内涵，赋予品牌以丰富的意义，提取河源客家独有的历史文化视觉符号等来构建品牌标识系统，与相关品牌进行联动。同时，通过策划相关的文化旅游促销活动，增加相关品牌的曝光率和影响力，扩大客家文化品牌效应。

最后，河源文化旅游发展应以客家文化为核心，传承和发展客家文化。客家文化是河源文化旅游的根基，既要保护核心的客家文化资源，又要加入时尚、创意的元素，依托其策划出丰富多元的客家文化旅游产品和服务。客观来说，河源客家文化旅游市场有一定的发展潜力，如能进行有效的客家文化旅游产品品牌策划与推广，有望同时带动本地市民

和外地游客消费，推动周边地区的休闲旅游发展，让人文河源深得民心、深入民心。

（三）传播手段与数字化发展

随着互联网和新媒体的进一步普及，河源客家文化旅游应积极拥抱数字化发展时代，推行"互联网＋文化"实施战略，积极运用新兴传播技术推广和传播河源客家文化旅游资源，巧用新媒体助力河源客家文化旅游品牌推广。要巧借新媒体进行宣传，用生动形象、有趣多元的方式进行传播。例如，利用新媒体对河源的客家文化资源进行集中宣传，邀请粤港澳大湾区媒体、旅游博主体验当地特色客家文化，利用短视频等新兴传播方式，在哔哩哔哩、小红书等新媒体平台进行联合推介，以形象化、视觉化、影像化的特点展开客家文化旅游宣传，擦亮河源客家文化旅游品牌。借此进一步将河源客家文化之美、客家文化之特向外界传播，吸引更多游客到河源旅游观光。

四、深入开发客家文化资源，打造河源"客家味"

旅游要发展，文化要先行。旅游离不开文化，文化品位的提高更能促进旅游事业的发展。可以说，没有文化的旅游是没有灵魂的，没有文化品位的旅游亦无法长久，文化增强旅游的生命力、持续力，旅游与文化结合才能焕发新的活力。因此，在加快河源文化建设的过程中，应兼顾河源旅游业的发展，深入挖掘客家民俗文化资源，打造具有河源"客家味"的文化旅游品牌，增创旅游新优势和发展新动能。

在未来发展中，河源应进一步推动客家文化和旅游产业的深度融合，遵循在保护中开发、在开发中保护的原则，以客家文化为全域旅游的根基，将客家文化植入旅游路线、融入景区景点，提升河源客家文化旅游品质，完善"吃、住、行、游、购、娱"全产业要素，规划全产业链发展的河源"客家味"，开发集客家乡村文化品牌、系列客家书院、客家时尚民宿等于一体的精品文化旅游，为游客打造内容丰富、体验互动性强的客家文化体验之旅，为河源旅游文化增添光彩。同时大力丰富旅游文化产品，以客家特产、客家文物及非物质文化遗产展示与场景营造、客家风味饮食、客家风情歌舞表演、客家民宿等为载体，把客家文化推向粤港澳大湾区及全国市场，将河源打造成国内重要的客家文化体验平台和展示窗口。

（一）以系列客家乡村文化品牌打造河源客家"土"味

河源市乡村旅游资源丰富，是广东较早开发乡村旅游的地级市之一。河源有不少古村落和特色乡村，从表2可以看出，河源有95%的古村落以客家历史古建筑为主要资源禀赋，建议在未来发展中予以统一规划和保护开发，形成发展合力，打造客家乡村旅游文化品牌。同时推动客家非遗、客家农产品和特产创新式发展，用互联网和新媒体等新兴宣传推广方式售卖河源客家特色纪念品和土特产系列产品。

结合乡村振兴战略，河源应加大力度将打造系列化、多元化的客家"土"味旅游产品，让游客体验到"原汁原味"的河源本地客家文化。

表 2　河源市乡村资源一览表

村镇	地理位置	资源禀赋
陂角村	源城区埔前镇	乡道干净整洁，庭院美丽如画，绿化良好，为全国乡村旅游重点村
仙坑古村	东源县康禾镇	距今有400多年历史，村内20多幢清代客家方形围屋，古建筑和客家文化遗产保存完好。其中八角楼作为仙坑村最早的古民居，是目前所发现的东江流域历史最早的、防御性最强的客家民居建筑，被列为广东省第七批文物保护单位。曾获中国第五批传统古村落(2018)，广东十大美丽乡村(2019)，首批广东省文化和旅游特色村(2019)，第二批全国乡村旅游重点村(2020)等称号

村镇	地理位置	资源禀赋
下屯村	东源县义合镇	风景秀丽、民风淳朴的客家古村落，在东江国家湿地公园内，森林覆盖率95%。该村北面是蜿蜒起伏的群山，南面是滚滚而来的东江，东面是错落有致的客家民居群，平均海拔约220米。曾获广东省古村落文化遗产 (2012)，广东省名镇名村 (2015)，中国传统村落 (2019)，广东省环境教育基地 (2020)，第三批广东省文化和旅游特色村 (2021) 等称号
苏家围	东源县义合镇	苏东坡后裔居住地。据传，600多年前，时任东莞京山（今东莞茶山镇）巡检的苏东坡第十一代孙苏秀弘，携家眷落居河源，并取名为"苏围"，其客家建筑为具有明清特色的方形"府第式"围屋
红光村	东源县仙塘镇	始建于明末，整个古村落内均为同姓聚居。另外据族谱记载，红光村的南园古村捐授的官宦就有23名之多，留下众多的官宦、商贾巨宅。共有36座客家民居古建筑，是河源市现存规模较大、历史悠久、文化底蕴深厚、保存较好的代表性客家古村落之一
湖东村	连平大湖镇	以粤赣古驿道为纽带，整合串联古驿道及沿线历史文化资源，是河源迄今发现最完整的、最古老的寨围。现存的遗存、遗构主要是明代的，而总平面布局当是宋元时期做的规划。占地面积约1.4万平方米，全寨建筑平面呈半圆形，四周用青砖及灰、沙、石夯筑围墙包围。获首批广东省文化和旅游特色村 (2019) 称号
大长沙村	龙川县麻布岗镇	古村总面积19.5平方公里，该村始建于明朝，文物古迹众多，有宗祠、碉楼、府第式民居、明代的塔、清代的桥和村内纵横交错的石阶路，古村风貌犹存。代表建筑有缉槐祠、志高公祠、志用公祠，黄氏宗祠，汝尹公祠碉楼等
小三村	龙川县细坳镇	毗邻江西定南县，属高寒山区。保存着不少砖木结构散发着古旧气息的明清老屋，大多都在临街建有突出的木阁楼，楼墙开有大大的窗户

续表

村镇	地理位置	资源禀赋
欧江古村	龙川县黄布镇	古村内保存有古祠堂、古民居、古桥、古塔等。黄海龙故居、高塘角黄屋等。获第三批广东省文化和旅游特色村(2021)称号
林寨古村	和平县	有两千多年历史,遗存着古巷、古井、古墙、古道、古寺、古亭、古桥、古树等独特的"老八古"。古村建有280多幢古民居,其中核心区就建有24幢较为出名的四角楼,其规模之大、数量之多、艺术之精湛,文化底蕴之厚重,实属全国罕见,堪称中国最大的四角楼古建筑群,是保护最完整的客家古村
大坝村	和平县	村中仍然保留着12幢精美的古建筑,向人们展示着当年的辉煌。这些古建筑包括秀挹双江,山辉川媚、秀挹江峰、大夫第、文林第、文昌阁等
兴隆村	和平县下车镇	兴隆古村以其文人名人众多出名,为和平县之最。最著名的建筑是"中心围",其占地4355平方米,是一座颇具特色的古屋,巧妙地融合了龙衣屋与四角楼元素,在围形龙衣屋前,加建三进二横带四角楼式的方围屋,大门上附建有花岗岩雕刻牌坊
彰洞村	和平县	现仍保存完好的古代建筑。包括有儒林第、高安楼、司马第、恒兴楼、永兴楼、元丰楼、丰元楼、河背老屋、燕翼堂、四角楼等。村民基本为同一家族
畲族村	和平县东水镇	和平县最早设立的一个少数民族聚居行政村,也是革命老区村
群丰村	紫金县水墩镇	因风调雨顺、年年丰收而得名,拥有近30座保留完好的石垒砖砌的四角楼。地处群峰叠嶂环绕而成的小盆地,建筑大多依山面水,左右排开,体现"负阴抱阳""天人合一"哲学思想
桂山村	紫金县龙窝镇	该村有新石器时期的遗址、明代古窑遗址、清代的"文明书舍""进士及第",以及至今保存完好的"四角楼""茶壶耳"等清末民国时期的客家民居十多座。自然环境得天独厚,三面青山环抱,四季溪水萦绕,夏无酷暑,冬无严寒,四季无旱涝之患

（二）以河源客家系列书院打造河源客家"文"味

利用源拥有特色的书院文化资源，将其发展成客家系列书院，打造河源客家"文"味。通过统一统筹与规划，形成各具特色的书屋识别体系，并通过举办学术交流、亲子研学等各类活动，如开笔礼、文创产品设计大赛等，在本地和粤港澳大湾区形成较大的知名度和影响力，以此吸引更多的游客。此外，结合目前河源已经建立的十余个源·悦书屋，联合开展相关联动活动，共建河源特色书院文化，并与公共文化、革命文化等相互融合发展。河源特色书院的情况见表3。

表3　河源特色书院一览表

序号	书院	建成时间	地理位置	概况
1	槎江书院	清雍正三年（1725）	河源市图书馆内	为广东省首批建设的10个岭南书院项目之一。雍正十一年（1733），朝廷谕令各地开设书院，遂将义学转为书院。因大门东面有槎江，故称槎江书院。槎江书院是展现河源文教发展的一个窗口，既承接了宋明时期书院的特色学风，又开启了清代时期书院的新模式
2	柳溪书院	清朝道光元年(1821)	东源县仙塘镇南园古村	为仙塘潘氏家族为培养后代、秉承"忠孝传家、诗书启后"家训而建造。书院门前柳树成荫、碧水环绕，内设讲堂、凉亭、鱼池、照墙、厅、走廊、厨房、水井、宿舍等，建筑面积500平方米
3	萝溪书院	19世纪30年代	东源县船塘镇老围赤岭	为辛亥革命先贤欧阳俊的父亲欧阳箴创办。书院坐东向西，通面宽40米，通进深12米，进门天井，四面回廊，东西两幢南北两列

（三）以时尚融入传统打造河源客家新"潮"味

1. 统一标识体系，创新表达

建议强化河源客家特有的建筑符号，统一标识体系，合理改造公共文化设施等，形成统一的客家文化集聚群，强化河源客家文化印记，使文化得以有效地传承和延续。可以考虑融入现代时尚的设计元素加以创新和表达。如，可用文化公车（建议采用电瓶车）的形式将河源客家文化资源串联起来，形成有机的客家古建筑、博物馆、美食街等游览线。同时，提供专业讲解，使游客能集中、系统地观赏景点，体验客家文化。再如，可以考虑在乡村引入复古款式的共享单车，让游客沉浸式体验原汁原味的乡土气息。

2. 打造潮流品牌节庆

建议河源多举办与客家文化相关的时尚与传统结合的潮流节庆活动，吸引本地市民与外地游客参与，如举办客家山歌大赛、灯笼节、汉服节、客家新春庙会、客家美食展、客家文化展、客家邻里节、客家文化摄影大赛、客家文化艺术节、客家文化论坛等活动。以丰富的节庆活动吸引消费者来河源，带动河源当地旅游经济发展，提高河源客家文化的知名度。此外，建议在河源成立客家主题摄影或影视基地，提供特色的客家围屋、客家服饰等摄影内容，增设有特色的客家文化网红打卡地，以此来增加游客流量，提高河源客家文化旅游资源的曝光度，进而提升其品牌影响力和知名度。

3. 建立时尚客家风情美宿

客家建筑是中华文化的瑰宝，客家民居有千姿百态的建筑造型，如客家排屋、客家围屋等，给人以一种美的享受。目前，河源缺乏规模性、特色性的客家围屋主题酒店。建议在市场调研和文物保护的基础上，建设若干时尚与客家风情相结合的客家主题民宿，吸引更多游客在河源过夜，全方位满足高、中、低端游客群体的消费需求。

4. 开发河源夜间旅游产品

2022 年期间，深圳甘坑客家小镇先后打造了"甘坑古镇琴夜""皮影戏夜间惠民表演""最美汉服少儿时装周大秀"等夜间活动，提升小镇各营收项目创收能力，制造经济增长新引擎，其做法值得学习、借鉴。在植根河源客家文化底蕴的基础上，可根据当地实际情况推出具有地方特色的夜间休闲娱乐活动，通过实景演艺、特色美食文化、精彩互动表演、夜宿升级体验等多举措打造具有文化氛围的夜生活场景。要完善河源夜间经济产品，丰富夜间文化服务，增加夜间开放场所密度，制造经济增长新引擎，进一步助力河源夜间经济发展，推进夜间经济成为河源经济持续增长的新动力。

5.开发河源客家文化旅游 IP

深圳甘坑客家小镇以客家文化为根创造出小凉帽 IP，并形成小凉帽 IP 完整产业链，从小说、绘本、动画，再到主题乐园、主题酒店、主题农场，共计推出 300 多种主题衍生产品。以此为鉴，河源应加快打造河源客家文化旅游 IP，策划创造出具有河源特色的客家 IP 形象、客家伴手礼等。

6.引入多元的时尚体验活化传统客家文化

河源客家文化旅游产品应注重吸引青少年消费群体。如，引入剧本杀、密室脱逃、角色扮演、客家文创盲盒等深受青少年喜爱的新潮玩法，生产具有新奇、多变、游戏化、互动性强等特点的客家文化旅游产品，贴近和满足 Z 世代消费者需求，以此吸引更多年轻人关注、体验客家传统文化，培养潜在的旅游文化消费群体。再如，在客家文化主题餐厅嵌入客家舞蹈、客家山歌、山歌对唱等环节，供游客在客家风格主题餐厅里一边品尝客家美食，一边体验客家文化，增强旅游互动性，提升旅游体验感。

7.与高校资源联动合力打造客家文化旅游产品

应积极主动联合当地或外地高校资源，巧借外力联合打造出客家文化旅游产品。河源本地的高校围绕地方客家文化，开展了诸多应用性研究和创造性探索，例如，河源职业技术学院聚焦客家方言、历史文化、客家文化、客家非遗等内容，开展了一系列的客家文化传承、保护、宣传及推广工作。河源职业技术学院师生团队设计的"墩蓝青衿服饰布艺"获 2023 年广东非遗服装服饰展示交流活动优秀案例，该作品将省级非遗项目墩头蓝织染技艺和典雅隽永的客家神韵结合，以时尚的服装服饰方式呈现，在客家服装服饰创造性转化、创新性发展领域取得崭新的突破。如能结合设计作品进行市场化推广，设计和生产相关的文化旅游产品，则能推动当地客家文化旅游市场的多元化发展。2022 年 5 月，河源职业技术学院万绿湖文旅产业学院挂牌成立，这也将进一步助力河源文化旅游消费、康养消费、青年消费和潮流文化等新业态的发展。再者，河源也可以联动粤港澳大湾区乃至全国的高校，合力打造客家文化旅游产品。

未来，应再进一步梳理河源客家历史文化发展脉络，深入挖掘河源客家文化内涵，打造系列化、立体化、多元化的河源客家文化旅游品牌，并不断推陈出新，创造有凝聚力和认同感的河源客家城市文化场所，传承和创新客家文化，不断推动河源客家文化发展，增强河源建设客家文化、发展客家文旅的信心。

Opinions on Building the Hakka Cultural Tourism Brand in Heyuan

Qin Qing [①]

Abstract: Heyuan is a stronghold of Hakka culture and has rich eco-tourism, red tourism, and dinosaur cultural tourism resources, all of which lay a solid foundation for Heyuan to build a diversified cultural tourism brand. To achieve this goal, the government of Heyuan should capitalize on its proximity to the Pearl River Delta, Hong Kong, and Macao by connecting mountainous areas and coastal areas, exploring and studying the uniqueness of Hakka culture in Heyuan, and seeking differentiated and distinctive development opportunities. In addition, Heyuan should pay attention to reasonable planning and financial security, strengthen the brand link of Heyuan's internal and external cultural tourism resources, and actively use emerging communication technologies to promote and disseminate Heyuan's Hakka cultural tourism resources. By developing a rural Hakka cultural brand, Heyuan can create a distinctive and tasteful Heyuan Hakka "flavor" and cultural tourism product. This paper explores how Heyuan can develop a "local" flavor through a series of rural Hakka cultural brands, a "cultural" flavor through Hakka academies, and a new "fashion" flavor by drawing from modern and traditional fashion to create a Hakka cultural experience tour with rich and interactive content for tourists.

Keywords: Hakka　Cultural Tourism　Brand Building

---

① Author's Bio: Qin Qing, Ph.D., is a deputy secretary at the College of International Exchange of Shenzhen University and a part-time researcher at the Institute for Cultural Industries of Shenzhen University. Her research concentration is cultural industries and international communication.

历史文化资源引领城区高质量发展

——以龙园客家聚落活化利用规划为例

王颖　李练英①

摘要： 本文从龙园片区历史文化资源现状入手，通过评估关键要素价值、划分活化利用能级，剖析目前该片区历史文化资源面临的保护与活化利用困境，运用保护与修缮、创意改造和融合城市环境设施等多种方法，以历史文化资源为第一引领要素，将资源的保护与活化利用过程融入城市更新，带动城区规划建设，赋能城市品质提升，实现打造历史文化脉络清晰、资源聚集效应明显、影响蜚声国际的滨海客家聚落的目标。

关键词： 历史文化资源　保护与活化利用　城市更新
　　　　　城市品质　城市规划

《鹤湖文史辑刊》是设立于广东省省级文物保护单位鹤湖新居的龙岗客家民俗博物馆的馆刊。作为馆刊的命名地，鹤湖新居是全国最大的客家围屋之一。鹤湖新居所在的深圳市龙岗区龙岗街道龙园片区，是客家历史文化遗存保留数量较多、保存情况较好的片区。为了更好地统筹保护与利用历史文化资源，文物主管部门开展了以历史文化资源为主要对象的专项

---

① 作者简介：王颖，深圳市龙岗区公共文化服务和产业促进中心副主任；李练英，本文通讯作者，深圳市建筑设计研究总院有限公司建筑师。

规划研究。这一做法是深圳地区文物保护与活化利用的开创之举，并入选2022年度深圳市龙岗区微改革微创新项目。目前，在城乡规划建设中，县区级以上文物保护单位以文物保护规划作为保护方式，未定级不可移动文物以在片区规划征求意见时提出保护意见为保护方式。此次文物主管部门主动作为，将历史文化资源串联成线，集点成面，并将其放到片区规划第一引领要素的位置，带动城区规划建设，充分彰显了龙岗区落实习近平总书记关于文化传承发展重要讲话精神的决心。

一、龙园片区历史文化资源现状

龙园片区位于龙岗河沿岸，南临龙岗大道，西临龙城大道，以龙园重点城市更新单元为基底，总面积超过16平方公里，囊括40余处历史文化资源，片区具有如下三个鲜明特点。

（一）资源相对丰富

此次历史文化资源研究对象的分布情况为：南联社区3处，分别为鹤湖新居、秀挹辰恒围屋、巫屋村老屋；龙岗社区12处，分别为龙园、龙兴寺、梅冈世居、斗方梅冈世居、梅湖世居、格水炮楼院、龙岗龙塘世居、龙冈老墟、石湖老屋、梁屋村梁氏宗祠、龙岗骆氏宗祠、萝卜坝李氏宗祠；新生社区6处，分别为田丰世居、仙人岭老围、仙人岭陈氏宗祠、新围世居、低山刘氏宗祠、陈炫公祠；盛平社区5处，分别为官新合围屋、昇齐楼、松元角老围、松子岭老围、振端堂；宝龙街道龙东社区16处，分别为龙湖新居、桥背老围、新塘世居、大围老围、瑞艳南天炮楼院、谭仙庙、棠梓新居、沙背坜炮楼院、龙东邱氏宗祠、璇庆新居、环水楼（崇正学堂）、兰水新居、兰二老围、龙跃世居、赤石岗老围、赤石岗炮楼院。以上共计42处。此外，还有串联历史文化资源的龙岗河，龙园公园以及龙岗河沿岸的码头。

（二）文化特色鲜明

以上42处历史文化资源就类型可划分为围屋、排屋、宗祠、炮楼院、寺庙等。

龙岗的围屋绝大部分为客家人所建，是客家人聚族而居的主要民居类型。大多为三堂两横四角楼结构，整体以方形围屋（堡）为主，呈"国"字形围，即外墙高大坚固，在围屋中心建有"厅屋组合式"为宗祠，宗祠外圈为横屋、倒座、化胎龙厅、角楼等，其余均为居住单元。龙岗客家围屋以围合性、向心性和中轴对称性的空间形态为建筑原则，加上前面的禾坪、月池和后面的风水林，形成了一个严谨的空间秩序和富有人文气息的乡土聚落。

龙岗的排屋，主要为客家围屋或者广府围村解体后，残存的以基本居住单元为主、多个标准单元并列成排的民居类型。

宗祠一般是围屋或围村的核心建筑，目前现存的单体宗祠一般是围屋或围村解体后保留下来的，仍然发挥着承办老村的祭祀与民俗活动场所的功能。宗祠建筑以三进为主，个别宗祠还前有月池、后有风水林。

龙岗的炮楼院一般由炮楼加拖屋组成。一部分炮楼院是围屋解体后角楼与横屋组合成的，一部分是独立建造而成的。炮楼具有防御、瞭望和储藏等功能，拖屋具有生活起居的功能。

寺庙主要是龙兴寺、谭仙庙，虽为近几十年先后建成，但遵循了一定的传统样式，有一定的社会民俗活动基础，本次专项规划研究将其纳入历史文化资源。

（三）城市更新单元已划定

此次研究的核心片区鹤湖新居、龙园等均位于龙园片区重点更新单元当中。该更新单元占地 2 平方公里，于 2021 年 7 月完成前期服务商招商工作，2022 年完成立项，拟于 2023 年完成专项规划研究。另一重要历史文化资源龙岗老墟所在的老墟镇片区城市更新单元，已于 2019 年 6 月取得专项规划批复，划定拆除重建用地 31 万平方米，其中划定历史风貌区 2.8 万平方米。上述两处更新项目的推进，有利于本次研究范围内的文物历史建筑的产权流转、周边环境提升，并为推进规划落地提供了有力抓手。

二、龙园片区文物面临的困境

（一）活化利用不足，社会效益不明显

目前，上述 42 处历史文化资源虽然已得到了有效的保护，但以"保护第一、加强管理、挖掘价值、有效利用、让文物活起来"的新时代文物保护工作方针看来，目前的保护方式是较为落后的。如何充分发挥深圳社会主义先行示范区、改革开放前沿地、设计之都的城市精神，让这些历史文化资源更好服务城区，成为城市美育、传承优秀历史文化的重要载体，是本次专项规划研究要解决的重点问题。

（二）缺乏整合联动

片区内的历史文化资源较之龙岗区的其他片区，已经形成了聚集优势，但就片区内部来看，现有的资源还没完全打通，没有形成组团特色，彼此之间缺乏有机联动，无法形成整体大于局部的集群效应以增添城区特色。

（三）城市更新中扮演角色不明确

自 2012 年龙岗区政府公布不可移动文物以来，全区一直在如火如荼地持续推进城市更新，历史文化资源在更新项目中往往处于被动生存的境况。虽然近年来文物保护已在更新项目中取得了一定地位，但如何更好地通过历史文化遗产主动引领城区发展，是文物主管部门和研究机构这些年来思考的重要课题。

三、从规划角度提出的策略

历史文化资源可以成为区域的轴线节点，引导与引领周边发展，从而彰显区域特色。通过强化客韵文化属性，提升城市文化品质，构建公共、开放的空间网络，整合产业功能、共享环境设施，重点营造标志空间，打造城市代表性名片。

（一）一心两轴、三廊四街

在规划研究过程中，以历史文化资源的保护为原则，以城市空间、城市设计为主要突破口，以空间与产业融合、共存共荣为目标，着力形成特色规划理念。一是提升城市空间设计品质，为历史文化资源提供更好的配套设施；二是串联历史文化资源轴线，成为城市空间的特色节点；三是在活化利用历史文化资源的同时，将其作为城市空间的设计主题。在此理念基础上，形成"一心两轴、三廊四街"的规划结构。"一心"指的是以龙园为客韵核心，以龙园周边的中央活力环为大核心；"二轴"指的是客韵文化轴和客韵传承轴；"三廊"指的是龙岗河、龙西河形成的三条生态水廊；"四街"指的是龙平西路、碧新路、龙岗同富路、新生路。在整体规划结构的基础上，通过多条文遗根须进行串联，形成整体网络。（见彩插图 18）

（二）功能分区

以规划结构为基点，以龙岗河及道路为界面，形成四大功能分区。中央以龙园、龙园南部规划新建博物馆、鹤湖新居、龙岗老墟镇等形成中央活力区，主要功能定位为博物馆、书院论坛、水秀墟市等。北部以新生社区为主，连接东北部的坪地低碳生态区，打造低碳文创实验区，功能定位为商务商办、低碳实践、酒店体验等。东部以龙东社区为核心，对接其南部的宝龙制造区，打造民俗文化传承区，功能定位为祭祀庆典、民俗服饰、地方美食等。西部以盛平社区为主，形成都市工坊实践区，北接龙西五联传承区，南接龙城中央商务区，功能定位为创意工坊、非遗展示、创意市集等。（见彩插图 19）

（三）关键廊道

一是客韵文化轴，以龙城广场、鹤湖新居、龙园、梅冈世居、田丰世居等关键节点为依托，构建南北向城市廊道，是龙园片区客家聚落的主要骨架（见彩插图 20）；二是客韵传承轴，以龙兴寺、龙园、龙岗老墟、谭仙庙、璇庆新居和环水楼等不同类型的历史文化资源点为亮点，构建东西向的游览线路，是客韵资源多元化的体现（见彩插图 21）；三是龙岗河水廊通道，龙岗河是龙岗区的母亲河，贯穿龙园片区，通过打造及活化沿河的码头、花桥、水廊、水秀等文化内容，充分发挥其一河两岸三通廊的串联作用，体现其客韵母亲河的重要性；四是四方街路网通道，以龙平西路、碧新路、龙岗同富路、新生路形成的方形环路区域，构成了龙园客韵的核心区，也是客家聚落的主要游览路径，通过引入"红胖子"巴士，形成循环游线。

四、规划实现路径

（一）评估关键要素、划分能级

要实现上述的规划愿景，需依据价值、本体及环境等要素划定资源活化利用能级。具体来说，历史文化资源的价值要素由历史价值、科学价值、艺术价值、社会价值、人文价值五个方面组成，占整体要素的 40%。本体由保护现状、使用现状、基础设施、建筑质量、活化利用潜力、价值阐释效果、管理情况七个方面组成，占整体要素的 40%。环境要素由交通可达性、周边自然山水、周边资源优势度三个方面组成，占整体要素的 20%。每个小的方面又按照重要程度给予 5 分或 10 分的权重，详见文化资源活化利用关键要素评估标准（表 1）。按照上述标准对 42 处历史文化资源进行打分，得到了历史文化资源的不同评分。其中获得 80 分以上的有 8 处，分别是鹤湖新居（95 分）、龙岗河（85 分）、龙园（88 分）、龙兴寺（84 分）、梅冈世居（83 分）、赤石岗老围（80 分）、璇庆新居（91 分）、环水楼（88 分），详见文化资源基本情况及活化利用关键要素综合计分表（表 2）。

表 1 文化资源活化利用关键要素评估标准一览表

评估指标		权重	评估标准	得分
价值（40分）	1. 历史价值	10	一级：年代久远（8～10分）	
			二级：年代较为久远（6～8分）	
			三级：年代较近（6分以下）	

续表

评估指标		权重	评估标准	得分
价值 （40分）	2.科学价值	5	一级：有先进的科学技术与材料情况极好（4～5分） 二级：有先进的科学技术与材料情况较好（3～4分） 三级：有先进的科学技术与材料情况一般（3分以下）	
	3.社会价值	10	一级：历史信息提供程度好，知名度高（4～5分） 二级：历史信息提供程度较好（3～4分） 三级：历史信息提供程度一般，甚至较差（3分以下）	
	4.文化价值	10	一级：文化情感价值极高（8～10分） 二级：文化情感价值较高（6～8分） 三级：文化情感价值一般（6分以下）	
	5.艺术价值	5	一级：国内前列、风格独特极具代表性（4～5分） 二级：处于国内先进水平，较有风格和代表性（3～4分） 三级：一般水平、代表性一般（3分以下）	
本体 （40分）	1.保护现状	5	一级：保存完好（4～5分） 二级：保存较好（3～4分） 三级：保存情况较差（3分以下）	
	2.使用现状	5	一级：使用情况好（4～5分） 二级：使用情况较好（3～4分） 三级：使用情况一般，甚至处于废弃闲置状态（3分以下）	
	3.基础设施	5	一级：基础设施极好，质量优秀（4～5分） 二级：基础设施和质量较好（3～4分） 三级：基础设施和质量一般，甚至较差（3分以下）	
	4.建造质量	5	一级：现状建造质量极好（4～5分） 二级：现状建造质量较好（3～4分） 三级：现状建造质量一般（3分以下）	
	5.展示利用潜力	5	一级：展示利用程度好（4～5分） 二级：展示利用程度较好（3～4分） 三级：展示利用程度一般，甚至较差（3分以下）	
	6.价值阐释效果	10	一级：未来可改造或可利用前景高（8～10分） 二级：未来可改造或可利用前景较高（6～8分） 三级：未来可改造或可利用前景一般，甚至较差（6分以下）	
	7.管理情况	5	一级：管理情况好（4～5分） 二级：管理情况较好（3～4分） 三级：管理情况一般，甚至较差（3分以下）	

续表

评估指标		权重	评估标准	得分
环境（20分）	1.交通可达性	5	一级：交通通达程度高（4～5分）	
			二级：交通通达程度较高（3～4分）	
			三级：交通通达程度一般，甚至较差（3分以下）	
	2.周边山体水系	5	一级：周边山体水系等自然资源好（4～5分）	
			二级：周边山体水系等自然资源较好（3～4分）	
			三级：周边山体水系等自然资源一般，甚至较差（3分以下）	
	3.周边资源优势度	10	一级：与周边景点的关联程度高（8～10分）	
			二级：与周边景点的关联程度较高（6～8分）	
			三级：与周边景点的关联程度一般，甚至较差（6分以下）	
总分			100	

说明：依据价值、本体及环境等要素划定资源活化利用能级（分数越大能级越大）。

表 2 文化资源基本情况及活化利用关键要素综合计分表

属地		要素资源点	文化属性	空间形态	规模大小	原始功能	保存情况	利用现状	交通通达性	综合得分
龙岗街道	南联社区	鹤湖新居	客家世居	特大围堡	19425平方米	聚落	较好	活化	强	95
		秀挹辰恒围屋	客家世居	中型围屋	2916平方米	聚落	较差	空置	强	67
		巫屋村老围	客家世居	堂横屋	1200平方米	民居	一般	空置	强	60
	龙岗社区	龙岗河	母亲河	线性开放	6千米	绿地滨水	一般	一般	强	85
		龙园	文化绿地	带状滨水	340000平方米	市政公园	一般	一般	强	88
		龙兴寺	宗教民宿	传统院落	3000平方米	佛教	较好	活化	强	84
		石湖老屋	客家世居	排屋村	2050平方米	聚落	较差	空置	弱	69
		梁屋村梁氏宗祠	客家世居	排屋村	1174平方米	聚落	较差	空置	一般	60
		龙岗骆氏宗祠	客家世居	小型围屋	1318平方米	聚落	较差	一般	弱	60
		梅冈世居	客家世居	大型围堡	6256平方米	聚落	一般	空置	强	83
		斗方梅冈世居	防御宅院	炮楼院落	217平方米	民居	一般	空置	一般	66
		杨梅岗刘氏宗祠	宗祠	院落	628平方米	宗祠	一般	一般	一般	55
		梅湖世居	广府世居	排屋村	2907平方米	聚落	较好	空置	一般	57
		格水炮楼院	防御宅院	炮楼院落	1225平方米	民居	一般	杂租	弱	71
		格水老屋	客家世居	排屋村	1119平方米	民居	较差	杂租	弱	59

续表

属地		要素资源点	文化属性	空间形态	规模大小	原始功能	保存情况	利用现状	交通通达性	综合得分
龙岗街道	龙岗社区	龙岗老墟	商贸市集	大街小巷	36000 平方米	商贸	一般	一般	一般	75
		龙岗龙塘世居	客家世居	小型围堡	1891 平方米	聚落	一般	杂租	一般	71
		萝卜坝李氏宗祠	家祠	堂屋院落	331 平方米	祠堂	较差	较差	弱	52
	新生社区	田丰世居	广客世居	大型围屋	13969 平方米	聚落	一般	空置	一般	73
		陈铉公祠	客家世居	排屋	2913 平方米	聚落	一般	一般	一般	71
		仙人岭老围	客家世居	排屋村	12000 平方米	聚落	一般	空置	一般	75
		仙人岭陈氏宗祠	宗祠	院落	1805 平方米	祠堂	较好	一般	一般	69
		新围世居	客家世居	中型围屋	6200 平方米	聚落	较差	空置	强	70
		低山刘氏宗祠	宗祠	院落	2287 平方米	宗祠	一般	一般	一般	67
龙城街道	盛平社区	官新合围屋	客家世居	大型围堡	7865 平方米	聚落	较差	空置	一般	72
		昇齐楼	防御宅院	炮楼院落	747 平方米	民居	较好	活化	一般	74
		松元角老围	广府世居	中型围屋	2938 平方米	聚落	一般	空置	强	71
		松子岭老围	客家世居	中型围屋	4700 平方米	聚落	较好	空置	一般	60
		振端堂	防御宅院	炮楼院落	372 平方米	民居	一般	空置	一般	59
宝龙街道	龙东社区	龙湖新居	客家世居	排屋	3004 平方米	居住	一般	空置	一般	71
		桥背老围	客家世居	排屋村	2783 平方米	聚落	较差	空置	一般	73
		新塘世居	客家世居	中型围屋	4477 平方米	聚落	较差	空置	一般	61
		赤石岗老围	客家世居	大型围屋	7150 平方米	聚落	一般	空置	强	80
		赤石岗炮楼院	防御宅院	炮楼院	1639 平方米	居住	一般	空置	强	76
		大围老屋	客家世居	排屋村	1800 平方米	聚落	差	空置	一般	61
		瑞艳南天炮楼院	防御宅院	炮楼院	461 平方米	居住	一般	杂租	一般	63
		谭仙庙	宗教民俗	院落	270 平方米	道教	一般	好	一般	75
		棠梓新居	客家世居	堂横屋	1421 平方米	聚落	一般	空置	一般	72
		沙背坊炮楼院	防御宅院	炮楼院	688 平方米	居住	一般	杂租	一般	65
		龙东邱氏宗祠	宗祠	院落	1941 平方米	宗祠	较好	一般	一般	62
		璇庆新居	民国世居	小型围屋	2057 平方米	居住	较好	杂租	一般	91

续表

属地		要素资源点	文化属性	空间形态	规模大小	原始功能	保存情况	利用现状	交通通达性	综合得分
宝龙街道	龙东社区	环水楼	官宦世居	大型围堡	3826 平方米	居住	较好	空置	弱	88
		崇正学堂	教育校舍	院落	386 平方米	教育	一般	空置	一般	79
		兰水新居	客家世居	排屋	1072 平方米	居住	一般	空置	一般	73
		兰二老围	客家世居	排屋村	2691 平方米	居住	一般	杂租	一般	57
		龙跃世居	客家世居	排屋村	740 平方米	居住	较差	空置	一般	62

说明：依据价值、本体及环境等要素划定资源活化利用能级（分数越大能级越大）。

（二）历史文化资源和城市空间融合

依托上述要素评估打分结果，对每一处历史文化资源赋予不同的定位，精准施策，打造集文化润城、服务社区、文创商业、休闲观光等为一体的美好生活城区，并在 IP 方向、利用方式、运营建议、综合建议上等方面给出了具体的建议，详见文化资源活化利用方向策划表（表3）。如独具特色的广客交融围屋田丰世居，其 IP 方向定为移民精神，利用方式建议为展览会议，运营建议为自营，综合建议为重点统筹。从"让文物活起来"的利用端，一揽子提出了文物保护与活化利用的思路。

表 3 文化资源活化利用方向策划表

属地		要素资源点	综合得分	核心价值	能级辐射	独立／依附	IP 方向	利用方式	运营建议	综合建议
龙岗街道	南联社区	鹤湖新居	95	围堡标本	湾区	独立	第一客家围	博物馆	自营	重点建设
		秀挹辰恒围屋	67	传统单元	区级	依附	老村风情	特色商业	自营	策划招商
		巫屋村老围	60	典型排屋	社区	依附	依附	创意工坊	分包	策划招商
	龙岗社区	龙岗河	85	纽带	区级	独立	母亲河	市政碧道	自营	重点统筹
		龙园	88	居中	区级	独立	客韵核心	文化绿地	自营	重点统筹
		龙兴寺	84	聚集点	区级	独立	宗教民俗	民俗庙会	宗教	提升开放
		石湖老屋	69	传统排屋	社区	依附	老村风情	创意工坊	自营	策划招商

属地	要素资源点	综合得分	核心价值	能级辐射	独立/依附	IP方向	利用方式	运营建议	综合建议
龙岗街道	梁屋村梁氏宗祠	60	龙园点缀	族群	依附	客家民俗	社区活动	社区	修复完善
	龙岗骆氏宗祠	60	龙园点缀	族群	依附	客家民俗	社区活动	社区	修复完善
	梅冈世居	83	典型围堡	区级	独立	客家庄园	精品酒店	自营	重点统筹
	斗方梅冈世居	66	传统大宅	社区	依附	老村豪宅	创意工坊	分包	策划招商
	杨梅岗刘氏宗祠	55	传统单元	社区	依附	客家民俗	社区活动	社区	修复完善
	梅湖世居	57	传统围屋	社区	依附	老村风情	创意园区	自营	策划招商
	格水炮楼院	71	传统高层	社区	依附	登高体验	创意工坊	分包	策划招商
	格水老屋	59	传统排屋	社区	依附	老村风情	创意工坊	自营	策划招商
	龙岗老墟	75	传统集市	市级	独立	客韵古墟	创意街区	自营	重点建设
	龙岗龙塘世居	71	老墟支撑	社区	依附	古墟豪宅	会议民宿	分包	策划招商
	萝卜坝李氏宗祠	52	老墟点缀	族群	依附	客家民俗	社区活动	社区	修复完善
	田丰世居	73	广客交融	区级	独立	移民精神	展览会议	自营	重点统筹
	陈铉公祠	71	传统单元	社区	依附	老村风情	社区活动	社区	修复完善
	仙人岭老围	75	大型围村	区级	独立	龙岗古村	创意园区	自营	重点统筹
	仙人岭陈氏宗祠	69	传统单元	社区	依附	客家民俗	社区活动	社区	修复完善
	新围世居	70	传统单元	社区	依附	老村风情	特色商业	自营	策划招商
	低山刘氏宗祠	67	典型祠堂	族群	依附	客家民俗	社区活动	社区	修复完善

说明：依据综合评分策划相关文化资源活化利用方向，明确文化资源的利用方向，对城市地段提出文化主题，纳入城市规划设计要点。[①]

（三）用地和路网优化建议

基于上述的研究成果，从文物、历史文化资源活化保护与开发利用的

[①] 注：鉴于文物与历史文化资源的特殊性，建议运营主体由区国资＋企业（暂定华润）成立专项公司，统筹策划与运营。

角度，针对城市现状与上位规划中的各类用地、道路交通、景观、公共服务设施系统等，提出合适的优化建议：一是在鹤湖新居、龙园、格水炮楼院、梅冈世居、龙岗老墟之间，设置支路或绿道；二是在鹤湖新居、秀挹辰恒围屋、龙岗老墟之间设置支路或步行街；三是将福宁路北延至田丰世居；四是龙岗同富路北延至低山北路；五是龙平东路东延接 Y226 路，直至爱南路。

五、结语

（一）本项目对龙岗发展的意义

综上，通过保护历史文化资源的地理格局、历史肌理、空间尺度、景观环境，引领片区整体文化品质的提升，提高片区的可辨识度，探索建立城市内部不同空间尺度的结构图谱和发展策略，为城市美好人居环境提供丰富的文化植入内容，充分激发出龙中源头历史文化资源的生机与活力，形成客韵润城的新城区。

（二）本项目对城市规划及建设路径的意义

从城市更新的路径上看，本次规划研究为城市建设提出了新的思路。即以历史文化资源入手启动片区整体规划，通过城市更新项目落实规划，与城市更新同步开展历史文化资源本身的保护、提升与活化。这对于深圳的城市发展来说，是一种新的路径尝试。

Historical and Cultural Resources Leading High-Quality Development in Urban Areas — Taking the Revitalization and Utilization Planning of Longyuan Hakka Settlement as an Example

Wang Ying, Li Lianying [1]

Abstract: This article starts by examining the current state of historical and cultural resources in the Longyuan area. It evaluates the value of key elements and defines levels of revitalization and utilization. It analyzes the challenges facing the protection and revitalization of historical and cultural resources in the area. Through various methods such as preservation and restoration, creative transformation, and integration with urban environmental facilities, it places historical and cultural resources as the primary guiding factor. By integrating the protection and revitalization process of these resources into urban renewal, it drives urban planning and construction, empowers urban quality improvement, and aims to create a historical and cultural framework with clarity, significant resource aggregation effects, and international influence for the coastal Hakka settlement.

Keywords: Historical and Cultural Resources   Protection and Revitalization   Urban Renewal   Urban Quality   Urban Planning

---

[1] Author's Bio: Wang Ying, Deputy Director at Longgang Public Cultural Services and Industrial Promotion Center, Shenzhen; Li Lianying, Corresponding author of this paper, Architect at Shenzhen General Institute of Architectural Design and Research Co., Ltd.

论非遗包容性价值与可持续发展路径
——以横岗客家茶果制作技艺为例①

曾瑜媛②

摘要：目前，深圳的非物质文化遗产保护逐渐从单一保护模式向整体性保护模式转变，不同领域的传承、传播的主体一步步探索着更为有效、多样且完备的保护途径。然而，不少非遗项目相关的主体单位等，则更多着眼于市级及以上的非遗项目，很多极具挖掘与保护价值的区级项目因传承主体、官方保护主体意识与处理权限的能力局囿而无法得到更多的社会关注和举措保护。本文以项目传承人为非物质文化遗产保护实际参与者及主导者的视角，通过文献研究、实地访谈等方法，分析深圳市龙岗区区级项目"横岗客家茶果制作技艺"的项目特色、现存势态、包容性价值及可持续发展途径，以期使更多人由此认识这一具有丰富历史文化内涵和多重价值的区级非物质文化遗产项目，从而主动了解日常生活中的携带时代经济价值基因的非物质文化遗产，并有意识地助力实现非遗的创造性保护、创新性发展。

关键词：非物质文化遗产　包容性价值　可持续发展路径

---

① 本文为"非物质文化遗产保护视域下的客家文化研究"项目研究成果。
② 作者简介：曾瑜媛，中国民俗学会成员，深圳市作协、深圳市文艺评论家协会、深圳市民协成员，研究方向为非遗学、港台文学。

一、横岗客家茶果制作技艺基本情况

横岗客家茶果制作技艺，保护单位为广东省深圳市龙岗区横岗街道阳光客家茶果文化交流中心，于 2019 年获批准列入龙岗区第六批区级非物质文化遗产代表性项目名录。

> 横岗街道地处深圳东部中心的核心区，是连接龙岗东西的中间点，北接龙岗中心城和大运新城，南连罗湖，东与园山街道相邻，西与平湖、南湾相接壤，距深圳市中心 18 公里，距香港仅 20 公里。机荷、水官、盐排等高速公路跨境而过，龙岗大道、沙荷路等主干道四通八达、相互贯通。地铁 3 号线穿过辖区，并设有 3 个站点。①

该街道拥有得天独厚的区位优势、储备丰富的土地资源和历史悠久的客家文化。

横岗客家茶果制作技艺，自 1892 年第一代家传传承人邓佐、1935 年第二代家传传承人张秀英至今，已传至第三代师传传承人肖国利。肖国利1969 年 9 月出生于龙岗墟镇，其父擅做传统茶果。肖国利自小耳濡目染，效而仿之。2008 年，她在做居家养老服务时，发现一些空巢老人爱吃客家茶果，便根据记忆中幼时家庭制作茶果的方法，尝试给年事已高的孤寡老人制作客家茶果，以期老人们品尝到传统味道，有所慰藉。逢年过节，肖国利也自费带领失业妇女制作客家茶果，免费发给辖区内的孤寡老人，这一善举广受欢迎与好评。2016 年，肖国利在亲友、政府、机构等多方协助支持下，创建成立"阳光客家茶果文化交流中心"。

---

① 肖国立:《横岗客家茶果制作技艺深圳市区级非物质文化遗产代表性项目申报书》，深圳市龙岗区文体旅游局，2018 年，第 4 页。

横岗客家茶果制作技艺所蕴含的人文关怀的价值意义，随着漫漫岁月的积淀，在当今社会焕发出了新光彩。相较于其他制作技艺，横岗客家茶果制作技艺在保护实践活动中极具探究价值，主要有以下五点：

图 1　慰问孤寡老人[①]

一是横岗客家茶果制作技艺的形成和定型承载着厚重的历史过程，具有特定的历史条件和时代特征，极具历史研究价值。客家人在从中原向外迁徙的两宋时期，为适应当时的生存环境，结合时令、地利等条件，发明了具有独特饮食风味的客家茶果。该饮食习俗流传极为广泛，并在不同的客家区域表现出较为相似的稳定性和普遍性。通过客家茶果，今人可以了解过去历史时期客家群体状况和社会生活方式。

二是横岗客家茶果制作技艺蕴含深厚的文化底蕴，是不同区域、种群的智慧结晶。客家茶果取材广泛，原料以素、野、粗、杂天然植物为主，制作工序严格，制作工具沿用传统，在继承和发扬中原饮食传统的同时也采撷吸纳了迁移途中的饮食精华，并辅以赣闽粤的土著饮食特色及制作方式。可见，客家茶果是不同文化交叉与融合中意识化的产物，充分体现了客家文化的适应性及特异性，展示了客家人的发展轨迹及元素融汇的文化特点，其蕴含的文化价值为世界多元文化之林贡献了一方天地。

三是横岗客家茶果制作技艺在长期生产、生活及实践中，遵循着"俭朴好客、尊老知礼、追求吉祥"的客家文化、重视家庭团聚的客家人情及温养的客家饮食文化理念，延续着客家人一直以来的价值观、人生观等群

---

① 本文图 1～图 2 均出自《横岗客家茶果制作技艺深圳市区级非物质文化遗产代表性项目申报书》。

体情感与意识，传承了客家精神文化精髓，极具精神价值，可成为研究客家群体个性和精神的活态遗存。

四是为壮大传承队伍，培养潜在传承对象，横岗客家茶果制作技艺走进学校，将其精髓编写进客家茶果制作技艺教材中，通过授课、现场制作等方式，成为龙岗学校的社会实践课程。为教育事业提供了重要且丰富的文化资源，促进了区域地方课程框架的发展，有利于实现非物质文化遗产的教育价值。

五是横岗客家茶果制作技艺发展到第三代传承人肖国利时，已融入新的时代发展意义及传承内容。以非物质文化遗产资源为依托，出于对孤寡老人的关怀，阳光客家茶果文化交流中心成立于2016年3月，以研究、保护、传承和创新传统客家饮食、形成特色"新客家"饮食文化为主要任务，由此成为横岗客家特色文化传承中不可或缺的重要组成部分。同时，该保护单位以失业妇女为主要学习培训主体，提供辅助性就业岗位、就业技能培训，开发并释放非物质文化遗产资源的经济势能。此举不仅有助于带动就业，提高人民经济收入，解决人口就业的社会问题，还有助于化解潜在的社会矛盾，促进和谐社会的全面发展，极具和谐社会价值。此外，妇女个人成就及社会关系的重塑呈现多元化的受益面向。该保护单位的举措为个体和社会的和谐相处及价值认同提供了基本保证，有助于实现文化保护、经济价值和妇女价值的交融与可持续发展。

图2　八一慰问军属活动

二、横岗客家茶果制作技艺现存势态

横岗客家茶果制作技艺保护单位利用"进机关""扶持就业"等形式的保护发展理念，得到政府部门的极大重视，为增进相互之间的了解和沟通扩宽了发声渠道，为获得政策支持和平台展示争取了关注空间。

进一步而言，该技艺位于改革开放的窗口、社会主义先行示范区、粤港澳大湾区核心城市——深圳，其本身就具备地理和政策优势及"走出去"的宽阔空间。深圳具有文博会、交易会等成熟完善的对外接洽平台，其中往往设有特定的非物质文化遗产展示区域，这些都为横岗客家茶果制作技艺的传承与发展提供了展示契机。而深圳丰富的人才资源和科学技术、资金资源等，也为非遗项目潜在的传承成长力、消费群体的生产力提供了更多的机遇与保证。

表 1　龙岗区在第四届"深圳非物质文化遗产周"的展演项目名单，
其中包括横岗客家茶果制作技艺项目[1]

序号	项目名称	分类	保护级别
1	甘坑客家凉帽制作技艺	传统技艺	省级
2	张氏传统灯笼制作技艺	传统技艺	省级
3	皮雕技艺	传统技艺	市级
4	古法制香技艺	传统技艺	区级
5	紫砂壶传统手工制作技艺	传统技艺	区级
6	中国民族乐器（龙秦）箫制造技艺	传统技艺	区级
7	横岗客家茶果制作技艺	传统技艺	区级
8	彤裕兴谢氏艾灸	传统技艺	区级
9	潮彩	传统美术	区级
10	粤绣（珠绣）	传统美术	区级

横岗客家茶果制作技艺历经百年演变，随着时代经济形势的变化和全球化的观念冲击，因生活方式、社会观念、材料挑选及手工制作的局限，

---

[1] 来源于龙岗文体旅游在线：《快来"打卡"！第四届"深圳非物质文化遗产周"火热来袭~》，深圳新闻网，2021 年 10 月 19 日，http://www.sznews.com/news/content/2021-10/19/content_24659399.htm.

图 3 2021 年 4 月，横岗客家茶果制作技艺项目参加深圳都市频道"深圳非遗"节目录制①

愿意学习且会制作茶果的人数逐年减少。同时因传播方式单一、产品类型固化、产品价格偏高等因素，对技艺传承和规模生产提出了更多要求。而市内或市外其他区域的同类产品因工业化开发时间早、生产定位准确、发展策略完备、宣传范围广，已建立一定的群众基础，也间接导致横岗客家茶果制作技艺的保护发扬面临严峻挑战。

三、横岗客家茶果制作技艺的包容性价值

社会学家摩塞于 1989 年提出"战略性别需求和现实性别需求"的概念。他认为，性别计划框架是以性别为中心，以性别与发展理论、妇女与发展理论为基础，通过性别计划的方式满足战略性别需求和现实性别需求，以实现性别的平等、公平与赋权。战略性别需求，指改变妇女在社会中相对于男性的依附地位而形成的需求类型，比如法律权力问题、同等工资问题和家庭暴力问题等。现实性别需求，则是指在妇女已有的社会角色下产生的实际需求，比如饮水条件的改善、卫生保健的改善、更多的教育机会、经济发展中的更多参与、政策和发展干预中受重视、就业的促进等。②

---

① 图 3 出自蒙蒙：《电视预告 | 横岗客家茶果：正宗的味道，都藏在这个小院里！》，"深圳非遗"栏目公众号，2021 年 4 月 2 日。https://mp.weixin.qq.com/s/QrnN-LcwNZ74wL8gMppmTA.
② 齐顾波、李小云：《扶贫实践中妇女性别需求变化的研究》，《妇女研究论丛》2000 年第 4 期。

在既定的性别劳动分工框架内，现实性别需求的满足只在于为妇女争取既得利益。如果根本的利益分配机制及权力分配体制得不到改变，只能在一定程度上缓解妇女所处的不平等、不公正的现状。例如妇女参加各种社会活动的机会、经济收入并未增多，生活条件和自身健康状况未有多大改善，妇女在家庭决策中的权利也没有得到明显提升、妇女的自我意识也未伴随着相应的觉醒，则妇女面临的不公正待遇就难以改变，无法从根本上改变妇女的从属地位，这也意味着妇女的"性别需求"无法得到满足。而作为包容性价值发展的基础，妇女现实性别需求的满足是不容忽视的。

正如性别与发展理论提出的，福利和反贫困方式往往是平等的必要前提，重要的是如何使福利方式能够服务于平等的实现。《非物质文化遗产公约业务指南》在"在国家层面上保护非物质文化遗产和可持续发展"[1]中提到，"包容性社会发展"是一种社会整合性观念，核心在于增强对低收入和低资源社会成员的支持，通过相关就业政策、专业发展，推动社会多样性、公平性和包容性发展，打破社会经济边界，促进地域和人群友好交互型沟通与成长，这两者价值理念遥相呼应。

在社会服务体系不健全、经济基础薄弱的前提下，妇女在经济收入、社会地位方面得到的反馈与其所做的贡献并不对等，也不相适应。尤其对于低学历且无其他就业技能的失业女性而言，在这种进退维谷的情境下，想在工作中有广泛且深入的社会参与机会，就需要社会改善妇女劳动条件，提供适合妇女作业的就业机会和技能培训，于发展干预中考虑妇女在家务中的作用和决策能力，以及由此导致的贡献结果等。

横岗客家茶果制作技艺引人关注的不仅在于项目生产性保护的经济发展空间，还在于其传承扶持的主体对象为失业妇女。其女性成长项目更是入选深圳市女性成长项目库，向全市上千个党群服务中心推广、展示。可

---

① 中国非物质文化遗产网、中国非物质文化遗产数字博物馆：《实施保护非物质文化遗产公约的业务指南》，中国非物质文化遗产网，2021年8月12日。http://www.ihchina.cn/zhengce_details/15715.

以说，为失业妇女提供学习横岗客家茶果制作技艺的机会，不仅利于提高非物质文化遗产保护主体的积极主动性，推动传统技艺传承，还利于强化妇女知识与技能的提升，提高失业妇女自我致富能力，这对于解决就业问题和脱贫攻坚有着重要意义。

图 4 "横岗街道 2016 年度
社会企业试点单位"奖牌①

图 5 "横岗街道 2016 年度
社会组织优秀项目一等奖"奖牌

更为关键的是，横岗客家茶果制作技艺的包容性价值不仅在经济层面，还涉及人文价值层面。该项目在促进社会经济发展、为当地失业女性提供生产性就业计划的同时，也提供了改变长期内化女性价值观和人生观的契机，帮助她们获得来自社会的尊重和肯定。这在个人成就及社会关系的重塑上，呈现出了一种多元化的受益面向，利于促进友好型、相对公正型社会的发展。

2021 年 11 月 10 日，由星巴克与贵州省黔东南丹寨县蜡染合作社联手打造的星巴克中国首家"非遗文化体验店"正式开业。该店不仅是一个第三空间，也是一个非遗艺术的展览空间。顾客可在店内看到用传统蜡染艺术创作的挂画和装饰品，以及由星巴克设计师参与设计的笔记本和卡包等商品。此外，门店还定期组织非遗体验沙龙活动，邀请非遗手艺人、艺术家来店交流分享，为都市年轻顾客提供更多体验机会。尤为特别地，这是

---

① 图 4～图 5 均出自《横岗客家茶果制作技艺深圳市区级非物质文化遗产代表性项目申报书》。

由星巴克与中国妇女发展基金会携手推出——"乡村妈妈加速计划"公益
项目，致力于赋能传承非遗技艺的乡村女性，帮助她们自力更生，自我
成就。

　　这一非遗经济层面下的包容性价值实践与横岗客家茶果制作技艺的社
会化举措有异曲同工之妙。未来，横岗客家茶果制作技艺项目也可以与社
区范围内的连锁商铺举办系列创新合作活动，以使命驱动文化融合和业务
增长，实现"社区向善"发展愿景的再次创新与积极探索，为非遗传播和
妇女价值赋能。

图 6　星巴克中国首家"非遗文化体验店"
吧台①

图 7　星巴克中国首家"非遗文化体验店"
吧台蜡染画布（局部）

图 8　星巴克中国首家"非遗文化体验店"
店员蜡染围裙

图 9　星巴克中国首家"非遗文化体验店"
店内抱枕

图6～图9均出自非遗传播研究平台：《星巴克中国首家"非遗文化体验店"在京开业》，2021 年
11 月 16 日。https://mp.weixin.qq.com/s/XW2S_5TE9aUoykl6MoEXkw.

四、横岗客家茶果制作技艺发展路径

（一）完善非遗档案记录

若要实现非遗项目嵌入经济发展中，就需将非物质文化遗产及其附属资源具体转化到非遗产品的保护、生产、流通、销售等各个阶段。而这不仅要求梳理构成非物质文化遗产的元素，并重视非遗项目当前整体情况的结构分解、剖析，从而了解不同元素的特点及元素之间的联结方式。同时也要求挖掘非遗项目背后的文化背景、审美理念、辨异方式等，以实现较为完整规范地表达优化和表现重组，从而实现非遗项目重构发展的事实统一。重构之后的非物质文化遗产项目若希望在结构和功能上有所改进，并在价值和能量上有所提升，就要采用多方合作共建模式。

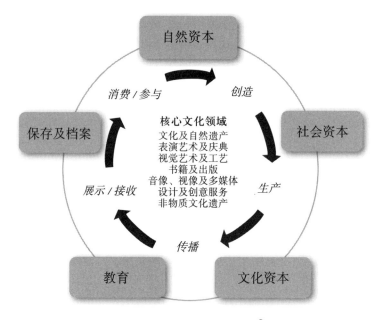

图 10 香港文化指标框架①

---

① 图 10 转引自萧婉玲、黄建豪、陈毅勤：《"历史传情"计划：以香港文化指标框架探讨香港"非物质文化遗产"历史教育的策略模式》，参见酒曙光、张涛：《中国梦与当代青少年发展研究报告——第九届中国青少年发展论坛（2013）优秀论文集》，天津社会科学出版社，2014年，第249页。

《关于进一步加强非物质文化遗产保护工作的意见》中提到，要"完善调查记录体系。开展全国非物质文化遗产资源调查，完善档案制度，加强档案数字化建设，妥善保存相关实物、资料。实施非物质文化遗产记录工程，运用现代科技手段，提高专业记录水平，广泛发动社会记录，对国家级非物质文化遗产代表性项目和代表性传承人进行全面系统记录。加强对全国非物质文化遗产资源的整合共享，进一步促进非物质文化遗产数据依法向社会开放，进一步加强档案和记录成果的社会利用。"[1]横岗客家茶果制作技艺可借助其他科研单位力量，如积极寻求与当地档案馆、图书馆合作，注重历史材料的深度整理和搜集，丰富横岗客家茶果制作技艺内容资源的种类和数量，重视文献资料内容的建置和保存，建立该技艺的文献资源数据库、保护案例数据库。比如，深圳图书馆开展的"深圳记忆"，就是"通过采访征集纸本及其他类型、载体的文献，拍摄纪录片，举办展览，建设数据库等形式，结合多元化阅读推广活动与多平台宣传工作，发掘、保护与开发深圳历史人文资料"。[2]

档案材料，是传承非物质文化遗产、保持技艺原生态、讲好技艺故事、重现传统意涵的认知基础，也是保持非物质文化遗产真实性、整体性和传承性的核心内容，以及推广与应用的强大来源。通过挖掘横岗客家茶果制作技艺项目内涵来进行保护和推广，有利于提升当地社区文化自信，实现群众对于非物质文化遗产文化内涵的敬畏之心，从而赋予非物质文化遗产项目更多文化价值方面的关注，这也有助于增强该项目的资源型价值。因而，要想扩宽项目档案资源内容边界，不仅需要制定有针对性的发展目标、实施步骤、传承保护与发展的规划，还需要重视本地的产业结构、市场需求和资源条件，并从中汲取所需的养分。

---

[1] 中共中央办公厅、国务院办公厅：《关于进一步加强非物质文化遗产保护工作的意见》，中华人民共和国中央人民政府，2021 年 8 月 12 日。https://www.gov.cn/govweb/zhengce/2021-08/12/content_5630974.htm.
[2] 深圳图书馆：《凝聚与传承——深圳图书馆"深圳记忆"专栏开篇》，搜狐，2019 年 6 月 24 日，https://www.sohu.com/a/322703752_480195.

（二） 推动产品跨区流通

为实现横岗客家茶果制作技艺的特色性可持续发展，促进不同市场之间的资源流通，开拓不同区域的销售市场，推动贫穷地区实现脱贫致富，解决制作茶果选材局限且原材料难寻问题，龙岗区横岗街道阳光客家茶果文化交流中心可采取以下举措：

第一，在衡量运输成本、材料优质等条件后，建立原材料跨地域联系，从其他临近城市寻找原料种植基地，或从种植原料的边远区域获取必要的制作材料资源。

第二，若想打开横岗客家茶果产品的销售区域市场，产品价格的高低是影响销量的重要因素，现今该项目的茶果购买力局限于其昂贵的商品配送费。如从横岗客家茶果销售地到福田中心区的配送费高达54元，这是今后产品流通时需要重点解决的难题。阳光客家茶果文化交流中心可与当地商会形成经销联盟，或与相关物流配送企业达成合作协议，减轻顾客配送费用负担，降低顾客购买成本，提升其对产品的购买能力。

第三，与科研机构开展多维度的紧密合作，根据茶果产品的中医药价值及利于保存的耐久性进行开发研究，促成更多具有同类创新价值的研发活动和创新产品，延长远途运输，或销售网点售卖产品的保存时限，最大限度地保障客家茶果的产品质量和本真风味。

第四，通过加强与媒体艺术领域相关院校、机构的合作，如深圳职业技术学院、深圳大学、深圳市文化遗产保护中心、深圳美术馆等，联手启动横岗客家茶果包装的创作活动，并在学生群体中开拓新的传播渠道，如采取进校园食堂的形式加强非遗保护力量。

第五，主动寻求和接纳社会力量的参与及帮助，重视其在非物质文化遗产保护发展中的正向作用，充分利用其提供的有效且多元化资金援助渠道、产品供需渠道、信息交流渠道和人力资源培训渠道，从而强化横岗客家茶果制作技艺的项目个性，提升其核心价值、产品及服务质量，积极推进产品和服务创新。比如，在传承经典原有制作工艺的基础上进行技术升级，不断开发口味、运输、包装等更加符合现代人需求的产品，增强吸引力和持续发展力。

（三）创新非遗宣传方式

《深圳市文化广电旅游体育局2021年工作要点》包括"建设更具示范效应的消费试点城市。加快推进文体旅游消费聚集区建设，打造文化旅游消费重要目的地。做优做强'深圳非遗购物节'等品牌活动，实施更多文体旅游消费惠民政策。推动形成涵盖'食、游、购、娱、体、展、演'的多元化消费产品体系。完善政府主导、全产业链参与的文体旅游营销模式，大力支持主流媒体、新兴媒体为消费引流，提升融媒体矩阵宣传效应，培育营造浓厚的文体旅游消费氛围"。[①]横岗客家茶果制作技艺的未来发展，需要关注当前"非遗+旅游"互为融合发展的上升态势和相关政策方向，通过市级、区级的各类以旅彰文、以文塑旅优势平台，定点展示横岗客家茶果，具体方式参考如下：

一是阳光客家茶果文化交流中心可通过当地文旅局官网及相关文化网站，结合项目组织情况、主体介绍、群众对横岗客家茶果制作技艺的感知和评价，进行信息资源的整合和开放。非遗保护单位可完善横岗客家茶果制作技艺项目的制作流程内容与活动的线上线下服务，如线上可在非遗保护相关的官微、官网等平台提供网络链接，游客通过点击链接即可知晓体验预约程序、注意事项，以及传承人、传承活动等动态信息。这在一定程度上有助于克服横岗客家茶果制作技艺项目对外宣传渠道较为局限、项目基本意涵与购买力仅建立在熟客口口相传方式单一等不足。

二是在深圳客家文化主题相关的热门景点、人流密集地，如南头古城、甘坑客家小镇等，开展制作客家茶果的文化体验和产品售卖活动。南头古城改造项目采用"政府主导、企业实施、村民参与"的三方模式，形

---

① 深圳市文化广电旅游体育局：《深圳市文化广电旅游体育局2021年工作要点》，深圳市文化广电旅游体育局网站，2021年2月7日。http://wtl.sz.gov.cn/gkmlpt/content/8/8543/post_8543954.html.

成了集文化、商业和居住于一体的有机生态发展模式，在充分发掘深圳地区"老字号"文化资源后，推广了不少知名度高的深圳文化品牌。例如，盐田区的邓家传文客家糕点门店之前只设在盐田区，入驻南头古城后更广为人知。其意义不仅在于具有美食价值，更在于向游客及市民展示了糕点承载的地方悠久历史、文化传统和客家族群生活情感的历史文化价值，推动了非物质文化遗产与旅游的融合发展、高质量发展。因此，横岗客家茶果制作技艺项目保护单位可深入挖掘深圳具有传播效应和旅游消费潜力的区域，联系相关部门协力推出一批具有鲜明项目特色的非遗研学旅游产品，或是主题旅游路线。

三是加强横岗客家茶果制作技艺的推介力度，实现品牌营销创新性发展。其间，可借助各区域政府、文化机构提供的各类产品展销会、博览会、节庆等活动进行展示宣传。比如，可通过"东莞墟市""佛山秋色""大湾区联盟"等展览展示的国际市场渠道，或在节庆节气之际，举办系列茶果品鉴会，面向外界介绍横岗客家茶果成品。当知名度不断提高，商品价值不断提升，文化内涵不断收获关注，横岗客家茶果制作技艺项目也就更易成为非遗传承、身份认同、地方记忆的重要符号。

四是保护单位除"非遗进校园""非遗进社区"外，还可着重采用"非遗在社区""非遗进企业""非遗进机关""非遗学堂"等"非遗+"传承和传播模式。2021年1月，南山区文化馆携手市非遗保护中心、腾讯微视、宝宝文教科技有限公司、深圳职业技术学院非遗协同创新与研究中心，开展"2021《非遗带回家》年货集市活动"，以线上直播与线下展示相结合的方式，在腾讯滨海总部大厦开设非遗年货集市，深圳市17个非物质文化遗产项目的文创、美食产品集中亮相。此次活动旨在向腾讯员工推荐非物质文化遗产好物，并以"直播+电商"模式进行非物质文化遗产创新展示、销售，是"非物质文化遗产+企业""非物质文化遗产+互联网"的重大探索实践。"非物质文化遗产年货集市"开拓了非物质文化遗产文化产业的发展新途径，促使非物质文化遗产年轻化、生活化，走入寻常百姓家。基于当地特色资源基础，参与集市的非遗项目生产了居民引以为傲、乐于且便于使用的产品，这也是地产地用、生产生活理念的核心。2021年7月，深圳市"非遗在社区"之"南园非遗体验日"因地制宜地运用区域非遗文化特色，积极落实体验性非遗活动，吸引了众多社区居民热情参与，充分发挥社会力量，动员辖区商圈、学校进行多方联动，加大了非遗保护和发展的宣传力度和广度。

五是在时代发展要求与个性化需求日新月异的背景下，横岗客家茶果制作技艺传承主体需要更新观念，充分利用自媒体的自主性、开放性和娱乐性等特征，加强多元传媒的结合力度，积极推进项目在深圳非物质文化遗产官方网站和抖音、快手、微信公众号、微博等平台的建设，提高项目知名度和群众认知度。

多元融媒体时代的信息传播，是语音、视频、增强现实（AR）、虚拟现实（VR）等手段的"协同"传播。为打开新的传播渠道，满足不同宣传方式的需求，则需要传承人转变思维，海纳百川，打造非遗与时尚文化的融合空间，积极推动实现非物质文化遗产的价值内涵、艺术形态等信息通过文字、视频、图片等方式集知识普及、审美欣赏和文化教育于一体，实现信息传播。比如，横岗客家茶果制作技艺保护单位可在小红书、抖音等平台推出横岗客家茶果美食教学系列课程，辅以客家茶果渊源、饮食特征等文字图片进行详细讲解，向公众呈现不同种类的横岗茶果制作视频。如此，将历经沧桑而弥坚的传统文化与能提供临场情景观感的新时代展示手段相结合，将宝贵的客家人精神与现代发展思想相结合，使观众在追求视觉体验的同时体会传统文化遗产的精髓，从而提高人们的认知阈值，开拓潜在的传承对象和消费受众群。2020年12月，广东省非物质文化遗产保护中心启动"非遗学堂"系列知识普及讲座，邀请非遗传承人、学者专家通过线上直播、视频回放、线下讲座等形式，向大众深入浅出地介绍非遗知识。此系列讲座由广东联通、广东省文化馆、哔哩哔哩直播平台等提供直播服务支持，一经推出，饱受好评。据悉，截至 2021 年 9 月初，线上参与人数达 200 多万人次，平均每期超过 20 万人次。

（四）夯实非遗群众基础

最后，横岗客家茶果制作技艺传承人需要重视利用各种机会，积极参与官方举办的传承活动，拓展非物质文化遗产保护形式。如参加逐步推行的高校研修研培计划。研培之后，传承人自身的传承意识、能力都能有不同程度的转变和提高。现今时代，若想更好地保护非物质文化遗产，为其灌注新鲜能量，让非遗价值实现创造性转化和创新性发展，则要明确：非物质文化遗产是一种活态文化遗产，人是传承的关键，非物质文化遗产的实用性和观赏性应该与时俱进。只有不断提高传承人的传承水平，不断增强非物质文化遗产的表现力和吸引力，不断拓展非物质文化遗产的生存空间和发展前景，才能吸引更多的人加入传承行列，才能够实现非物质文化遗产的可持续发展。[①]2019 年上半年，深圳醒狮类传承人群在福州参加研培时立刻将所学内容化作行动——在酒店走廊上拍摄生动活泼的斗狮舞，上传至抖音平台，进行非物质文化遗产特色化宣传和个性化解读，短时间内点击播放量破万，引起极大反响和关注。这种方式在让更多年轻人了解非物质文化遗产可以如此日常化的同时，也刷新了观众的认知体验，激发了年轻群体的兴趣。参加 2019 年下半年深圳非物质文化遗产饮食类扬州大学研培班的部分深圳醒狮类传承人，在研培活动中积极利用文化交流和产品展示的机会，向教师推介，与同行交流，线下还主动走访了解扬州当地传统技艺类的项目。回深圳后，他们不约而同地突破固有思维，提高自主创新意识，开始主动开发新产品，并尝试新的传播途径。

目前，很多群体文化类消费更多是基于文化传统和传承的精神类消费，而不是物质需要或者本能消费。因此，非物质文化遗产的生产性保护

---

① 周建新、胡鹏林：《中国文化产业研究 2018 年度学术报告》，《深圳大学学报》（人文社会科学版）2019 年第 1 期。

需要实现社会对非物质文化遗产的文化认同。当一种非物质文化遗产项目的文化传统能融于生活且获得广泛认同，这往往对区域经济的发展大有裨益，即有着建构市场认同与消费的基本导向。未来，该非遗项目的保护主体可将更多的目光投以生发之地，激发当地群众兴趣，因为"非物质文化遗产与人们的生活之间存有一种独特的'共生'关系，即行为层面的共生关系和心理层面的共生关系：人们不仅在生活中切实地实践这些文化活动，保持人自身的'物理在场'；更积极地认同这些文化，借由这些行为的实施来组织生活、规范生活、美化生活，从而保持一种'意义在场'的状态。"毕竟，技艺积淀于记忆中，情感呼应于熟悉中。

而官方层面则应充分挖掘具有巨大经济能量的非物质文化遗产项目，调查并集合资源，拓展结合社会经济、文化、政治制度的非遗学研究，借助投入、生产、流通、销售等手段，发挥政府主导作用，完善和规范相关法律决策，统筹协调保护工作，从政策和财政上给予支持和补贴，通过指导、监督、协调和奖惩等方式，促使保护工作落到实处。将该技艺类非物质文化遗产转化为易于流通且可持续发展的文化产品资源，对于脱贫攻坚、市场培育、品牌建构、政府功绩等方面都具有重要意义。

因而，要贴近真实的市场需求，保持非遗项目本真的发展空间，找到保护非物质文化遗产核心价值与促进社会经济市场发展的平衡点，实现双向的良性互动，就意味着非物质文化遗产的保护工作非一人之力、一日之功可成。

五、结语

非物质文化遗产保护的意义和传播的重点在于"非物质文化遗产既是昨天的实录，今天的现实，也是明天的预示"。保护非物质文化遗产，发挥其丰富价值，释放包容性经济潜能，实现非遗项目的可持续发展，需要坚持"保护为主、抢救第一、合理利用、传承发展"的工作方针，坚持党对非遗保护工作的领导、政府负责、部门协调、社会力量参与的工作格局，从而促使非物质文化遗产项目传承人本身发挥更多的自主性与积极性，因为他们才是非物质文化遗产真正的创造者和所有者。在他们眼里，"到处皆诗境"，一旦识得东风面，便可引诗情到碧霄。

On Inclusive Value and Sustainable Development Paths: A Case Study of Hakka Patisserie Making Art in Henggang [1]

Zeng Yuyuan [2]

Abstract: The protection of intangible cultural heritage in Shenzhen is gradually shifting from a single protection model to a holistic protection model. Specialists in different subjects of inheritance are exploring more effective, diverse, and complete means of protection and dissemination.. However, many intangible cultural heritage-related resources and main entities focus more on intangible cultural heritage-related projects at the municipal level and above. Due to the limited awareness and capacity of the main body for inheritance protection, the intangible cultural heritage projects do not receive extensive public attention and protection. Adopting the perspective of the intangible cultural heritage project inheritors as the actual participants and leaders of intangible cultural heritage protection, this paper analyzes "Henggang Hakka Tea Fruit Production Techniques," a district-level project in Longgang District, Shenzhen, through literary research and ethnographic methods. By analyzing the characteristics, current situation, inclusive value, and sustainable protection and development approaches of the project, this paper aims to explore the rich historical and cultural connotations and multiple values of intangible heritage in everyday life and raise awareness of intangible cultural heritage among a wider population. The economic value carried by material cultural heritage consciously realizes the creative protection and innovative development of intangible cultural heritage.

Keywords: Intangible cultural heritage   Inclusive value
                Sustainable development path

---

[1] This paper is a research result of project "Research on Hakka Culture from Perspective of Intangible Cultural Heritage Protection".

[2] Author's Bio: Zeng Yuyuan is a member of the China Folklore Society, Shenzhen Citizens Association, Shenzhen Writers Association, and Shenzhen Literary Critics Association. Her research interests include intangible cultural heritage studies and Hong Kong and Taiwanese literature.

赣南客家文化产业现状与发展策略探讨

任欢①

摘要：赣南地区作为客家大本营之一，历史悠久，资源丰富，涵盖历史遗迹、客家服饰、客家饮食、客家民居、客家民俗、宗祠文化等方方面面，为客家文化产业发展提供了雄厚的基础。然而，受区位条件、经济发展水平等因素的影响，赣南客家文化产业正面临产业规划不清晰、当地客民身份认同感弱、产业发展陷入停滞等一系列问题。基于此，政府层面要加强赣南客家文化品牌的打造和推广力度，加强对"客家"标签的管理，营造当地客家人文氛围；要引导本地文化产业实现创新性发展，如鼓励文创产品创作、加强地方各产业联动、联合地方高校、及时更新传播手段等。如此，有助于逐步打造具有赣南特色的客家文化品牌，推动赣南地区走向全国、客家文化走向世界。

关键词：赣南地区　客家　文化产业

一、引言

自唐宋时期始，大批北方中原移民涌入赣南、闽西和粤东北地区，客

---

① 作者简介：任欢，赣南师范大学历史文化与旅游学院客家研究中心硕士研究生，研究方向为客家文化研究。

家与客家文化开始形成。赣南地区由于地理位置的特殊性——位于赣闽粤边区这一客家腹地的最北端，是最早接触北方移民及其文化的地区，因而产生的变化也最大，对于客家文化产业发展的研究具有重要意义。

秦汉之前，赣闽粤边区被认为是"蛮僚之地"，即犯人流放之所。其地理位置，位于赣南地区临靠东南边境。两条自北向南的交通线自此地穿过：先由中原经泗水而入长江，再分赣江而下，在此形成分支，向南经大庾岭可至粤南，向东过武夷山可达闽东。可见，赣闽粤边区是一处重要的交通枢纽地区。自秦朝开始，不断有官员、犯人流放至此，对客家文化的产生起到了一定的奠基作用。两晋时期，"五胡乱华"导致北方中原士族大量南迁，在南方地区建立诸多侨州郡县。其中部分移民进入以赣南为前沿的赣闽粤边区繁衍生息，带来了先进的生产力，该地区因此而得到初步开发。在此后的百余年中，在唐宋移民大量迁入之前，赣南地区经济与文化水平已得到相当程度的发展，古客赣文化已然形成。[①]唐末五代时，北方割据混乱的局面、通畅的交通系统及南方相对安稳的生存环境，吸引大批移民迁入，赣南地区迎来发展高峰期。农业、手工业、制造业及文化教育的高度发展逐渐孕育赣南、闽西地区的客家文化。南宋之后，北方游牧民族入侵及沉重赋税导致赣南地区人口锐减，直至明清时期，客家先民与当地土著进行新一轮的文化融合，赣南客家文化最终形成。

因此，客家文化是在赣闽粤边区，以移民为代表的多种社会势力与社会文化长期相互碰撞与融合下的产物。客家文化在正式形成之前，经历了自秦汉、两晋至唐末五代的酝酿期。正因有酝酿期形成的古客赣文化为根基，赣南客家文化才基础更为雄厚，内容更为丰富，这也使得赣南客家文化产业有着更远大的发展前景。

赣南地区是客家人的发源地之一，被誉为"客家摇篮"。在江西省赣州市近1000人口中，有900多万客家人，客家人占比超九成。如何利用

---

① 刘劲峰：《略论客家文化的基本特征及赣南在客家文化行程中的作用》，《南方文物》2001年第4期。

好客家文化资源来发展客家文化产业，发展相关经济，打造独具特色的赣南客家文化品牌，实现客家文化宣扬与赣州城市建设双赢，成为赣南客家人密切关注的现实问题。

与此同时，自国家"十二五"规划对我国文化改革发展提出新要求以来，各地大力发展文化产业项目。学术界对于文化产业的研究日新月异，大体呈现两大特点：第一，研究呈阶段性增长，逐年上升；第二，"研究内容集中，关注全国、地方和国外"。①关于第二点，首先，在全国文化产业发展研究中，《文化产业概论》（胡惠林著）、《中国文化产业发展战略研究》（祁述裕著）、《中国文化产业评论》（胡惠林、陈昕著）等专著陆续出版，全面探讨国家文化产业的内涵、目的、现状、发展策略等相关问题。其次，国外文化产业研究多注重对相关成果进行归纳，并总结国外经验给我国的借鉴与启示。如霍步刚对国外文化产业发展经验的总结及对我国文化产业发展的启示进行了论述，②周国梁开展了韩国文化产业发展给中国的启示研究等，③皆从国外文化产业研究的成功经验出发，试图为我国文化产业的发展提供借鉴。而在地方文化产业研究中，各地均有所发展，如李朝晖对湖北文化产业发展进行了研究，④孙树学对河北文化产业进行了研究等。⑤在众多地方区域性研究中，客家人对于客家地区文化产业的思考悄然兴起。

客家地区拥有丰富且独特的文化资源，相关研究与日俱增。学者们致力于挖掘客家资源，促进客家文化产业的发展，已树立不少成功典型，在整个客家文化产业的发展中发挥了模范作用。如，张林诚对客家文化产业的特点、发展规律及建设方向进行了分析与论述，⑥刘焕云分析了客家文

① 马艳霞：《我国现有文化产业发展研究特点与存在问题》，《科教文汇（中旬刊）》2012 年第 9 期。
② 霍步刚：《国外文化产业发展比较研究》，东北财经大学博士学位论文，2012 年。
③ 周国梁：《韩国文化产业发展及对中国的启示》，《消费导刊》2010 年第 2 期。
④ 李朝晖：《信息化背景下湖北省文化产业发展研究》，华中师范大学博士学位论文，2009 年。
⑤ 孙树学：《河北省文化产业发展研究》，天津大学硕士学位论文，2007 年。
⑥ 张林诚：《客家文化产业发展规律及理性思考》，《黑河学院学报》2019 年第 2 期。

化产业的发展方向与着重点。①学者们对客家文化产业的发展进行总体展望，为客家文化产业研究奠定了坚实基础。从研究地区来看，宋德剑对广东梅州客家文化产业的现状、困境进行了分析，并提出相应的发展策略；②洪馨兰对台湾地区客家文化产业的特色与发展策略进行了分析与研究；③陈汉元重点分析了广东河源地区客家文化产业的现状与优势，提出将客家文化产业作为河源城市发展的主导产业之一；④王香群介绍了闽西发展客家文化产业的优势、机遇及发展战略。⑤

　　赣南地区作为客家腹地之一，拥有丰富的客家文化资源。多年来，客家文化产业取得了一定的发展，同时面临一些困境与问题。在已有的客家文化产业研究中，针对赣南地区的研究较少。本文在已有研究基础上，致力于对赣南客家文化产业的内涵、发展现状、发展困境进行分析，并提出相应的发展措施，从而促进赣南客家文化产业发展，带动城市经济发展水平，推动赣南客家文化品牌走向全国、走向世界。

二、赣南客家文化产业资源分布

　　赣南地区作为客家人的发源地与集散地，有着悠久的历史与丰富的客家文化资源。从产业开发的角度来看，资源涵盖历史遗迹、客家服饰、客家饮食、客家民居、客家民俗、宗祠文化等衣食住行的方方面面。⑥丰富的资源，使得赣南地区客家文化产业取得了一定程度的发展。

---

① 刘焕云：《论客家文化产业的建构方向》，《赣南师范学院学报》2012 年第 5 期。
② 宋德剑：《广东客家文化产业发展现状、模式及未来之展望——以梅州为重点的分析》，《地方文化研究》2019 年第 5 期。
③ 洪馨兰：《台湾客家文化产业的发展历程、特色与挑战》，《深圳大学学报》（人文社会科学版）2018 年第 5 期。
④ 陈汉元：《河源客家文化产业发展浅探——以城市品牌战略为重点分析》，《嘉应学院学报》2011 年第 7 期。
⑤ 王香群：《"一带一路"战略视角下闽西发展客家文化产业的思考》，《商场现代化》2016 年第 10 期。
⑥ 樊国敬、邹春生：《赣南客家文化旅游资源引发的思考》，《商场现代化》2007 年第 1 期。

历史遗迹：赣南地区历史悠久，客家文化底蕴深厚，在长期发展过程中留存的历史遗迹便是有力见证。如，龟角尾附近的客家第一纪念鼎，是客家先民南迁的重要标志；通天岩石窟、赣州慈云塔、丫山灵岩寺嘉祐寺塔、赣县宝华寺玉石塔、安远无为塔等，皆是赣南地区佛教文化发达的反映；大余梅关古驿道、石城闽粤通衢、筠门岭闽粤赣古道，是赣闽粤边区客家先民友好往来的历史见证；潋江书院、文庙，则是赣南客家人崇文重教精神的一大体现。

客家服饰：客家地区的传统服饰蓝衫、大裆裤与传统汉服一脉相承，又与岭南本土服饰相融，是客家文化的象征。[①]其简单的设计便于劳作，朴素的颜色则源于客家人民独特的种植蓝靛技术，同时兼具防虫保暖功效，实用性强。女子围兜、包头巾、童帽、虎头鞋等，则在一定程度上反映了赣南地区的文化特色。这些服饰，均为客家人民在长期劳动过程中适应当地环境的智慧结晶，也饱含质朴的客民对下一代的美好祝愿，兼具实用价值与文化意义，是独具魅力的客家文化资源之一。

客家饮食：赣南地区作为客家腹地之一，饮食文化丰富多彩。独具特色的艾米粿、芋饺，具有历史渊源的三杯鸡、赣南小炒鱼、四星望月，赣南客家人民因地制宜发明的南安板鸭、酒糟鱼等，皆是赣南客家饮食文化发达的象征，也都有着深刻的文化内涵。

客家民居：围屋是典型的客家特色民居，在我国建筑史上具有重要地位。围屋始建于唐宋时期，兴盛于明清，是客家先民在结合中原习俗与南方地域特色的基础上建造的特色建筑，广泛分布于客家人聚居地。赣南地区的围屋主要分布于龙南、定南、全南三县，在安远、信丰、寻乌等地也有少量分布，总数约 600 座，以龙南地区分布最多。不同于闽西的圆形围屋与粤东内方外圆的围屋，赣南地区的围屋主要以方形为主，以关西新围、燕尾围、鱼仔潭围为代表，是一种把家、堡、祠融为一体的防御性传

---

① 赖文蕾、廖江波：《赣南客家传统服饰形制与文化内涵》，《服饰导刊》2019 年第 3 期。

统民居建筑，兼具实用性与观赏性。

客家民俗：赣南客家历史悠久，民俗种类多样，一年四季均有盛大的民俗活动。各式各样的仪式、庆典所代表的，都是客家先民的风俗习惯与精神信仰。如，舞龙舞狮风俗不仅是赣南地区最具代表性的客家民俗活动之一，也是赣南地区宝贵的非物质文化遗产，分布范围广泛，种类繁多，形式丰富。它不仅结合中原地区的舞龙舞狮传统，还加入鲜明的客家民俗特色，因而独具魅力。再如，中秋节期间赣南地区特有的大项民俗表演活动——竹篙火龙节，为期半个多月，[1]主要目的是祭祀火龙神，以求其驱赶瘟疫，保佑一方平安。又如，诞生于赣南山区的兴国山歌，是客家先民受唐诗宋词的影响而创作出的民间艺术形式，既保有中原古韵，又具有赣南地方特色，是客家文化对外传播的重要形式。此外，流行于明朝中叶的赣南采茶戏独具韵味，由龙灯、摆字灯、采茶灯等多种民间歌舞发展而成，通俗易懂、幽默风趣，有着浓郁的生活气息，是客家人民普遍热爱的一种雅俗共赏的民间艺术，也是赣南地区的宝贵文化财富。

宗祠文化：宗祠文化在南方地区普遍盛行，在赣闽粤边区尤甚，"主要表现在祠堂的建造和谱籍的发达两方面"。[2]赣南地区现存的宗祠主要建造于明清时期，如寻乌县上车潘氏宗祠、南康唐江镇卢氏宗祠、赣县白鹭古村等。这些宗祠规模宏大，风格别致，独具文化底蕴，不仅有一定的旅游价值，对于区域社会史学者来说，更有着不可比拟的学术研究价值。客家人因祖宗信仰与崇拜，十分注重家谱的修纂与保护。每年农历六月初六，客家人习惯请出族谱，放在家中庭院翻阅，称之"晒谱"。正因客家人对族谱资料如此重视，客家地区保留了大量可查、可考的地方史料，对于研究客家先民的移民史，乃至南方地区的区域开发史有着十分重要的意义。

总而言之，赣南地区有着数量、种类相当可观的客家文化资源，为赣南地区客家文化产业的发展提供了深厚的基础。保护、开发、利用这些文

---

[1] 罗勇：《关于赣南客家文化研究和利用的几个问题》，《赣南师范学院学报》2000 年第 4 期。
[2] 罗勇：《关于赣南客家文化研究和利用的几个问题》，《赣南师范学院学报》2000 年第 4 期。

化资源，推动文化产业的发展，打造赣南城市文化品牌，从而扩大赣南客家文化的感召力，可视为将来城市发展建设的着力点。

三、赣南客家文化产业发展现存问题

尽管拥有丰富的文化资源，但由于缺乏科学规划与系统开发，相较于粤东、闽西地区，赣南客家文化在全国的影响力尚不大，也尚未形成大规模、发展完善的文化产业，在实际开发过程中，面临较大的困境与挑战。

（一）缺乏对打造赣南客家文化品牌的重视

首先，赣南地区的文化产业缺乏统筹与具体的规划[①]。提及客家地区，多数人会想到福建宁化石壁镇、广东南雄珠玑巷；谈及客家菜系，多数人会想到福建汀州、广东梅州。可见，同样作为客家人的发源地，赣南地区的文化产业却不如闽西、粤东地区发展得好。究其原因，缺乏科学的规划与发展思路。赣州市区有一座以展示、宣扬客家文化为主题的风情园区，其中有四栋一字排列的仿永定土楼、梅州围龙屋、江西燕翼围、江西关西围而建的客家围屋。除此之外，该园区主要功能区却是水上乐园、体育健身、休闲垂钓、团队建设等，与客家文化并不相关。诸多游客慕名而来，最终却只能失望而归，未能进一步了解赣南客家文化。此外，由于缺乏重视与管理，客家名号被随意套用的情况屡见不鲜。多处餐饮店、服装店等以客家的噱头标榜自身，以求获得更好的经济效益。而实际上，其产品与服务与客家的关联并不大。而且随处可见的"客家"品牌，也使得赣南客家文化本身失去神秘感及原有魅力，更使游客在游览过程中失去好奇心与探索欲。这些，都在一定程度上阻滞了赣南客家文化产业的发展。

其次，赣南本土缺乏对客家人这一身份的认同感[②]。自从 20 世纪 30 年代罗香林开始关注客家问题至今，国内外掀起了三股客家热，而赣南地

---

① 易崇英：《赣南客家文化产业开发策略研究》，《中国商贸》2010 年第 2 期。
② 周建新、俞志鹏：《身份认同、文化记忆与客家文化产业发展》，《嘉应学院学报》2017 年第 9 期。

区直到 20 世纪 80 年代才有明显的客家意识，很多本地人那时才清楚自己客家人的身份。但直到如今，被问起关于客家的风俗、文化，很多赣南客家人仍旧难言其详。如此，赣南客家文化难以获得有效的宣扬，更难以发展成文化产业。

（二）本土客家文化产业发展停滞

赣南地区作为有着悠久历史的客家摇篮，文化资源丰富，历史遗迹众多，宗祠发达，民居特色鲜明，民俗文化丰富多彩。如何将这些独具魅力的文化资源转变为发展文化产业的优势，是赣南地区客家文化产业发展过程中面临的现实难题。

目前，客家文化在产业化方面虽然取得了一定的发展，如开发了以客家美食为主题的餐馆、以客家民居为主打的旅游景点等，但多数都停留在标签层面，且彼此相对孤立，没有进行深入挖掘，尚未形成一套完善的产业链。[1]标签化的客家品牌，只是将产品贴上客家的标签，没有以深厚的客家文化底蕴为依托，缺乏对其背后的文化现象进行研究与宣扬，未进行深入打磨，因而流于表面，以至于难给游客留下深刻印象。彼此孤立的各个产业项目又因此难以形成聚力，无法发展成一个强大且全面的文化产业，也就无法增强品牌辐射力与影响力。

产业发展停滞的另一表现在于创新性不足与传播手段落后。赣南地区客家文化资源丰富，要将其转变为经济效益，产业创新性十分重要。从目前来看，各类文化产品的创新性并不高，对资源的开发与利用仍处于较初级阶段，对文化资源的深入挖掘与创新还十分匮乏。粗放、简单的开发方式使得各大客家旅游景点的产品呈现同质化趋向，雷同、抄袭且观赏性与实用性都不强的文化产品容易败坏游客对于客家文化的好感。集创新性、趣味性、文化性、独特性的客家文创产品并不多见，难以形成具有核心竞争力的优质品牌。未及时更新的传播手段是阻碍产业发展的另一原因。赣

---

[1] 张林诚：《客家文化产业发展规律及理性思考》，《黑河学院学报》2019 年第 2 期。

南客家文化自进入大众视野以来，政府曾在不同时期通过不同手段对此进行宣传。但发展至如今的自媒体时代，传播方式却并未随之更新，仍停留在传统媒介层面，利用短视频、互联网等新媒体对诸如客家山歌、客家民俗活动等进行的宣传仍不到位。在传播策略上未形成体系，传播方式与传播手段之间没有形成充分的整合与运用，不利于赣南客家文化的全国乃至世界性范围传播。

四、赣南客家文化产业发展策略

了解赣南客家文化资源的类型，明晰赣南客家文化产业的发展现状，从而展开相应的研究，提供有益的产业发展策略，是促进赣南客家地区（以下简称"赣南客地"）持续发展的重要步骤。

（一）加强对赣南客家文化品牌的打造和推广力度

政府应重视赣南地区丰富的客家文化资源，对其进行系统开发与规划，努力打造优质的、独具赣南特色的客家文化品牌。

首先，加强对"客家"标签的管理，爱惜"客家"羽毛，对滥用客家标签从事无关产业的行为加以规范，防止因"客家产品"的泛滥败坏消费者好感，从而拉低整个文化产业水平；对现有的文化产业进行引导与扶持，改善产业水平不高、客家元素不显著、地方特色不鲜明的局面；借鉴闽西、粤东乃至四川、台湾等地客家文化产业的成功发展经验，充分发挥"赣南客家联谊会"的职能，制定客家文化产业将来的发展规划并积极落实，将其纳入城市发展规划中，因地制宜地打造具有赣南特色的客家文化产业与品牌。

其次，营造浓郁的客家人文环境，增强赣南客家人民的身份认同感。赣南客家人民是赣南客家文化的见证者与传播者，加强其对自身客民身份的认同才能更有效地推进文化宣传，从而扩大赣南客地在全国乃至世界范围的影响力；做好对本地尤其是城市地区客民身份的科普工作，讲述客家先民移民史，帮助客民追溯祖源，增强对赣南悠久历史文化的认知与了解，从而在心理上感知、认同自身的客民身份；开放民意通道，鼓励动员赣南人民充分发挥主人翁意识，为本地文化产业的持续发展建言献策，并在此过程中进一步增强身份认同感。赣县客家文化城的兴建便是成功案例之一。赣县客家文化城兴建于 2003 年，整体设计外方内圆，整个建筑风格融合了传统文化建筑理念及浓郁的地方人文特色，城内设有牌坊、宗祠等极具客家特色的标志性建筑，集祭祀庆典、文博展览、商贸活动、休闲娱乐于一体，是国内目前规模最大、功能最全的客家文化建筑群。赣县客家文化城，不仅是第十九届世界客属恳亲大会的重要参观点之一，也是中国（赣州）客家文化节主会场、中国客属第三届恳亲联谊大会主会场。城内有客家宗祠、太极广场、杨公祠、艺术长廊、客家博物馆、风情街、九曲迎恩桥等主要景点，不仅藏有数量可观的客家家谱，还有各姓祖宗牌位、南迁历史等供来往游客阅览，为赣南客家人明晰其南迁历史脉络、凝聚族群认同感提供了场地。与此同时，客家文化城的景区装修具有浓郁客家氛围，常用于承办客家特色婚宴酒席，辅之以客家特色美食，新人及宾客能从中体验到原汁原味的客家婚宴习俗，不仅带动当地服务业的发展，也为赣南客家文化的宣传打造了一张隐形的名片，还直接为当地居民提供了就业岗位，增加地方收入，拉动相关产业的发展，可谓是赣南客家文化产业繁荣的成功案例。

（二）本地文化产业自力更生，谋求出路

产业的发展不能仅仅依靠政府的谋划，更要自身加强建设，增强自主创新性，与时俱进，保持活力，为产业的长足发展谋求出路。

第一，注重文化产品的深层次创作，改善原有产品标签化、流于表面的创作方式。相关工作者应努力发掘赣南客地丰厚文化资源背后的故事，将文创产品与客家名人故事、客家优良家风家训等资源相结合，并运用赣南采茶戏、情景体验等形式向大众展现。

第二，加强文化产业中不同领域之间的联动，形成良好的合作互促关系，发展完善的产业链，在增强文化产业抵御风险能力的同时扩大影响力。客家文化产业想取得持续发展，必须形成产业合力，将饮食、服饰、建筑、民俗、旅游等方面联合起来共同发展，在衣食住行等方面形成一个完整的产业链，从而实现产业增值效益。

第三，联合地方高校，注入智力，增强产业创新性。持续创新是产业发展的灵魂所在，产业创新离不开人才智力的支持，赣南客家文化产业可与江西理工大学、赣南师范大学等高校进行合作，依托高校为文化产业的创新发展提供创意点、发展策略及文化推广平台。

第四，与时俱进，及时更新传播手段与宣传方式。随着时代的发展，赣南客家文化的弘扬不能再仅局限于传统纸媒、广播、电视台等平台。新媒体的兴起带来了新的文化传播手段，自媒体的兴盛也为客家文化产业的推广提供了有益帮助。客家文化产业应积极向新媒体靠拢，利用短视频、小程序、大众网络舆论平台等媒介积极宣传，介绍赣南客地的情况。兴国山歌、赣南采茶戏等可通过网络直播等方式与观众进行互动，各地民俗活动亦可通过短视频进行解说展示。

五、结语

赣南地区自秦汉时期开始，尤其经两晋至隋唐五代的长期开发，最终形成客家腹地。其间，客家文化不断孕育和发展，使得赣南地区历史悠久，文化底蕴丰厚，为客家文化产业的发展奠定了雄厚的基础，也使赣南客家文化产业研究拥有了现实意义。在此过程中，赣南客地积累了丰富的客家文化资源，涵盖衣食住行等方方面面，为文化产业的发展提供了长足动力。

然而，在实际发展过程中，赣南客家文化产业也面临一系列问题：首先，缺乏对客家文化品牌的重视，导致当地客家文化资源缺乏科学的统筹规划，以及当地客民身份认同感不强等问题；其次，产业发展迟滞，表现在文创产品的标签化且各产业间未形成相互关联的产业集群，以及创新性不足、传播手段落后等方面。

为促进赣南客家文化产业发展，首先，要加强对赣南客家文化品牌的打造和推广力度，对"客家"标签进行规划与管理，向赣南客地人民做好宣传普及工作，装点城市氛围，积极营造浓郁的客家人文环境。其次，文化产业自身要做出一定的改变，包括注重产品的深层次开发，加强各产业联动，联合本地高校平台，依托人才智力进行产业创新与宣传，及时更新传播手段与宣传方式等。

总之，应利用好客家文化资源，发展好客家文化产业，打造独具特色的赣南客家文化品牌，从而实现客家文化宣扬与赣州城市建设双赢，助推赣南客家文化产业繁荣发展，并走向全国、走向世界。

Exploring the Current Situation and Development Strategies of the Hakka Cultural Industry in Gannan Area

Ren Huan[①]

Abstract: As one of the Hakka strongholds, Gannan area has a long history of cultural industries and rich resources, including cultural relics and Hakka costumes, cuisine, dwellings, and folklore, and provides a strong base for the further development of Hakka cultural industries. However, due to Gannan's location and economic development, the local Hakka cultural industry is facing a series of problems such as unclear industrial planning, the weakening identity of local Hakka people, and stagnation in industrial development. To maintain the Hakka cultural industry in Gannan, we suggest that the government strengthen the branding and promotion of Hakka culture, strengthen the management of the "Hakka" label, and create a local Hakka cultural atmosphere. In addition, the government should guide the local cultural industry toward innovative development by encouraging the creation of cultural and creative products, strengthening the links between local industries, joining hands with local universities, and updating the means of cultural dissemination. Through these actions, we aim to encourage the creation of a Hakka cultural brand with Gannan characteristics, promote Gannan Hakka culture across China, and help Hakka culture receive global recognition.

Keywords: Gannan Area   Hakka   Cultural Industry

[①] Author's Bio: Ren Huan is a postgraduate scholar at the School of History, Culture and Tourism of Gannan Normal University. Her research concentration is Hakka culture.

新视界

NEW
HORIZON

短视频环境中客家影像传播特征与策略

周华清　李小霞[①]

摘要： 媒介传播技术的发展使影像传播产生了新的面貌，通过内容分析法对短视频场域中的客家影像进行分析，客家短视频影像呈现出传播主体个人化、影像主题符号化的特征，同时为受众的情感表达提供了路径。针对当前客家短视频影像质量低、传播范围窄，以及缺少创新的持续性生产等不足之处，从影像质量、创新生产和互动传播三个方面为客家短视频传播提出策略。

关键词： 短视频　客家　客家文化　客家影像　文化传播

自党的十八大以来，文化自信成为我国文化与经济建设发展的重要内容。文化自觉是文化自信的基础，公众在对本民族文化产生认同的基础上，才能实现自内至外的文化自信。文化传播是走向文化自信与文化自觉的必经道路。客家文化是中华民族文化的重要组成部分，客家群体在国内外地区的广泛分布使其文化拥有较大的影响范围，文化的传播与继承需要得到重视。

移动短视频由于短小、生动和直观的特性，成为新媒体信息传播的重

---

① 作者简介：周华清，博士，福建理工大学人文学院教授，研究方向为出版、文化产业；李小霞，澳门城市大学人文社会科学学院博士研究生，研究方向为出版、文化产业。

要途径。其影像制作技术下沉赋权大众，文化内容和生产主体多元化，具备更广泛的传播空间，为客家文化传播带来新的机遇和挑战。

短视频传播环境中，内容呈现和分发方式相较于传统媒体具有较大区别，生产者与受众不再是单向度的关系，受众接收内容的区隔变大，对生产者而言是一种挑战。移动短视频与客家文化研究的互文，能为文化传播和文化产业的发展提供新的思考方向。笔者以短视频平台中的影像文本为研究对象，探析客家文化的视觉性表达，解读客家文化在短视频传播环境中呈现出的变化和特征，为客家文化在新媒体环境中的影像传播提出策略，以期推动客家文化的传播和发展。

一、客家影像传播发展

传统媒体时期，影像制作和传播的权力主要由专业媒体机构掌控，例如电视台、传媒公司等。随着媒介技术发展，传播权力下放，产生了多元的叙事视角与话语空间。客家在影像媒体中的叙事随着大众传播媒介技术的发展而产生相应变化，客家文化传播也在媒介发展的不同时期呈现出不同特征。

自20世纪90年代开始，以客家文化为影像主题的作品逐渐涌现，这一时期的作品以地级电视台为创作主体，以广东、福建等客家人口聚居的地区为创作开端。20世纪90年代至21世纪初，各个客属地区的地级电视台制作了一系列以介绍客家文化为主要内容的电视纪录片和专题片，例如《神奇的永定土楼》《客家人》《赣南客家》，分别由永定电视台、梅州电视台和赣州电视台拍摄制作。这类纪录片和电视专题片主要介绍客家文化与现状，强调客家"纯正的中原汉族"的身份定位，旨在提升客家及该地域知名度，强化客家人的文化自觉与身份认同。[①]此外，还有部分影视剧讲

---

① 黄沛成：《中国大陆客家题材影视发展概述》，《声屏世界》2014年第1期。

述客家人的故事，以体现客家的人文特质。这一阶段的影像媒体对海外客家人的身份认同起到了相当重要的作用，通过文化传播唤起海外客家人的归属感，成为海外客商投资祖地的重要推力。[①]因此，这一时期的客家影像媒体创作目的具有初创性和经济性的特点，对族群文化表现出积极的态度，具有高度的认同。

至 2010 年左右，客家影像创作出现了新的类型，创作者身份不局限于官方机构，开始向个人化的创作者发展。甯元乖是其主要代表者，他将自己的作品称为"客家风土电影"。从 2009 年至今，他创作了数部以客家风土文化为主题的纪录片作品，包括《玉扣纸》《老族谱》《罗盘经》等，作品的主要拍摄地点为其家乡宁化和闽北客家乡村地区。2016 年，他与影视人类学研究学者朱靖江合作拍摄的民族志纪录片《七圣庙》，具有强烈的民族特色。[②]这一时期的客家影像创作还呈现出跨区域的对外传播趋势。2012 年，中国中央电视台和韩国 KBS 电视台合作拍摄系列纪录片《中国的力量》，其中第一集为《客家人》，以客家土楼为切入点展现中国文化。海峡卫视开设纪录片栏目《客家人》，通过访谈海峡两岸的客家精英人士，展现客家人拼搏进取的精神品质，成为两岸客家人沟通的桥梁、客家文化传播的平台。如此，客家影像创作不再局限于客属地区地级电视台，而是从官方机构向个体扩散，从客属地区向非客属地区发展，客家影像呈现出多元化视角，开始重视对外传播，从宏观视角上将客家族群意象纳入国家民族形象的对外传播实践中。

2016 年，抖音上线，短视频成为公众常用的新媒体和观看的内容形式之一。在此背景下，客家短视频开始涌现，主要以个体视角对客家文化及其族群形象进行叙述。相较于传统媒体时期的宏观视角，短视频的影像呈

---

① 周建新、俞志鹏：《客家题材的影视 IP 发展与客家族群认同研究》，《地方文化研究》2017 年第 2 期。

② 朱靖江：《归去来兮："乡土中国"的影像民俗志表达》，《广西民族大学学报》（哲学社会科学版）2019 年第 41 期。

现属于微观视角，其体裁短小，内容涵盖量少且浅层，影像叙述主体个人化。客家短视频从微观层面呈现客家个体的文化认知与认同态度，文化内容表现更具象化。可以说，短视频环境中的客家短视频从个体出发，倾向于通过生活化的记录进行自我呈现，文化传播目的不强。这一背景中的客家影像更注重个体的自我表达，以及内容传播效益与经济效益的转化。

综上，客家族群的影像媒体呈现随着媒介技术与大众传播媒体的发展，经历了从官方书写到个体自我叙述、从宏观层面到微观个体视角的过程，其族群叙事视角多元化，族群意象在与社会、媒体互动的过程中呈现出不同特质。作为文化载体，研究短视频媒体场域中的客家影像对理解当代客家族群在媒体中的建构特质具有重要意义。

二、相关研究

传播信息多元化带来社会文化的多元化，民族传统文化继承与传播成为文化发展的重要面向，媒介技术与文化传播、文化发展的关系成为重要研究对象。根据媒介技术发展，客家文化与影像媒体的研究经历了从传统媒体向网络媒体发展的转变。影像是客家文化传播与族群形象建构的重要文本，在类型上主要包括纪实性和虚构性影像研究，在传播媒体渠道上主要包括传统影像和新媒体影像研究。

对客家影像进行的研究主要有两个面向：

一类是分析影像所呈现的客家文化，通过符号解读与视觉表征分析其文化建构。例如，周云水[1]通过解析四部纪录片，分析其影像建构的客家文化符号，提出文化符码对文化认同的重要影响；张凤英[2]对民间客家文化纪录片进行文化符号分析，指出现有客家纪录片影像叙述侧重宏大叙

---

① 周云水：《记忆与重构：客家学研究的影像表达——对客家民俗文化独立纪录片的人类学分析》，《嘉应学院学报》2013 年第 31 期。
② 张凤英：《影视人类学影响下的客家题材纪录片创作》，《龙岩学院学报》2016 年第 34 期。

事，缺少微观视角，同时也反映出现代化背景下客家文化的传承困境；刘丽芸、梁振起[①]从影视制作者、影视批评的角度研究台湾客家电影中的客家女性形象，提出女性空间的建构与文化认同的最终指向是客家的文化母体。

一类是对客家影像传播的研究，主要探讨客家影像作为文化传播媒介的重要性及其传播路径研究。如李小华、覃亚林[②]探讨海外客家影像的传播活动，认为影像化时代社会话语受视觉媒体影响，视听技术主导媒介的内容呈现与话语建构方式，影像传播有助于记录与传承传统文化，并推动族群身份认同；赖小明、谢宁宁[③]提出建设赣南客家民俗文化影像库，认为构建系统的影像数据库对反映民俗文化事象具有直观、可信的文献价值，是以视觉形态保护客家文化的有效手段，同时影像库的建设不仅是资料性范本，也是传承与传播的根本。

以上研究主要以传统媒体为客家文化传播的研究场域，通过符号表征、文本分析、对外传播等理论方法，对客家文化的影像化传播和呈现方式进行探析。目前，对客家文化在短视频领域的传播研究较少，仅有部分研究关注这一现象。例如，权亚楠[④]提出依托短视频平台记录、传播客家文化，借助"市场化"的力量，建立完善的产业链；周建新[⑤]研究客家文化在抖音平台传播过程中的圈层性，发现其文化传播行为存在局限，并提出客家文化传播的"破圈"策略。

对客家传统媒体影像进行的研究受媒介特性影响，较少涉及受众层面，在传播主体、创作途径、媒体类型上没有具体细分，缺少个体视角。

---

① 刘丽芸、梁振起：《台湾客家电影中的女性空间研究》，《电影评介》2017 年第 16 期。
② 李小华、覃亚林：《文化自信视域下海外客家族群的影像传播价值探析》，《对外传播》2019 年第 3 期。
③ 赖小明、谢宁宁、李佳：《赣南客家民俗文化影像数据库建设研究》，《赣南师范大学学报》2020 年第 41 期。
④ 权亚楠、王梦蝶：《浅论自媒体时代赣南客家民俗文化的保护与传播》，《明日风尚》2019 年第 16 期。
⑤ 周建新、杨玉凤：《新媒体与客家文化网络圈层的构筑与突破——以"抖音"为例》，《三明学院学报》2021 年第 38 期。

近年短视频发展迅速，受众范围广，传播效率高，是文化传播的重要场域。一方面，短视频场域中包含众多以客家文化内容为题材的短视频，具有一定的传播力和影响力，对其进行研究有利于了解新媒体环境中客家文化的建构与呈现机制。另一方面，短视频为客家文化传播提供了有效路径，以短视频为研究场域，有利于推动客家文化传播，弥补客家文化传播的不足之处。

三、研究设计

（一）样本选择

本研究采用内容分析法对客家短视频进行分析，通过内容编码分析并统计短视频传播中客家影像呈现的文化内涵和传播特征。

短视频内容分析样本抽取分为两部分：

第一部分是短视频作品选择，共抽取来自抖音、快手短视频应用中200个客家相关短视频。首先，在样本场域的选择方面，根据手机移动应用下载量和相关数据统计来看，抖音和快手是使用者最多的短视频移动应用，内容生产与传播行为具有一定的代表性。然后，在抖音、快手应用中以"客家"为主题进行检索。由于两者的检索机制不同，为保证样本的有效性，除去专题、话题设置等影响因素，从"视频"综合性子栏目中依照内容受欢迎程度选择短视频样本。接着，根据两个平台中的视频内容数量，以"客家"相关视频数量较少的快手平台为基准，选择抽取点赞量在5000次及以上的短视频。最终，两个平台各抽取100个短视频。在抽取样本前，对短视频应用中关于"客家"主题的短视频发布、传播情况进行观察，重点观察发布作品密集的账号，并在正式选择样本前同样抽取200个短视频进行预调查。

第二部分是抽取短视频评论样本。传播过程中受众态度是很重要的部分，短视频内容传播中，受众对作品发出的评论是受众对传播内容的态度表征。为获知受众群体的态度与情感倾向，本研究对抽取的短视频样本的评论文本进行分析。在抽取短视频样本的同时，以短视频作品最少评论数为标准，按照评论显示的顺序，每个视频下随机抽取 8 条评论，共抽取 1600 条评论文本，作为文本分析的对象。因此，客家短视频内容分析样本共包括 200 个短视频和 1600 条评论文本，研究设计思路如表 1 所示。

表 1　研究设计思路一览表

内容分析	短视频文本	编码统计	影像生产与表征意义
	受众评论文本	词频分析	受众媒体形象感知
		情感编码	受众情感倾向

（二）编码方案

吉莉恩·罗斯（Gillian Rose）[①]以影像地点和模态为核心提出视觉方法论（visual methodologies），根据影像生产地点、影像呈现地点及影像的收视地点延伸出三个地点的三种不同面向，并将面向称为模态（modalities），分别是技术性模态、构成性模态、社会模态，三种模态与影像地点以交叉的方式来诠释视觉材料。影像生产地点的三个模态分别关注以下问题：影像如何制作、影像类别、生产者在何时为谁为何生产影像。影像内容呈现地点与模态结合构成以下关注点：视觉效果、构成性质、视觉意义。影像收视地点主要关注影像的传播与展示方式、观看行为与其他文本的互文，以及受众对影像的诠释。本研究以吉莉恩·罗斯的视觉方法论为基础，对短视频样本进行编码，从视频生产、影像呈现、传播互动三个类目对样本进行描述性统计。

视频生产类目包括生产者身份、影像类别、影像来源等影像生产性问题，是对影像文本进行分析的基础，其影像类别与客家文化主题呈现密切

---

① ［英］吉莉恩·罗斯著，肖伟胜译：《观看的方法：如何解读视觉材料》，重庆大学出版社，2018 年。

相关。影像呈现类目主要指影像内部的地点及其视觉表现，是影像符号对文化的表征方式。传播互动包括短视频样本的外部数据，由于对受众的互动行为分析难以通过一次描述性编码概括，本研究同时通过受众评论文本样本进行分析。因此，本研究主要对短视频样本进行描述性的内容分析，结合观察内容，从短视频表征到外延特征进行探究。

（三）可靠性检验

为检验编码内容及其结果的可靠性和有效性，本研究对编码进行信度检测，通过对不同试验主体多次对同一样本对象进行编码的测试结果，查看内容编码的信度。本研究邀请两位与研究无关的人员，在编码初步形成后对两人进行相同训练，随机选择总样本数的20%，两位编码员在无任何交流的情况下根据同样的短视频样本各自进行预编码。预编码后通过 SPSS 软件，使用 Kappa 系数进行测量，各编码项信度均高于 90%，总体信度高于 90%，满足正式编码需求。

四、客家短视频影像传播特征

（一）传播主体身份特征

在抽取的 200 个客家短视频样本中，影像生产者身份以用户原创内容（User Generated Content，简称 UGC）为主，占比 70%；专业内容生产（Professionally Generated Content，简称 PGC）占比 27%；由官方媒体发布的内容仅占 3%（图 1）。普通用户生产的内容是客家短视频内容的主要部分，个体用户中客籍人士为创作主体，较少出现非客籍用户创作的相关短视频。

早期客家迁徙，土客之间不断发生争斗，原住民在文字媒介中占据主动权，在教科书、县志等作品中对客家进行歧视性描述，认为其是"语言啁啾不甚开化的野蛮民族和退化的部落"[①]。后徐旭曾、罗香林等人撰文

---

① 罗香林：《客家研究导论》，古亭书屋，1975 年，第 1～50 页。

著书推动客家"反污名化"，但客家族群的身份话语权仍然由部分精英知识群体主导。传统媒体时期，文化传播话语权由官方媒体掌握。短视频传播环境中，影像制作技术下沉赋权族群个体，个体拥有了表达的权力，短视频使客家文化拥有了大众传播的机遇。客家的叙事权力从精英阶层转移到平民阶层，易于引发个体共鸣，唤起族群认同情感。

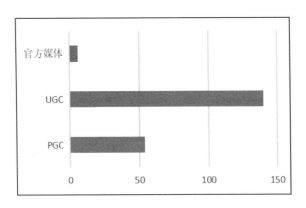

图 1 客家短视频创作者身份统计（数据来源：自行统计整理）

相较于传统媒体，短视频影像创作在叙事视角上更强调自我表达，在内容呈现上更具象化。根据统计数据，个人创作者表现出强烈的个体表达愿望，短视频的影像行为主体主要是创作者本人。传统媒体影像承载的是客家文化传播、族群身份认同的宏大命题，短视频创作更在乎微小个体的自我呈现，是传统影像宏观视角的一种补充。客家短视频创作者超半数不具备影像制作的专业能力和设备，个人用户创作者很难创作出脱离生活的作品，因而侧重以现实生活为基础进行纪实或故事性的演绎，倾向具象化表达。同时，客家短视频的影像叙事身份频繁出现下沉群体和场景，例如务工、务农人员和大量乡野田间场景。影像表现更贴近真实生活，呈现出朴实粗糙的质感。

20 世纪 60 年代后，西方人类学界对人类学的知识来源、文化表达与阐释模式进行学术反思，开始重视群体的"主位"表达，人种学家、纪录片大师让·鲁什实践作品中的"主位影像"意识因此受到更多关注。

让·鲁什鼓励文化研究的对象主动参与研究者对异文化的理解,通过影像对族群文化从自我视角进行主体性的解释[1]。21世纪后,中国组织了一系列的社区影像行动,例如"乡村之眼"[2]。短视频实现了影像制作的权力下放,为客家群体的主位表达和客家文化传播提供了可能。从对客家短视频的观察分析中可以看到,客家族群已经开始有意识地在短视频场域进行传播活动。客家短视频在传播过程中,因创作者身份转变和媒介传播规则影响,客家在影像呈现和文化形象上产生了新的特征,客家族群个体运用短视频进行自我表达有助于文化破圈层传播,增强族群内部的认同。

(二)传播内容的文化表征

客家短视频样本中语言类的视频内容最多,占比49%,这与客家族群形象和文化呈现有密切关系。客家话是客家族群内部进行交流、维系情感、传递文化和思想的重要工具,同时也被认为是界定客家族群的一大特征,是客家文化极具代表性的部分。客家短视频样本中第二多的是客家美食类短视频,占比28%。这类视频主要介绍客家的特色饮食,或教授客家料理制作,是对客家饮食文化的一种展现。此外,客家短视频样本中,体现客家人物的视频占比17%,以介绍客家历史、来源为主题的视频占比8%。根据以上数据,不难发现,语言和饮食是客家文化在短视频场域中的重要表现内容(图2)。语言类短视频是客家身份的符号表征,美食类短视频是文化属性的呈现。

客家语言类短视频,可以分为搞笑类、教学类和音乐类内容。搞笑类短视频,利用谐音或夸张的口语表述,达到愉悦受众的目的;教学类短视频,大多对受众进行客家话教学;音乐类短视频,则通过对音乐曲词的再创、原创,创作客家话的流行音乐或山歌。客家语言类短视频极易辨别客家创作者的身份,"涯系客家人,涯说客家话"(我是客家人,我说客家

---

① 朱靖江:《主位影像、文化破壁与视觉经济——影视人类学视域中的移动短视频社区》,《云南社会科学》2020年第6期。
② 李淼、谢波:《改革开放40年云南影视创作的发展与反思》,《民族艺术研究》2019年第32期。

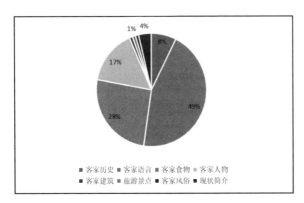

图 2 客家短视频主题分布（数据来源：自行统计整理）

话）是客家语言类短视频的核心表达，创作者往往"先声夺人"地以客家标识性特征确证自我身份。

客家美食类短视频创作重视生活场景营造，如短视频账号"客家英子"的作品多以一个生活事件为开端引出美食及呈现生活中人物间的互动。这种情境化的搬演和叙事使其视频作品更具生活气息，并通过情景再现加强了客家的文化属性。互联网上，美食类视频层出不穷，从菜色到厨房布景五花八门，场景化的内容往往是创作者气质的基调，有精致厨房的"中产主妇"，也有露天豪放的"山野大厨"，食物和场景是一种身份与阶级的体现。客家美食类短视频以家常菜为主，场景从菜地到住家厨房，食材从家禽到自然风物，通过"接地气"的场景和食材体现出客家传统文化中居于山野、不拘一格的文化气质。因此，可以说，客家美食类短视频的呈现，从食物要素特性延伸到了群体的文化气质。

短视频环境中，客家文化内容传播趋向于大众化表达。短视频调查数据显示，搞笑幽默类短视频和生活技能类短视频最受欢迎[1]。语言搞笑和美食教学短视频的平均点赞量高于其他类型短视频。短视频环境中的创作

---

① 中共中央网络安全和信息化委员会办公室："短视频与直播行业发展趋势观察"，中共中央网络安全和信息化委员会办公室网站，2018 年 8 月 2 日。www.cac.gov.cn/2018-08/02/c_1123212532.htm.

者倾向于跟从媒介主流影像类型进行创作。一方面，是出于流量的需求，通过创作受欢迎的视频类型获得大量受众观看和点赞，使账号具备文化传播基础和变现可能。另一方面，是出于"模仿"，短视频应用支持创作者的模仿行为，应用内的"拍同款""模板"功能为创作者提供了创作支持。在短视频媒介技术和传播环境的规训下，客家短视频的传播没有脱离该语境，创作者对于文化主题的选择符合短视频媒介的传播逻辑，视频创作也契合短视频的媒介技术规则，这在带来流量的同时也导致了短视频内容的同质化，并导致客家文化融入大众媒介文化中，难以凸显自身文化多元特质和差异。

（三）受众态度倾向

短视频传播环境中，影像内容和互动行为一同构成短视频整体传播要素，文化内容通过短视频载体进行传递，经由受众理解与认同后才能实现有效传播。本研究根据受众的评论内容，将评论文本的情感态度分为正面、中立、负面和其他。四类情感倾向中，正面情感是指文本中呈现出对视频内容、客家文化的肯定和认同倾向；中立是指评论主要表达的是对事实的客观描述，不带感情偏向色彩；负面是指受众对视频和客家文化存在批评或否定；其他是指评论内容与视频内容、客家文化无关。本研究以四类情感倾向为基础，对评论文本进行人工编码，预编码总样本量的 40%，Kappa 系数 0.88，可进行正式编码。经正式编码统计，正面情感倾向 358 条，负面情感倾向 137 条，中立态度共计 762 条，其他内容 343 条。受众对客家短视频的情感态度正面占比 22.4%，负面占比 8.5%。

总体来看，受众评论中呈现出对客家短视频或客家文化的认同与肯定倾向较高，负面批评较低。受众正向评论作为短视频传播场域中的重要节点，有助于强化族群意识和文化的再传播，成为客家文化传播的重要环节。中立态度的评论较多为描述性内容，主要用于客观描述、解释客家文化。短视频媒体中受众评论文本呈现出较高的族群认同程度，表现出对客家文化的理解与自觉，也存在质疑与批评的态度。描述性文本与文化解释的评论增多有利于客家文化的传播，也意味着短视频存在文本容量小的问题。由于视频本身内容容量不够，时长的局限性使其容易出现误读、片面性的现象，进而导致受众产生负面情感倾向。若想缓解这个问题，可在评论文本中进行补充延伸。例如，短视频创作者可在评论区发言，扩展视频内容。

受众评论中呈现负面情感倾向的文本主要由两类内容组成，一是对视频内容本体的否定和批评，二是对客家文化的不认同。对视频内容的否定和批评主要来自于视频呈现的片面性，这种片面性导致客籍受众对该短视频表现的客家文化产生不认同态度，例如在语言类和美食类短视频评论中频繁出现对短视频中使用的客家话"不正宗"的质疑与批评。对客家文化的负面情感文本主要因为对客家文化不了解，这类受众主要来自族群外部人员。

五、客家短视频影像传播不足与策略

（一）短视频传播不足

1. 作品影像质量不高

客家短视频以个人创作者为主，在视觉表达上与专业媒体创作者存在较大差距。个体创作者的非专业和纪实风格使其作品在视觉审美和叙事上存在诸多不足，影像视觉质量不高，缺少影像叙事思维。统计显示，过半数的创作者缺乏视听设计意识，较少有意识地运用声音元素。在视觉表现上，他们多采用手机固定一镜到底的拍摄方式，画面构图随意，缺乏美感。此外，其作品还存在手持画面不稳定和抖动，以及画幅残缺、人物拍摄不全等问题。客家短视频以纪录为主要表现形式，但不具备电视纪录片的专业性，视觉表现难以吸引广大受众注意，短视频叙事水平低。这些视频在细节表现与叙事结构上没有设计，即便有对视频进行设计性的构想，但人为安排的痕迹重，情境呈现不自然。整体而言，客家短视频的作品质量不高。

2.传播内容同质化

客家短视频的同质化，是因为创作者自身能力存在局限，且过于追求作品热度。由于在账号风格、选题策划等方面没有成熟的经验，部分创作者在拍摄一类视频后若获得高播放量，就会在接下来的作品中主动模仿该类视频。当创作者拍摄某一内容的视频达到一定数量并形成固定风格后，受众和作品热度就会趋于稳定。受能力局限，这些创作者通常不会考虑进行创新，进而导致作品风格单一，内容同质。客家短视频的创作主题和短视频的热门主题存在重合的部分，为了使作品的曝光量增长，个体创作者会优先选择创作与当下短视频热点相近的主题。在主题选择过程中，族群文化退居次要，与大众文化的接合点成为重点考虑的内容，族群文化的异质性在影像传播中也就逐渐弱化。

3.传播群体受局限

笔者在观察客家短视频时发现，创作者的媒体参与度较低，虽然有意识地在文案中附带多个客家话题，但只是在话题和标签上进行叠加。整体上看，客家短视频的点赞和转发数高于评论数量，播放与互动之间存在落差，受众流动性强，缺少持续关注动力。从受众身份来看，客家短视频的主要受众是客籍群体，他们通过所在地定位推送或主动了解的方式获取内容，非客籍群体则缺少主动了解的意愿，也缺少被动推动内容的契机。总之，客家短视频的传播范围以群体内部为主，未能实现文化传播的"破圈"，创作者在传播运营方面也缺乏相关意识。

（二）短视频传播策略

1.提升影像审美

视频画面包括色彩、构图、特效三大要素，客家短视频的画面风格表现应与场景选择形成互文。研究发现，客家短视频的拍摄地点主要是农村、城郊的场景，优势在于符合受众对族群生活环境的认知，不足在于画面美观程度不高，很难引起受众注意。场景的现实性和画面的设计感，可以使影像的真实性和美观性达成一致。例如，视频博主李子柒的视频以乡野为主要场景，通过画面美感的塑造，营造出独具个人风格特色的乡间图景。城市化进程中，农村乡野景象逐渐从客家青年的成长和生活中退场。由于求学求职等原因，他们离开家乡，向城市聚集，一线、二线等核心资源聚集城市对他们来说具有强大的吸引力，而短视频中呈现的乡野图式则是这些青年受众产生归属认同与想象的重要途径。由于视觉图景的象征性，创作者必须重视客家短视频作品的视觉呈现，使画面和场景形成互文，从而实现受众认知真实性与审美性的双重统一。

从创作者身份层面来看，客家专业媒体创作者和官方媒体在短视频视觉表达上具有一定优势，但容易长期流于"模板化"的创作。受短视频发展影响，手机视频编辑应用层出不穷，个体创作者可充分利用此类工具提升作品视觉呈现，保证客家短视频影像质量下限。与个人创作者相反，专业和官方媒体创作者应具有"反模板"思维，从特色化、多元化的角度进行视觉设计，提高客家短视频的视觉表现上限。总之，各创作者应积极思考文化深层意义，重视高语境文化视觉呈现，发挥影像画面的符号功能。

2. 文化内容创新

本雅明和阿多诺、霍克海姆都强调技术催生了大众文化的工业性和复制性，大众文化之所以成为"大众的"，正是由于它的可复制性和批量生产。短视频鼓励大众进行传播内容的复制行为，通过广泛的模仿复制产生病毒式传播，最后达到"出圈"的目的，从而成为一种大众流行文化或现象。客家文化传播是一个长期行为，短时间单一内容带来的关注度有限，长期进行同质性的文化输出容易导致受众形成刻板印象，削减文化多元特质。网络流行文化生命周期短，更新速度快，因此，客家短视频想实现长期、广泛的传播，就必须进行创新。

创新策略可以从族群文化内部与外部寻找。一是立足客家文化自身，寻找客家文化与大众文化的不同之处，发扬客家文化现代性的部分，将客家文化与媒体传播特质相结合，使族群文化在媒体传播过程中具有新面貌。二是与族群外部的流行文化相结合，实现传统客家文化在大众文化语境中的"流行化"表达，例如以客家话和流行说唱音乐结合的方式进行客家文化传播，广受好评。三是充分发挥媒介特性，做到传统文化的创新性表达，在影像视觉制作中采用创新性的技术手法。客家文化与流行文化不能强行融合，而是需要寻找合适的切入点。例如，动画电影《大鱼海棠》上映期间受到广泛关注，其现实取景地为客家土楼，可谓很好的传播切入点。创新不仅可以提升文化传播的范围和效果，同时也是文化发展过程中的重要命题。吸引受众注意力，增强族群认同情感，是族群文化保持活力与生命力的关键因素。

3.增强传播互动性

眼下，短视频已成为新媒体主要传播媒体渠道之一，除了抖音、快手，小红书、微信、微博等社交类应用都在短视频板块有所发展，例如微信的"视频号"。这类短视频应用都强调"社群化"的运营，以社会交往、社区建立为传播的关键节点。社交传播，一方面可以实现传播内容的群体化扩散，另一方面可以赋予受众参与感。客家短视频传播当前缺乏社交化传播的意识，受众参与度低。影响受众产生参与互动行为的因素主要有两个：第一是创作者内容的正确性和完整性，第二是创作者主动留出的互动节点，例如提问、求助等。在进行短视频创作时，创作者应有意识地通过交流加强受众的互动体验，互动参与有助于提高受众的族群认同态度。

因此，客家短视频应重视短视频作品的多媒体渠道传播。多渠道的传播能实现受众群体的大范围覆盖，提升传播力、影响力。在创作上，客家短视频应尽量做到"一次内容多次投放"，在不同媒体中进行传播，同时各媒体账号应产生联动和关联，实现媒体平台之间的传播引流，建立自己的受众社群。另外，客家短视频还可通过媒体账号的拟人化、与受众群体间的互动、生活化的真实呈现等途径提升受众忠实度和参与度。

外群体参与是增强文化传播效果的关键途径。人们的文化认同、族群认同和身份认同的核心动力在同他人之间进行的符号性传播中形成，[①]群体和个体的认同离不开他者。一方面，通过他者的传播参与可实现他者对客家的族群认同，他者出于对客家文化的认同而参与客家文化传播，创作实践又能加强这种认同。另一方面，他者作为受众参与客家文化传播，能增强族群外部对客家的认知，扩大客家文化的传播，推动客家文化与大众文化的结合。媒体平台、创作者、客家地区政府组织应当重视这一点，利用已有资源推动他者的媒体参与。例如，可从客家旅游景点、建筑入手，将热门景点和节庆活动打造成品牌名片，以"网红景点打卡"的模式推动线下活动、景点的线上传播创作，拉动群体参与的积极性。总之，客家文化传播不仅要关注族群内部，与族群外部的互动也必不可少。

六、结语

传播学者麦克卢汉提出"媒介即信息"，意指内容生产受媒介技术环境影响，媒介的技术逻辑影响信息的生产与传递。在媒介技术生产机制的规训下，从传统媒体到新媒体，客家影像呈现出不同的特征和变化。短视频传播场域中的客家影像具有传播者个人化、传播族群文化符号和受众情感正面倾向的特征。用户原创内容占主体的影像创作为客家文化的呈现与传播提供了微观视角，这类创作从个体生活出发，通过符号表征方式体现族群文化气质，同时融合大众文化特征，形成了既属于客家又与传统客家有一定距离的媒体形象。客家短视频在传播过程中还存在影像质量低、传播内容同质和传播效果不理想等不足，未来应从影像质量、内容创新和传播效益等方面进行提升。客家文化多元融合的特征使其在民族文化中具有重要地位，新媒体发展为其传播带来了机遇。因此，客家文化在媒体传播过程中发生的变化与承继路径还有很大的研究空间。

---

① 孙英春：《跨文化传播学》，北京大学出版社，2015年，第68页。

Characteristics and Strategies of Hakka Image Communication in Short Video Clips

Zhou Huaqing, Li Xiaoxia [1]

Abstract: A new type of image communication has emerged from the development of communication technologies. By analyzing Hakka images in short videos through content analysis, this paper explores the personalization and symbolization of Hakka culture in visual media. Such images also provide a means of emotionally connecting with the audience. Given the shortcomings of most short Hakka videos such as low quality, narrow scope of dissemination, and lack of innovative and continuous production, this paper proposes strategies for expanding video dissemination by drawing from three aspects: image quality, innovative production, and interactive dissemination.

Keywords: Short video　Hakka　Hakka culture　Hakka images
　　　　　　Cultural communication

① Author's Bio: Zhou Huaqing, Ph.D., is a professor at the School of Humanities of Fujian University of Technology. His research interests include publishing and cultural industries. Li Xiaoxia is a Ph.D. candidate at the School of Humanities and Social Sciences of City University of Macau. Her research interests include publishing and cultural industries.

MONOGRAPHIC
STUDY

专题研究

深圳市龙华区大浪客家人生仪礼调查报告[①]

贺翊昕　刘微　刘晓春[②]

摘要： 深圳市龙华区大浪客家人的人生仪礼，是当地人为应对生存环境变迁，通过文化传承、吸收、衍生等方式形成的地方性礼俗传统。这些传统贯穿人一生中的重要时期，特别是在婚娶、生育、寿诞、丧葬四个阶段。人生仪礼不仅是个人主体性的彰显，还是群体认同的集中表达。经过城镇化改造，大浪礼俗活动的表现形式变得简约，但仪式的象征意义依然维系着宗族社会的稳定，表述着客家群体的生存智慧和生活观念。

关键词： 客家　人生仪礼　宗族　大浪

　　深圳市龙华区大浪街道，现下辖21个社区，除龙平社区已全部改造为花园小区外，其余20个社区正处于城中村样貌。村中古建筑已大多不存，但仍保留了传统村落家族社会的部分特征。由于大浪地区山多林茂，耕地面积相对较少，受特殊的地理位置影响，这20个城中村的建立以

① 本论文是深圳市龙华区大浪街道党群服务中心委托项目"深圳市龙华区大浪街道民俗调查与撰写"的系列成果之一。本论文的田野调查资料部分由贺翊昕、刘微、刘晓春共同完成，本文最终由贺翊昕独立撰写。
② 作者简介：贺翊昕，博士研究生，中山大学中国语言文学系，研究方向非物质文化遗产；刘微，睿念网络科技（上海）有限公司职员，中山大学民俗学专业硕士，研究方向大众心理学；刘晓春，教授，中山大学中国非物质文化遗产研究中心暨中国语言文学系，研究方向民俗、民间文学、非物质文化遗产等。

"顺河两岸"和"傍山而居"为基本特点。其中，石凹、新围、下岭排、上岭排、黄麻埔、水围、罗屋围、浪口等8村沿大浪河两岸呈扇形由北向南分布；上横朗、下横朗、赖屋山、谭罗、三合、鹊山、下早禾、上早禾、陶吓、赤岭头、元芬、龙胜等12村沿阳台山东侧山麓呈"西北－东南"方向排列。

大浪客家是汉民族的一个民系，大浪客家文化与汉文化同根同源。随着历史、环境和族群的变迁，当地文化受到南方民族文化影响，形成了具有地方特色的礼俗图景。清代嘉庆《新安县志》载："自永嘉之际，中州人士避地岭表，兹邑礼义之渐，所由来矣。其朴拙成风，巧饰不习，虽未尽出于正，不可谓非忠厚之遗也。"[①]

仪礼是地方文化的重要组成部分，是一种固定的、受到社会认可的行为模式，涉及个人和群体生活的方方面面。在纷繁复杂的礼俗传统中，人生仪礼以个人为中心，是人一生中在不同生活阶段或年龄阶段举行的具有一定含义的仪节活动。象征在人生仪礼中具有独特意味。对于个体而言，生命形态和状态的不断改变，意味着分离与重聚、死亡与再生。在每一个生命周期和成长阶段，人们郑重其事地举行特定的仪式活动，强化生命的意义与价值。

在个体以外，人生仪礼是反映地方社会关系的重要方式。特定仪式在整体仪式中的相对位置，不仅彰显了中国传统礼学的生命规范，还建构了宗族社会的秩序和制度。

一、婚嫁

婚姻嫁娶是人类维系自身繁衍和社会延续的基本制度和实践活动，[②]

---

① 〔清〕舒懋官修、王崇熙等纂：《新安县志》（清嘉庆二十五年刊本），成文出版社，1974年，第80页。
② 钟敬文：《民俗学概论》，上海文艺出版社，1998年，第172页。

被视为诸多人生仪礼中演变和传承最为完备与长久的部分。大浪客家人较好继承了汉族传统婚嫁习俗，又受到粤地民族文化的影响，形成了颇具特色的婚嫁仪式。

（一）婚嫁程序礼节

传统婚嫁礼节，又称"嫁娶婚"，或"聘娶婚"，是客家地区施行的婚姻形式中最为主要的一种。大浪客家称嫁娶婚为"大行嫁"，特点在于男女双方初婚，且由男方聘娶女方为妻。旧时，纳妾和改嫁都被归于嫁娶婚，但婚嫁仪礼的轻重不同，仪式过程也较为简单。

大浪嫁娶婚的程序礼节基本遵循《礼记·昏义》中的"六礼"，包括"纳采""问名""纳吉""纳征""请期""亲迎"。纳采即提亲，男女双方初步商定婚姻意向；问名即议亲，包括合婚、相亲、议聘奁等内容，主要卜算婚姻是否合衬，以及商议男女双方送礼的多少；纳吉和纳征均为订亲环节，有小聘和大聘之分；请期即择定婚期，通常由男方订好后告知女家；亲迎即男方到女方家迎娶新娘，是整场嫁娶仪式中最隆重和繁琐的礼节。[①]

1. 提亲

提亲，古礼称为纳采。中华人民共和国成立前，男女婚配，必经媒人牵线搭桥，介绍婚事。我国传统礼教规定，子女婚姻需听从"父母之命，媒妁之言"。大浪客家群体自中原迁徙而来，较好地保留了汉族婚姻中的教化内容。客家女性虽然自小协助父母打理农事、家事，不像一般闺秀深居阁中，但在婚姻大事上犹不能擅自做主，必须听从长辈安排。

旧时，大浪男女青年满 16 周岁后，便可托媒人说媒。媒人一般分为两种：一种由男女双方的亲友自愿充任；一种是专业媒人，多为中老年妇女，俗称媒婆。"以前结婚都是媒人介绍，好少说自己认识的"，[②]通常由

① 刘善群：《客家礼俗》，福建教育出版社，1995 年，第 35 页。
② 口述人：李荷，女，罗屋围村村民；访谈人：贺翊昕、刘微；时间：2021 年 9 月 20 日；地点：深圳龙华大浪街道沙头咀 98 栋。本文中所涉及的访谈对象，姓名均为化名。

男家父母托媒人去女家提出意愿，极少有女家请媒人访男家的。如果通过媒人说合，双方都认为门当户对，有意议婚，则由男家备好鹅、鸡等礼物送往女家。女家收下礼物，表示同意议亲，双方才能继续进行后续流程。

20世纪50年代后，农村地区自由相恋的风气渐开。大浪通过自行结识成立家庭的男女青年逐渐增多，但仍有不少托合适亲友充当牵线人。"媒人先在两边联络，男女双方见面，觉得合适就写信联系，到结婚根本见不到几次面"。①

2. 议亲

议亲，相当于古礼中的问名，包括合婚、相亲、议聘奁等程序，是男女双方家庭进一步了解和商议条件的必要过程。

合婚，即看男女双方的生辰八字是否合衬。古时，人们认为男女双方"八字相生"，才能婚姻长久；如果"八字相克"，则会带来灾难。所谓"八字"，又称"年庚"，也即根据人的出生年、月、日、时，配以天干、地支的四组，共同组成八个字。②男女两家同意议亲后，就要托媒人互换男女庚谱。庚谱中含有三代名讳及本人的生辰八字，男方的称"乾谱"，封面写"缘"字；女方的称"坤谱"，封面写"合"字。③收到庚谱后，双方家庭自请算命先生合婚。算命先生根据五行相生相克之说排字推算，若结果为"相生"，则议亲继续；若八字不合，则议亲作罢，男方要把女方的庚帖送还女家。

过去，大浪地区请算命先生合婚后作罢的婚姻较少。一是因为，当地物质生活匮乏，农耕任务重，需要通过婚姻缔结尽快为家庭吸纳和培育劳动力。面对恶劣的生产条件，八字是否相衬不是影响婚姻缔结的关键因素。其二，当地人相信"相冲""相克"的结果能通过"改期"的方式逆

---

① 口述人：王光，男，黄麻埔村村民；访谈人：刘晓春、贺翊昕、刘微；时间：2021年9月10日；地点：深圳龙华大浪街道黄麻埔村居民委员会。
② 广东省地方史志编纂委员会：《广东省志·风俗志》，广东人民出版社，2002年，第68～69页。
③ 广东省地方史志编纂委员会：《广东省志·风俗志》，广东人民出版社，2002年，第69页。

转。所谓"改期"，并非改变男女青年人选，而是改变婚期时间，以仪式时间的大吉来弥补八字上的不吉。"以前不会说男方女方算下合不合得来，肯定让你嫁。算到这两个人（八字）不好，他唔敢讲。就讲日子喺相冲咩，当时有数。唔好就唔拿介只日子畀你哦，改天哦，改到好，可以提前提后"。①

中华人民共和国成立后，替人看八字的行当逐渐没落。大浪地区男女青年在合婚时，多数会根据民间通书，推算双方是否合衬。通书不一定家家都有，只有村里的老一辈才会收藏。需要合婚时，男女家庭会打听好村中谁家有通书，提前借来推算选日。

经过合婚认可，媒人会约定双方见面的时间和地点，此为相亲。清末民初时，男女本人不参与这一环节，多由父母代为出面。双方父母分别邀请对方来家中做客，观察青年男女的相貌仪态是否合眼缘、为人处世是否妥帖，以及家庭基本情况是否相称等。大浪客家人将女方到男家会见称为"拣婿郎"，男方到女家相亲称为"拣心舅"。

以前，姑娘害羞，相亲时仅在男家面前露脸片刻便躲开，甚至不肯出面相见。男方只好从女方父母、兄弟的面貌来猜测姑娘的长相。②20世纪50年代后，新中国第一部《中华人民共和国婚姻法》（简称《婚姻法》）颁布，男女社交环境逐渐开放，相亲也变成本人前往。虽然相亲环节比较简单，"就是见一面，有空聊聊"，③但这一改变摆脱了过去的"盲婚哑嫁"，对实现婚姻自主具有极大的推动作用。

议聘夋，也称编红单，指男方父母、宗亲和媒人一起到女家，商议男家出聘礼、女家出嫁妆的多少问题。传统婚姻重视门当户对，聘礼和嫁妆

---

① 普通话大意为："以前不会说男方女方算的八字不合，肯定让你嫁。算到这两个人八字不合，他不敢直说，就说日子相冲，但当时心里是有数的。日子不好就改到另一天好日子，时间可以提前也可以拖后。"口述人：刘萍，女，上岭排村村民；访谈人：贺翙昕、刘微；时间：2021年12月3日；地点：深圳龙华大浪街道上岭排村居民委员会。
② 广东省地方史志编纂委员会：《广东省志·风俗志》，广东人民出版社，2002年，第69页。
③ 口述人：李强，男，下早禾村村民；访谈人：刘晓春、贺翙昕、刘微；时间：2021年9月11日；地点：深圳龙华大浪街道下早禾村居民委员会。

被视为两方家庭财力和身份的显现。若家境较为贫寒，父母为顾及女儿脸面，会用男家所下聘金来添置嫁妆。也有人家希望通过嫁女来索要钱财，因此，在议聘奁的过程中，两家讨价还价的现象时有发生。此时，需要媒人从中斡旋，商议并敲定彼此满意的方案。

在众多聘礼中，糖梅是必不可缺的一种。糖梅，即将本地所产优质梅渍以糖后腌制、晒干而成的梅脯。过去，女家重视意头，也有"嫁女不以妆奁相夸耀，犹尚糖梅"[①]的现象。屈大均在《广东新语》中载："自大庾以往，溪谷村墟之间，在在有梅，而罗浮所产梅花，肥大尤香……他处花小，然结子繁如北杏，味不甚酸，以糖渍之可食。段公路云：岭南之梅，小于江左，居人以朱槿花和盐曝之，其色可爱，曰丹梅。又有以大梅刻镂为瓶罐结带之类，渍以棹汁，味甚甘。东粤故嗜梅，嫁女者无论贫富，必以糖梅为舅姑之贽，多者至数十百罂。"[②]

3. 订亲

订亲，有小聘和大聘之分。小聘相当于古礼中的纳吉，俗称"做文定"，或"住年庚"，由男家派人将聘礼及笺送往女家，正式办理订亲手续。大聘相当于古礼中的纳征，俗称"行茶"，或"过大礼"[③]。若男家有意迎娶，要先遣媒人携礼物和礼金送往女家，商议婚期的大概日子。双方达成一致后，再择日进行过大礼。

清嘉庆《新安县志》载："婚姻必以槟榔、蒌叶、茶果之属，曰过礼。"[④]"粤人最重槟榔，以为礼果，款客必先擎敬进。聘妇者施金染绛以充筐实。女子既受槟榔，则终身弗贰。"[⑤]古人食槟榔历史已久。在粤地，槟榔作为聘礼送至女家，有望女方"忠贞不贰"之寓意。"凡食槟榔，必以

---

① （清）舒懋官修、王崇熙等纂：《新安县志》（清嘉庆二十五年刊本），成文出版社，1974年，第80页。

② （清）屈大均：《广东新语》卷二四，中华书局，1985年，第21页。

③ 广东省地方史志编纂委员会：《广东省志·风俗志》，广东人民出版社，2002年，第70页。

④ （清）舒懋官修、王崇熙等纂：《新安县志》（清嘉庆二十五年刊本），成文出版社，1974年，第80页。

⑤ （清）屈大均：《广东新语》卷二五，中华书局，1985年，第23页。

蒌叶为佐，或霜雪盛，少蒌叶，亦必屑其根须。或以山蒌藤代之，而以蚌灰为使，否则槟榔味涩不滑甘，难发津液，即发亦不红。凡食槟榔，以汁红为尚，然汁不可吐，吐则无余甘。先忍蒌叶之辣，乃得槟榔之甘，槟榔之甘，生于蒌叶之辣。谚曰：'槟榔浮留，可以忘忧。'言相须之切也。"①蒌叶，即扶留藤的叶子，与槟榔食性相调和。此外，二者寓意合衬："蒌与槟榔，有夫妇相须之象，故粤人以为聘果。寻常相赠，亦以代芍药。予诗：'欢作槟门花，侬作扶留叶。欲得两成甘，花叶长相接。'又云：'赠子槟榔花，杂以相思叶。二物合成甘，有如郎与妾。'相思树其叶可食，而蒌亦名相思叶云。"②20 世纪 90 年代后，大浪地区的槟榔树几乎不存，只有少数家庭果园还留有几棵黑榄树。因此，过礼时也不再送槟榔和蒌叶。

除槟榔、蒌叶外，大浪地区过礼还送粄食、糖果、猪肉、鱼豆腐、鱿鱼、两条带着尾巴的甘蔗，以及红枣、花生、桂圆、荔枝等干果，取"早（枣）生（花生）贵（桂圆）子（荔枝）"之意。茶叶是过礼时必不可少的，明代郎瑛《七修类稿》谓："种茶下子不可移植，移植则不复生也。故女子受聘谓之吃茶，又聘以茶为礼者，见其从一之义。"③过礼送茶，寓意男方家希望女子从一而终。因此，过礼还被称为"行茶"。此外，还要送去葱、蒜等调味食材，以便到达女家后能做成吃食。其中，有一份特殊的礼物，是男家专门送给女家的"阿婆箩楄"。此礼物用竹编的箩楄盛装，上有盖子，内含猪肉、米、糖等，以示对女家的尊重。

女家接受了男家的聘金和礼物，要回赠一些礼物，如粄食、糖果、水果、衣物等，并将男家送去的两条甘蔗砍去头尾，和猪、鸡、鸭等头尾一并让男家带回，意味着"有头有尾"。同时，女家还会返还稻米、花生、红豆、芋头等种子，让男家带回种下，寓意"生儿生女好做种"④。男家

①（清）屈大均：《广东新语》卷二七，中华书局，1985 年，第 26 页。
②（清）屈大均：《广东新语》卷二七，中华书局，1985 年，第 26 ～ 27 页。
③（明）郎瑛：《七修类稿》，上海书店出版社，2001 年，第 490 页。
④ 口述人：张辉，男，浪口村村民；访谈人：贺翊昕、刘微；时间：2021 年 9 月 23 日；地点：深圳龙华大浪街道浪口村居民委员会。

返家后，会将女家所返之物分于亲友享用，传递喜悦。

1949 年后，订亲仪式多简化为一次完成。过礼的物品包含猪肉、油豆腐、鸡、鸭即可，但彩礼必须得用现金。

4. 择期

择期，即古礼中的请期。过礼后，由男方家庭择定婚期，通知女家。择期的方法较为多样：可请算命先生按男女双方的生辰八字推算，避凶趋吉，权衡而定；也可在村庙或祠堂神位前占卜选择。

过去讲究农历五月、六月、七月"不置新郎不嫁妹"。一说此三月正值一年中的一半，此时嫁娶易成"半年妻"，预示夫妇双方不能白头偕老。[①]另一说认为这三个月中包含春分、清明，都是拜祭先人的时节，不适宜操办红事。[②]因此，人们多在秋、冬、春三季完婚。其间，大浪地区酷暑微消，天气适宜，且为农闲过后，经济较为宽裕。

20 世纪 50 年代前，大浪地区多通过算命先生推算婚期。随着算命先生的消失，当地则通过本年月份牌自行查找核对。大浪客家人最常使用的月份牌为香港流通而来的《宋韶光月份牌》，其大小形制不一，多为日历制式，内含每一日的凶煞介绍、宜忌事项、属相相配等。"月份牌好日不等于你自己就是好日，好比月份牌写到宜嫁娶，你要的那个时辰煞，煞你就不能做。全部要看了才行，时辰八字全部要对得到"。[③]过去，本地不生产月份牌，得去香港买。两岸互通后，月份牌多在墟市就能买到。

除婚期的选定外，还要择定上轿的良辰、轿门朝向方位、迎亲人员等事宜。这些现在多已简化，年轻人摆酒不讲究八字相冲相克，大多选取双方家庭的空闲吉日举行婚礼。

---

① 口述人：李荷，女，罗屋围村村民；访谈人：贺翊昕、刘微；时间：2021 年 9 月 20 日；地点：深圳龙华大浪街道沙头咀 98 栋。
② 口述人：刘萍，女，上岭排村村民；访谈人：贺翊昕、刘微；时间：2021 年 12 月 3 日；地点：深圳龙华大浪街道上岭排居民委员会。
③ 口述人：刘萍，女，上岭排村村民；访谈人：贺翊昕、刘微；时间：2021 年 12 月 3 日；地点：深圳龙华大浪街道上岭排村居民委员会。

5. 结婚

婚礼是婚嫁程序中最为隆重的一环。对于男方而言，是古礼中的"亲迎"；对于女方而言，则是"出阁"。

（1）婚前准备

①备新房。婚期前 10 日左右，男女两家分别广发请帖，邀请亲朋前来观礼。新郎会提前召集平日关系亲近的兄弟作为伴郎，帮忙装点新房。男家要重新打造一张新床，设神位供奉，铺被挂帐，让家中男孩上床小睡片刻，以示早生贵子。屋内外各门口、路口及祠堂都要贴上对联，床上也要贴大红纸。待贺喜的亲友陆续抵达后，伴郎们还要协助男家款待客人，安放礼物。在婚期前一日，男家要将酒肉吃食送往女家，供其招待宾客。

②妆新娘。新娘在婚前要将自己打扮一新。"女子出嫁前一夕，亦请老成妇人，绞线夹面手，并结其髻，谓之检面，此即古冠笄之遗俗"。[1]检面，又称绞面或开脸，需请父母健在、夫妻恩爱、有儿有女的中年妇女，用两条棉线相互绞合，将新娘面上的汗毛夹去，以此代表少女生活的结束，从此不再是"毛妹仔"（毛丫头）。新娘还会用凤仙花涂红指甲，"凤仙花，一名金凤花。有红、白、紫、碧数色。妇女每以花之红者捣汁染指甲，其子入药，名急性子"[2]。有的还会以油葱洗发，"油葱，一名芦荟。形如水仙叶，叶厚一指，花开如玉簪，从根而生，长尺余，叶中有膏，妇人每取以泽发"。[3]

③姐妹哭嫁。出嫁前一天晚上，新娘闺中的未婚姐妹会带上礼物前来陪伴，她们被称为"送嫁妹"。20 世纪 50 年代前，送嫁姐妹们多凑钱合买红色的毛巾、水壶、枕巾等物品，或亲自剪布做衫，作为贺礼相送。[4]她

① 深圳市史志办公室：《民国时期深圳历史资料选编》，深圳报业集团出版社，2014 年，第 62 页。
② （清）舒懋官修、王崇熙等纂：《新安县志》（清嘉庆二十五年刊本），成文出版社，1974 年，第 127 页。
③ （清）舒懋官修、王崇熙等纂：《新安县志》（清嘉庆二十五年刊本），成文出版社，1974 年，第 128 页。
④ 口述人：刘萍，女，上岭排村村民；访谈人：贺翊昕、刘微；时间：2021 年 12 月 3 日；地点：深圳龙华大浪街道上岭排居民委员会。

们与新娘同聚一间妹仔屋，共坐床上，一边做针线活，一边唱送嫁歌。送嫁歌是大浪当地一种传统歌谣，此歌互相唱和、曲调悲情，内容多为诉说父母的养育之恩和嫁去夫家的忧心等，因此又称"叫哀"。大浪地区客家女性早在10多岁的姑娘时期，就常围观年长妇女唱哭嫁歌，经年耳濡目染，内容娴熟于心。过去的送嫁歌多为触景生情，随口而出，也有按照歌本念词的。一般先是母女对哭、姑嫂对哭，再是陪嫁姐妹和邻里媳妇陪哭。一晚上的时间，姐妹们和新娘说话唱歌，又唱又哭，直至新娘哭倦为止。50年代后，姐妹歌唱内容变为毛主席语录。姐妹相伴多闲话家常，相互逗乐，"要留到天光，有的关系好的就陪她一起睡"[1]。

④梳头礼。婚礼当日清晨，新郎新娘起床梳洗后，依照预先择定的吉时，分别在家举行梳头礼。新郎需站在厅堂正中位置，面向祖先神位，由一对福寿双全的老夫妇替其象征性地梳三下头，边梳边念祝词"一梳相敬如宾，二梳百年偕老，三梳儿孙满堂"。[2]梳罢，新郎的舅父、姑丈为其换上礼服，戴好礼帽，簪上帽花，并在其前胸后背处绕上两条交叉重叠的红绸带，或在胸前佩戴红花。新郎需向祖先神位行三跪九叩之礼，"薙面梳发，升冠谒祖，谓之上头"。[3]新娘梳头时向外而坐，簪上发髻后，需向天和祖先神位行跪拜礼。此礼完成后，新郎队伍集结，准备迎亲。

（2）迎亲及送嫁

①迎亲。清至民国时期，宝安当地"不亲迎。昏夕即庙见"。[4]新郎需派遣专门的接亲人员，通常包括媒人、七朝嫲、壮年小伙、孩童、八音班。七朝嫲，是全程陪伴新娘的临时使嫲，广府人多称大妗姐。通常为村中有儿有女、能说会道的中年妇女，因从事婚嫁仪式次数多，名声大，凡

---

① 口述人：赵秀，女，上岭排村村民；访谈人：贺翊昕、刘微；时间：2021年12月3日；地点：深圳龙华大浪街道上岭排村居民委员会。
② 广东省地方史志编纂委员会：《广东省志·风俗志》，广东人民出版社，2002年，第71页。
③ 深圳市史志办公室：《民国时期深圳历史资料选编》，深圳报业集团出版社，2014年，第62页。
④ （清）舒懋官修、王崇熙等纂：《新安县志》（清嘉庆二十五年刊本），成文出版社，1974年，第80页。

本村甚至附近村有喜事的人家都会提前请她前去帮忙。七朝嬷和媒婆可以是同一人，也可以由不同人分工合作。壮年小伙要有 2 人或 4 人，均是"自己村里长得比较帅、比较壮的小伙子"①，负责抬花轿。传统时期，大花轿是男家专接新娘返家的仪式用品，多为木制，漆成红色，上披绣有龙凤图案的红缎及大花。常用的花轿有两人轿和四人轿，最豪华的是八抬大轿，这在过去的大浪较少使用。4 名孩童负责担彩旗、提灯笼。彩旗为一枝带着枝叶的青竹，上面挂有红布和迎亲对联。灯笼为大红灯笼，底部有木杆，可高高举起。另有壮年负责挑箱，内放迎娶的帖书，以及礼物若干。八音班负责敲锣打鼓奏乐，多为 8 人队伍。迎亲吉时一到，新郎先向花轿作揖行礼，主婚人将新郎胸前所佩红色绣球摘下，挂在花轿顶端。响炮三声启程，新郎则在家门口等待。

②送嫁。迎亲队伍到达女家后，要经过一系列考验才能接新娘出门。"其娶妇而亲迎者，婿必多求数人与己年貌相若而才思敏给者，使为伴郎。女家索拦门诗歌，婿或捉笔为之，或使伴郎代草。或文或不文，总以信口而成，才华斐美者为贵。至女家不能酬和，女乃出阁。此即唐人催妆之作也"。②20 世纪 50 年代前，女家的送嫁妹们多是新娘的知交好友，是女家请来给新娘撑腰，以壮女家声势的。迎亲队伍到达时，送嫁妹们紧闭门户，与新娘同唱哭嫁歌表示不舍，并提出许多条件来难为男家。男家则派媒人和七朝嬷好言开导，双方"讨价还价"后，送嫁妹收下男方派的"开门利是"，将门打开。20 世纪 80 年代前，开门利是作为礼仪性的红包，数额多为几元到几十元不等。改革开放后，利是数额大幅增长，成百上千元的也屡见不鲜。

开门后，新娘便在送嫁妹们的簇拥下，同迎亲队伍东躲西藏。一直闹到吉时将近，新娘的父母前来规劝，七朝嬷才开始替新娘梳头戴冠。此

---

① 口述人：孙正，男，石凹村村民；访谈人：贺翊昕、刘微；时间：2021 年 9 月 24 日；地点：深圳龙华大浪街道石凹村办公大楼。
② （清）屈大均：《广东新语》卷一二，中华书局，1985 年，第 14 页。

时，女家堂中烧男家送来的龙香、凤烛。新娘装扮完成后先拜祖先神位，再拜父母长辈和兄弟姐妹。吉时一到，新娘母亲用红绸蒙女儿面，新娘由婶娘或哥嫂背负上轿，送嫁妹打伞遮挡，七朝嫲和新娘的弟弟在轿边陪同。旧时，新娘一出家门，就要唱起哭嫁歌，唱父母哥嫂叔伯阿姨的养育之恩和对闺中姐妹的不舍，哀婉凄切。一直唱到拜过先祖、家人，上轿后走至半路，才渐渐停止。女家的父母常会因为女儿出嫁而哀哭，人们认为"没哭的（父母）就没有感情，没哭的就对她女儿不好，就不想那个女儿了"①。但一般哭一会儿便停止，否则会被认为是不吉利的表现。据说，以前曾有女儿出嫁，其母送女出去后仍哭不止，后来这位新娘便突遭变故离世。②

新娘出门上轿后走在队伍最前头，且中途不能下轿，不然会预示婚姻将半途而废。花轿之后，拿凳子和盆的走在第二位，拿箩楒的走在第三位。箩楒内通常装有米、糖、茶叶、喜粄，一只带路鸡，以及有好意头的生菜、芹菜等食物，数量不定，但一定得是双数，至少两担，越多就代表家中越富有。此时，鞭炮齐放，鼓乐齐鸣，八音班一路吹打，护送新娘至男家。1924年，宝安县客籍人家嫁女，新妇需"插带整齐，经过沿路，如有人扳轿参观者，则轿夫停轿开帘，任人观视，其女家嫁妆，则由男家遣人扛舁，殊为简便"。③

旧时，大到桌椅箱柜，小到锅碗瓢盆，包括衣物、被褥、首饰等一应妇女日常生活用品，都在嫁妆之列。"农村以前结婚男家有衣柜、床、梳妆台就不错了，有个戒指好了不起。女人去到男家的所有东西都要买好带过来，还有小孩冲凉的盆、洗脸的脸盆、凳子等。这些都是嫁妆"。④穷苦

---

① 口述人：赵秀，女，上岭排村村民；访谈人：贺翊昕、刘微；时间：2021年12月3日；地点：深圳龙华大浪街道上岭排居民委员会。
② 口述人：刘萍，女，上岭排村村民；访谈人：贺翊昕、刘微；时间：2021年12月3日；地点：深圳龙华大浪街道上岭排居民委员会。
③ 深圳市史志办公室：《民国时期深圳历史资料选编》，深圳报业集团出版社，2014年，第62页。
④ 口述人：李荷，女，罗屋围村村民；访谈人：贺翊昕、刘微；时间：2021年9月20日；地点：深圳龙华大浪街道沙头咀98栋。

人家为了能让女儿日后生活顺心，也竭尽所能置办嫁妆，或是用男家给的礼金，打一点金镯子、金项链、金耳环。因"嫁出去的女儿泼出去的水"，此举意味着将男家的礼金用在女儿身上后，又还回男家。20世纪50年代后，送嫁妆的物资多了自行车和缝纫机；70年代又增加风扇、电视机，凑成"三转一响"；80年代换为摩托车、彩色电视机，加上收音机，成为"三转两响"。随着物质生活的极大改善，现代的陪嫁品更加丰富多样。

送嫁妹们加入新娘的送嫁队伍，男家会将其视为新娘人缘好的一种表现，也是女家家境的一种显示。但送嫁妹们的数量并非越多越好，要由女家提前跟男家确认沟通。这些送嫁妹们随新娘到达男家后，由男家负责招待宴饮，因通常只有两围台的餐饭供给，所以往往不会超过20人。若人数太多，一是男家房屋空间不够容纳，二是担心餐饭不够、招待不周。20世纪50年代后，男家也会派出对等人数的兄弟们，每人骑一辆单车在半路接驳送嫁妹们。"有的年轻男的撩妹仔，就说这个妹仔我背回家啦，开玩笑，问你重不重，女的说不重"。[1]男女青年一路说笑，甚至因为迎亲送嫁成就自己的好姻缘。

（3）拜堂

花轿抵达男家村中，要先烧纸炮，奏乐相迎。到了下轿吉时，新郎需在花轿前轻踢三下轿门，或在轿门外作揖。新娘由德高望重的老妇人引路，经新郎的嫂嫂或婶子背负到达厅堂，或在七朝嫲的陪同下，自行走上铺着的红布、红毡。进家门前，新娘要跨过火盆，寓意辟邪挡煞，且一路需直着走入，不能倒回头。新娘还不能扶旁的东西，如门框、楼梯扶手等，否则手会生疮、身体有恙。[2]

进入堂屋后，新郎揭去新娘盖头。二人并排站立，男左女右，并在礼生引导下，先拜天地，后拜祖先，再拜高堂，最后夫妻交拜。家族有祠堂

---

① 口述人：刘萍，女，上岭排村村民；访谈人：贺翊昕、刘微；时间：2021年12月3日；地点：深圳龙华大浪街道上岭排村居民委员会。

② 口述人：赵秀，女，上岭排村村民；访谈人：贺翊昕、刘微；时间：2021年12月3日；地点：深圳龙华大浪街道上岭排村居民委员会。

的，还需前往祠堂拜祭。男家会事先备好烧猪、果品及粄食，新娘在七朝嬷的陪同下前往。大浪龙胜堂的彭姓族人有专门的《彭族迎娶新人拜祖用词》，其文有言："恭请：上座：观音菩萨、紫衣菩萨、普庵爷爷、诸君将帅、法家祖师、彭千三郎、法广彭公、法行彭公、法明彭公、法聪彭公、法谨彭公，到 ___ 翁贵府明日引带新人妇堂登，程时此贴在轿门 ___ 上吉。上下轿门宜向 ___ 方。"[1]新娘随新郎一起行三跪九叩之礼，拜过祠堂，才算得到族亲的承认。

礼毕，新婚夫妇由兄弟们[2]送入洞房。洞房中事先摆好一对龙凤花烛，床中间放有花生、糖果、瓜子、榄仔、红枣等，图"早生贵子"的好意头。桌上陈列有猪头、糖果、粄食等供品，以及一应菜肴吃食。夫妻互相夹菜，说吉利话，敬合卺酒。饮罢，伴郎们会百般嬉闹，甚至调笑诘难新娘。七朝嬷在旁应对解围，让新人顺利就寝。

女方来的送嫁队伍，在男方的引导下，将带来的礼物交给新郎的兄弟们放置，无须直接拿进男家中。待新娘进家后，七朝嬷和送嫁妹们才依次进入家门。男家拿出准备好的茶果招待对方，至中午参加宴席。改革开放前，大浪山区的交通多有不便，迎亲和送嫁队伍步行前往，路途上十分辛苦。为便于送嫁队伍返回，男家大多在中午开席，吃完饭便可离席。在送嫁队伍临走前，男家会给七朝嬷和每位送嫁妹包一个几块钱的红包，以示感谢，还会特别给新娘母亲返还部分礼品，如50斤米中的一两斤，或几块喜粄等，以表知恩图报，礼尚往来。

新娘的母亲在离开时，要专门回头给女儿拿点米和喜粄。新娘需用围裙包起这些东西，拿回屋中放好，寓意屯财富。20世纪80年代后，随着交通来往更加便捷，喜宴逐渐改至晚上进行，双方赠礼和宾客礼金也越来越贵重。"以前讨老婆结婚证要两块钱的，现在三四十万都娶唔到哦。现在结婚不一样了，打的金器全部都摞到这里（手臂上），以前哪里有，有

---

[1] 彭东材等：《彭氏源流联宗谱》，新加坡长堤书局，1984年，第198页。
[2] 指新郎的血亲兄弟及男性好友。

的吃都算好了。"①

（4）梅酌

喜宴是婚礼仪式过程中最为隆重的宴会，宝安地区称为梅酌。清嘉庆《新安县志》载："亲友造新婚家索饮，曰'打糖梅'。其家速客（请客），曰'梅酌'。"②屈大均在《广东新语》中写道："先一夕，男女家行醮，亲友与席者或皆唱歌，名曰坐歌堂。酒罢，则亲戚之尊贵者，亲送新郎入房，名曰送花。花必以多子者，亦复唱歌。自后连夕亲友来索糖梅啖食者，名曰打糖梅，一皆唱歌，歌美者得糖梅益多矣。"③"广召亲串，为糖梅宴会，其有不速者，皆曰打糖梅，糖梅以甜为贵。谚曰：'糖梅甜，新妇甜，糖梅生子味还甜；糖梅酸，新妇酸，糖梅生子味还酸。'糖榄亦然。有糖梅必有糖榄，榄贵其雌雄，雄者花而雌者实也。凡女既入门，诸媵妗相与唱歌，其歌曰解，解糖梅者词美新妇，解糖榄者词美新郎。"④

旧时，打糖梅是婚宴中的必备内容。宾客围坐一起，边酒边歌，对新妇家带来的糖梅进行品鉴。宾客根据糖梅的好坏来判断新娘心灵手巧的程度，也以糖甜与梅酸表达对新人的祝福和鞭策。另外，糖梅也被作为奖励，嘉奖演唱最好的嘉宾。梅酌作为当地独具特色的宴饮内容，蕴含了传统时期人们的朴素愿望和美好追求。

喜宴的菜品全部来自男方家养殖的鸡、鸭、鹅、猪，以及种植的瓜果蔬菜。同村亲友会早早前来帮忙打杂，宴会过后打包一份回去。较为特殊的是，在大浪石凹村，婚宴举办是在村中祠堂进行。"有人要娶媳妇，一条村3天都不开火、不做饭的，全部人都去祠堂那里吃饭。整条村吃他家吃3天，娶个老婆还多钱的"。⑤近代以来，虽然喜宴的形式和内容不断得

---

① 口述人：赵秀，女，上岭排村村民；访谈人：贺翊昕、刘微；时间：2021年12月3日；地点：深圳龙华大浪街道上岭排村居民委员会。

② （清）舒懋官修、王崇熙等纂：《新安县志》（清嘉庆二十五年刊本），成文出版社，1974年，第80页。

③ （清）屈大均：《广东新语》卷一二，第14页。

④ （清）屈大均：《广东新语》卷二四，第21～22页。

⑤ 口述人：何立，男，石凹村村民；访谈人：贺翊昕、刘微；时间：2021年11月15日；地点：深圳龙华大浪街道石凹村办公大楼。

到丰富，但宴会中对于新人的祝福仍是核心。新婚夫妇会在七朝嫂的引导下，巡行于宴席之间，频频向亲友们作揖敬酒敬茶。亲友也回赠红包，表达对新人的感谢。

（5）回门

民国时，宝安县"客籍娶妇三朝，女家之姊妹妯嫂等，到男家探问，男家具馔款之，谓之三朝茶"。[1]现多是新郎随新娘同回女家探望，称三朝回门。对于年轻的妻子来说，回门有助于释放婚姻压力并得到娘家人的抚慰，因此要携带礼物，如金猪、鸡、鸭、鹅、糖果等，以平衡姻亲双方的张力关系。娘家将金猪的头、脚、尾留下，把猪身作为回礼，意为"有头有尾""有始有终"，其他礼品则分派给亲友。

大浪客家的新婚女儿一般在娘家吃中饭，下午两三点便启程返回。返回时，娘家需准备好一公一母两只带路鸡，由新娘抱回，养在夫家。带路鸡至少四五斤重，不可杀生，要留下做种（下蛋）。此外，娘家还会提前制备好萝卜粄、红粄、水果、猪肉、豆腐等，给女儿带回。除了一般的圆形红粄外，部分客家人还会将红粄搓成中间大、两头尖的长条状，三条放在一片圆形粄叶上，总共做3个，共9条，蒸好后让女儿带回。据说此粄为"生崽粄"，能够保佑女儿诞下儿子。[2]

（二）特殊婚姻

在长期的封建宗法社会中，曾产生不少特殊的婚姻形态。传统时代的大浪地区，因地处偏远，部分村落保有特殊婚姻的旧俗。

1. 等郎妹婚

旧时，若有夫妇结婚后久无男嗣，便先领养一个女孩作为儿媳。等日后家中生了男孩，就让两个孩子长大后结为夫妇。这种早早领养在家的女孩，被称为等郎妹。她们作为家庭的补充劳动力，小小年纪便留在男家

---

[1] 深圳市史志办公室：《民国时期深圳历史资料选编》，深圳报业集团出版社，2014年，第63页。
[2] 口述人：赵秀，女，上岭排村村民；访谈人：贺翊昕、刘微；时间：2021年12月3日；地点：深圳龙华大浪街道上岭排村居民委员会。

中，其名字多为招娣、带娣等，常被男家指使干粗活、重活。如果婆婆没生出男孩，或生下的男孩早早夭折，她们就要被迫终身守寡。如果等待多年后婆婆才生下男孩，她们要像养育儿子一样将"丈夫"养大成人。但因年龄差距过于悬殊，很多男孩在成人后又将她们抛弃。因此，等郎妹大多生活不幸。

20 世纪 50 年代，大浪许多村落都有等郎妹存在。"那时候我母亲不知道什么原因没生，后来听那个农村人说去外面捡一个女的，叫带妹或带娣，就捡了一个做姐姐。那时候很容易捡，后来一捡就带出来我们几个。十六七岁她就和一个凤岗的老师结婚。以前旧社会捡女的容易捡，捡男的难"。①这一旧俗在客家山歌中也有所反映：

> 十八娇嫁三岁郎，朝朝晚晚揽上床。
> 涯用介□懒腰咩，一脚打佢床下面。
> 嫁与孙少愚爱嫌，带大涯孙两三年。
> 初三初四蛾眉月，十五十六月团圆。
> 隔邻叔婆愚唔知，涯饱肚来涯肚饥。
> 十五十六月团圆，家家团圆愚落失。②

中华人民共和国成立后，等郎妹的旧俗渐被废弃。原有的等郎妹被允许脱离婆家关系，另行择偶婚配。

2. 童养婚

中华人民共和国成立前，大浪地区有娶童养媳的旧俗存在。当一方家庭育有男婴，男家便物色一女孩作为儿媳。《广东省志》中记录了童养媳的两种情形："一种为母养童媳，即彼一方将女孩抱到男家，与这一方小

---

① 口述人：王双，男，上岭排村村民；访谈人：刘晓春、贺翃昕、刘微；时间：2021 年 10 月 16 日；地点：深圳龙华大浪街道上岭排村居民委员会。
② 演唱者：刘丽，女，陶吓村村民；记录人：贺翃昕、刘微；时间：2021 年 10 月 25 日；地点：深圳龙华大浪街道陶吓村刘丽家中。

男孩同床睡了一夜，夫妻名分便定，次日女方将女孩抱回去，待各自将孩子抚养长大，然后成婚；另一种为婆养童媳，即自幼将女孩交男家收养，幼时与小'丈夫'兄妹相称，及长（一般为十四五岁）结为少年夫妻。"①

20 世纪 50 年代前，童养媳在客家地区盛行，主要有两方面原因：一是女家经济条件差，难以抚养众多孩子，加上过去客家地区嫁女所需嫁妆丰厚，因此难以筹办；二是男家经济条件差，为防止家中男丁在适婚年龄没钱娶老婆，便将妹仔在小时候买下，为家中男丁做婚配。"老一辈的在市场上看到没人家要的、小孩养太多养不起的，就拿回家去。养大以后反正比较穷，就做我的儿媳妇"。②另有元芬村一位阿婆自述：

> 我爸生了五个妹仔，我第三，还有（两个妹妹）一个六岁、一个三岁。那两个大的，卖了一个，还有一个。我们两个就被我爸带去广州卖给媒人婆，我爸就走了。我们俩从广州走到观澜来，来到观澜就卖到观澜。广州那个媒人婆把我那个妹子嫁给广仔（音译），她老公在观澜做生意。我 9 岁卖到观澜，19 岁就嫁人了。我卖的家还好了，我妹更惨，更凄凉。一年到暗就两身衣服，一身换一身。每天割草挑回来，回来又没吃的，偷吃的话又会挨打。现在去香港了，改嫁了。③

童养媳一般养到十七八岁就结婚。结婚不用依照一般婚嫁流程，只用公婆做主，解辫梳髻，在家中拜过祖先，即可同房。不办喜事，也不宴请宾客，更没有聘金和聘礼，对于男家来说开销极少。若遇上男家孩子长相、品行不好，或身体有缺陷，童养媳也只能妥协接受。童养媳不仅完全丧失婚姻

---

① 广东省地方史志编纂委员会：《广东省志·风俗志》，广东人民出版社，2002 年，第 78 页。
② 口述人：钱英，男，下岭排村村民；访谈人：贺翊昕、刘微；时间：2021 年 10 月 18 日；地点：深圳龙华大浪街道下岭排居民委员会。
③ 口述人：宋文，女，元芬村村民；访谈人：贺翊昕、刘微；时间：2021 年 9 月 24 日；地点：深圳龙华大浪街道元芬大厦。

自主权，更是被男家视为辅助劳动力和传宗接代的工具，生活极为艰辛。

中华人民共和国成立后，很多童养媳在政策鼓励下，要求摆脱现有婚姻生活。"村里原来有很多童养媳，解放后提倡自由恋爱，婚姻自主，就动员她们离婚；还开会、组织跳舞什么的，为她们创造条件……当年村里很多人离婚"。① 也有一些相对幸运的童养媳，因与配偶有了一定的感情，在男家的地位和待遇变得好一些，最终并未选择离开夫家。例如，上岭排村一位阿婆就是在很小的时候被现在的丈夫从香港捡回来当童养媳，据其儿子所述：

> 那时候我父亲跟人家挑沙梨到香港去卖，交货又从那里挑煤油过来。刚好那时候一出来，好多飞机呼呼，街上人到处乱跑。我母亲一个小孩，那时候剃光头，我父亲以为是男的，没人管，一个人路上跑啊哭，看到好凄凉。我父亲就把她抱回来，一个箩筐一个煤油这个挑。后来看她是女的，就这样养大，养大她不走，就同我父亲在一起。……旧社会就是这样子，她现在也不知道自己从哪里来，大概江门那附近的，她讲话就讲那边的。……那时候我父亲把她挑回来八九岁，反正我父亲比她大 13 岁，那时候他 20 岁左右挑担去香港。②

3. 花顿妹婚

在大浪客家群体中，凡特殊婚姻遭遇变故的女性，如未等到丈夫出生而他嫁的等郎妹、因丈夫夭折或另娶而他嫁的童养媳，都被称为"花顿妹"。"花顿妹"嫁人时，有的回娘家出嫁，有的在养父母家上轿。她们实际上是初婚，但在外人眼中与普通女子相差甚远。其婚类似嫁娶婚，但仪

---

① 朱赤：《深圳往事：龙华史话 1949～1979》，羊城晚报出版社，2015 年，第 41 页。
② 口述人：王双，男，上岭排村村民；访谈人：刘晓春、贺翊昕、刘微；时间：2021 年 10 月 16 日；地点：深圳龙华大浪街道上岭排村居民委员会。

式没有那么体面，通常聘金和嫁妆较低。即使嫁到夫家后，花顿妹在地位上也低人一等，随时有被遗弃的可能。

4. 认驳脚

传统时代，偏远地区有些人家的媳妇"过了身"，男方便再娶回一位姑娘做媳妇。原先的女家父母，会将这位新媳妇认作女儿，以保持和女婿一家的联系。[①]此种婚俗被称为"认驳脚"。

5. 不落夫家

大浪一些家庭有不落夫家的特殊情况存在。"我结婚的时候比较特殊，我姑姑做媒，双方家里人同意后，踩单车带老婆去观澜公社领证，然后各回各家，没约定什么时候摆酒，一年没来往。摆酒才过礼，送了礼金、肉、米，接新娘的人送去，送多少不会讨价还价，不用提前商量"。[②]此俗主要原因在于女方结婚时年龄较小，或要操持娘家事务暂时无法脱身，于是先举办婚礼仪式，如领结婚证，在名分上成为夫家一员，随即离开夫家，在娘家正常生活。待时机成熟时，再由男家接亲摆酒，女方回夫家共同生活。

6. 隔海嫁郎

20世纪50年代前，部分华侨家庭为补充劳动力，由公婆做主在家乡先成亲，娶一位"看家婆"，负责照看长辈和看管家业。如果该华侨在外另娶，或因别的原因不能返乡，则在婚礼上由一只簪花戴红的公鸡，代替新郎拜堂成亲。[③]"隔海嫁郎"的媳妇虽然未与丈夫见面相处，但其地位同明媒正娶的夫人一样，被家族所承认。如丈夫久不归来，家中无嗣，则看家婆会收养一个儿子以传宗接代。有的看家婆终身也无法与丈夫团聚，一辈子守活寡。20世纪50年代后，此旧俗渐被废除。

---

① 口述人：成才，男，元芬村村民；访谈人：贺翊昕、刘微；时间：2021年9月24日；地点：深圳龙华大浪街道元芬大厦。
② 口述人：李强，男，下早禾村村民；访谈人：刘晓春、贺翊昕、刘微；时间：2021年9月11日；地点：深圳龙华大浪街道下早禾村居民委员会。
③ 广东省地方史志编纂委员会：《广东省志·风俗志》，广东人民出版社，2002年，第81页。

大浪同香港有过不少男女通婚的例子，50 年代初边关封锁后，通婚现象逐渐减少。在几次逃港潮中，大浪当地原有的许多家庭被拆散，夫妻双方中的一方（多数是男方）逃往香港，另一方（多为女方）在家中独守空房。80 年代改革开放后，深圳经济特区建立，深港两地的姻缘重新连接起来。原先通过合法申请，或非法偷渡，去港的大浪本地人，虽然都获得了香港户口，但生活情状并不乐观。"人人叫我阿五哥，四五十岁冇老婆"。[①]这些人在深圳富裕起来后，又纷纷回来建楼安家。因此，大浪便出现了"一家两制"的新现象。[②]

7. 招郎入赘

大浪一些村落中，有外姓男通过与本村女孩缔结婚姻并入户女家的情况，这被称为"招郎入赘"，或"倒插门"。这种婚姻形式出现的原因在于：其一，女家没有儿子，通过招女婿来延续香火，为老人养老送终；其二，女家有需要照顾的家人，或劳动力短缺，需要一名男性来服役；其三，女儿不愿离开父母；其四，男家经济条件差。入赘婚的仪式过程非常简单，通常只需女方家长请本族长辈或与男方家长商议后就能结婚，两家也无须准备很重的聘礼和嫁妆。有的家庭要求男方改姓从女，所生的第一个男孩也要随母姓。

过去，人们受夫系家长制的观念影响久远，对入赘婚姻普遍存在偏见，认为有损男性颜面；赘婿也被视为没有志气的男人。土地改革时期，赘婿在本村无法分到田地，只能为岳母家劳作耕种。女家也很少以平等观念对待上门女婿，甚至将赘婿当作长工对待。现代社会中，此种偏见已有所改变，男子结婚后居住岳父母家的也逐渐增多，人们大多对此现象习以为常。

（三）婚礼改革

传统时代的婚嫁仪式相对繁琐，最大的特点有如下两方面：

---

① 口述人：王双，男，上岭排村村民；访谈人：刘晓春、贺翊昕、刘微；时间：2021 年 10 月 16 日；地点：深圳龙华大浪街道上岭排村居民委员会。
② 蔡德麟：《深港关系史话》，海天出版社，1997 年，第 407 ～ 408 页。

其一，重门第身份。由于客家群体多于明代后期迁入大浪地区，在同本地人租赁土地的基础上，渐至开基立业。较早时期，门第低下和土客身份差异，是大浪客家人同本地人婚姻缔结的主要阻碍。如龙胜彭氏，在迁入上早禾地区开创基业之前，曾在石岩公明尝试落脚。"我们是客家人，那些是本地的，所以跟人家媳妇就做不成酒（成不了婚）……上来就跟那个元芬姓翟的租地赶田"。[1]清代的嘉庆《新安县志》也记载了当时婚嫁"重门地，至贫不与贱者为婚"[2]的现象。

根据1924年出版的《宝安学会杂志》史料十则，沈云卿在《婚丧改良的管见》中痛陈"我邑婚制"中的"盲婚"现象："我邑婚制，是凭父母的命，媒妁的言；一经父母及媒妁议定，就不能更改了。有的指腹联姻，两方面子女长成的时，跛的、盲的，都要践行婚约，有的为着金钱问题，遇着有钱的富翁，就不论年纪高低，把一个可怜的女儿，放在八十老翁手里。那知道婚姻为一生苦乐的关键，年龄相当，性情要相合，方有家庭乐趣。如夫妇宗旨不合，各有所怀，不过是形式的结合，就未有精神上的结合。既未有精神上的结合，那有不如南辕北辙，东西背驰呢！到了这个田地，试问家庭里还有乐趣吗？"[3]为了达成门当户对，这一时期的男女青年完全丧失婚姻自主权。特别是女方，大多慑于父母之命、媒妁之言，不得不接受"嫁鸡随鸡，嫁狗随狗"的安排。

其二，铺张浪费。首先，体现在妆奁的种类和数量上。《婚丧改良的管见》中"我邑婚制"应改革的第二条即为"妆奁"问题，"不过衣服首饰，衣裳是要穿的，应该制便一些；若首饰是玩弄品，稍文明的女子，早把那些首饰，铲除不用了，为父母的如情难忍置，不过多制些衣裳，当作

---

① 口述人：甘谷，男，龙胜村村民；访谈人：刘晓春、贺翊昕、刘徽；时间：2021年11月18日；地点：深圳龙华大浪街道龙胜股份合作公司。

② 〔清〕舒懋官修、王崇熙等纂：《新安县志》（清嘉庆二十五年刊本），成文出版社，1974年，第80页。

③ 深圳市史志办公室：《民国时期深圳历史资料选编》，深圳报业集团出版社，2014年，第57～58页。

临别赠品，单单简简可以过去了。我邑的嫁女，把女儿当作奇货，使媒妁议身价钱，如市场里卖牛猪的一样，间有十日半月，不能议妥的，结婚的时候，金戒指，金手镯，穷极奢侈。唉！真是愚不可及了！我试一问，汝的女儿嫁与人家，是不是陪着丈夫来游玩的吗？是不是不使操作及佐理家务吗？我以为本邑生活程度，是很低的，无论什么富翁的家人，都要操作和佐理家务的，汝的女儿既要操作及佐理家务，汝做的金戒指金手镯，很不合用，不过把那些有用钱银，来做无用的事呢！"[1]

其次，体现在仪式过程中。1928 年 12 月，一份《广东省宝安县人民嫁娶仪式费用调查》的报告，揭示了当时宝安地区的嫁娶仪式环节及花销。其中，嫁娶仪式及费用被分为上、中、下三等，具体包括：

上等仪式：结婚皆用仪仗鼓乐花轿往女家迎于归，铺张辉煌，亲属戚友争相道贺，欢宴三日。嫁女则先一日运送厚奁。于归日随从甚盛，而戚友亲属争相送礼道贺，亦设宴欢叙。

上等费用：结婚所用仪仗鼓乐花轿赁租与及陈设铺张共所需二百余元，聘金聘礼所需六百余元，酒席均需六百元，则结婚需费用共一千四百余元。嫁女亦需妆奁费约一千元，酒席三百元。

中等仪式：结婚亦用仪仗鼓乐花轿，迎妇日亦陈设铺张，亲属戚友亦来道贺欢宴一日或二日，但仪式略简。嫁女则妆奁略减，于归日亦有随从，而亲属戚友亦有道贺送礼，但仪式比上等减半。

中等费用：结婚所用依仗鼓乐花轿雇赁费需一百元聘金，礼物约三百元，酒席需三百元，共需七百元。嫁女所需妆奁约四百元，酒席约需二百元，共六百元。

下等仪式：结婚只用鼓乐花轿极为简单，迎妇日只杀鸡，为忝欢宴亲属戚友而已。嫁女则亲属戚友亦有遗赠，而妆奁除

---

① 深圳市史志办公室：《民国时期深圳历史资料选编》，深圳报业集团出版社，2014 年，第 58 页。

荆钗布裙外，则无别物，而亦草草设馔招待亲属戚友。

下等费用：结婚所用鼓乐花轿只需费一十余元耳，唯是聘金及礼物需三百元，酒席约五六十元，共需三百余元。嫁女所需妆奁及各等费用约需百余元，酒席约需三四十元，共需一百余元。

备考：谨按调查职属所得，嫁娶皆沿袭旧制，大抵上等居其一，中中等居其三，下等居其六。然上中等亟要改良，务要尊节崇俭为主，以免上等者因婚嫁问题竟破费中人之产。职受任之初，曾出示严禁，亦为崇俭之意。现下民间颇觉惬，不若前时之浪费矣。[①]

可见，连下等仪式中的聘金、礼物及嫁女妆奁开销，所需数额也很大。这在当时经济情况更为窘迫的大浪山区，无疑给双方家庭造成了极大的经济负担。1935 年 7 月，《宝安县概况》的官方文书中，"应革事项"一条再次写道："查宝安县人民，向来婚姻踵事奢华，亟应改良实行俭婚。"[②]在政府的呼吁和努力下，20 世纪 30～50 年代，大浪地区共经历了两次婚礼改革。

第一次是在民国二十七年（1938），因日军入侵南粤，宝安地区沦陷。为躲避日军骚扰和盗贼侵犯，当地民众将晚间迎娶改为白天进行，大大简化婚礼内容，尽量缩短为一天完成。据陶吓村阿婆回忆：

涯 8 岁冇阿妈，10 岁冇阿爸，有个阿婆，有个阿太，涯妈生了两姐妹。1943 年呢，涯婆养个猪仔冇几大，冇十斤，七八斤，跟个狗仔一样。12 月 14 日涯跟涯阿婆抬去观澜卖，（涯）15 岁嘛。12 月 16 日，就来龙华墟，量了 40 斤谷，涯婆就买

---

① 深圳市史志办公室：《民国时期深圳历史资料选编》，深圳报业集团出版社，2014 年，第 113 页。
② 深圳市史志办公室：《民国时期深圳历史资料选编》，深圳报业集团出版社，2014 年，第 160 页。

60 斤番薯。食到 1944 年 5 月几号，涯就打番薯啊，去摘树叶煮水，就那样食，冇饭冇粥食。40 斤米食半年过哦，都饿死呀。涯婆又喺饿死冇得食，食到水肿。涯咩 1944 年 5 月 18 日结婚嘛，涯阿太 6 月 12 日死的。卖涯还有一个月头哦，涯阿太就死了。涯婆买涯转头去服侍涯婆，涯婆又头肿面肿哦，涯婆九月初三又死了。唔咩靠涯差点饿死欵，唔咩打帮她买涯转来，叫我来割禾，才有饭食。看人家有田赶介兜，人家去坐下子，就去翻来看还有没有，有就盗一点转来，冇哎偷介兜番薯茎摘点转来。阿婆、阿太，涯欵，还有一个小老仔，涯四个人才食两调羹米，脉个也冇得食，饿到死，饿到 5 月 18 日。涯 16 岁，她爸爸就 15 岁，涯大他一岁。转来他 15 岁，也就一个娃娃，只有阿婆带。涯带着涯妹去割禾，涯揩禾桶，她揩箩，赶了牛去。涯阿婆又在做脉个啊，转来揩得去做猪食哦。（结婚）冇热闹哦，就介样带转来。冇摆酒，哪有钱摆酒啊，食都冇得食，穿衣服都冇得穿欵。涯做女的时候有得穿，转来就跟涯奶奶同裤着，着烂烂哦。[①]

第二次是在中华人民共和国成立初期，《中华人民共和国婚姻法》

---

① 原文大意为："我 8 岁母亲去世，10 岁父亲去世，有个奶奶，还有个太奶奶，我妈生了两姐妹。1943 年，我奶奶养了只七八斤的小猪，像小狗一样大。12 月 14 日，我和奶奶去观澜卖小猪，我 15 岁。12 月 16 日来到龙华墟，买了 40 斤谷和 60 斤番薯。吃到 1944 年 5 月几号，我去打番薯，摘树叶煮水吃。没有饭吃，没有粥喝，40 斤米只够吃半年，都快饿死了。我奶奶饿死都没饭吃，吃番薯、树叶水吃到水肿。我是 1944 年 5 月 18 日结婚，我太奶奶 6 月 12 日去世，把我卖了不到一个月死的。我的婆婆买了我，我回去服侍她，她头和脸都肿了，九月初三去世。是靠把我买来，让我割禾苗，才有饭吃。看到有田的人家坐着休息，我就去看有没有稻谷，有就偷一点回来，没有就摘点番薯茎来吃。我奶奶、太奶奶，我，我妹妹，四个人才吃两调羹米，什么都没得吃，一直饿到 5 月 18 日。我 16 岁，她（孩子）爸爸就 15 岁，我大他一岁。来的时候他 15 岁，也就一个娃娃，只有奶奶带。我带着我妹去割禾，我提禾桶，她背箩，赶牛去。我奶奶在做什么，回来还得做猪食。我结婚不热闹，就把我带了回来。没摆酒，哪有钱摆酒啊，都没得吃没得穿。我做女儿的时候没得穿，和我奶奶穿一条裤子，破破烂烂的。"口述人：刘丽，女，陶吓村村民；访谈人：贺翊昕、刘微；时间：2021 年 11 月 9 日；地点：深圳龙华大浪街道陶吓村刘丽家中。

（1950年）颁布，大浪地区的婚姻旧俗问题随着民主改革运动的开展，从形式和内容上都发生了较大的变化。婚姻自主、一夫一妻、男女平等的婚姻观念渐渐渗透进农村地区，自由结识并恋爱的男女青年逐渐增多。青年们向政府申请结婚登记，结成夫妇并领取结婚证书，使婚姻关系受到法律确认和保障。①

这一时期，各产业百废待兴，提高工业产值是国民经济发展的首要目标。在此情况下，大浪地区的男女青年在劳动生产中相识相恋。他们或同在水库做工，或在同一生产队，多为同村或附近村人，彼此间熟悉，几乎无须经过做媒和介绍，连"形式上的媒人也不要"②。因普遍贫穷，男女双方家庭不计聘金，免了提前商量，或讨价还价。但男家多少都会过点礼，包括米、酒、咸鱼、猪肉、豆腐、喜粄等农产品，以及20～30元礼金，以示对女方家庭的诚意。女家收到礼物后会返还一半，并送去一元钱礼金。③一般过礼当天，新郎便到女家将新娘接回，第二天在厅堂叩拜祖先神位作为拜堂。男家向亲朋分发喜糖报喜，便视为完成婚礼仪式。

20世纪60年代后，大浪地区的婚姻缔结过程更加简单朴素。在计划经济的社会条件下，过去的很多婚姻旧俗被视为封建思想，"三书""六礼"被废除，各种仪式如拜祖先、拜高堂、拜祠堂等遭到禁止，各种仪仗如花轿、彩旗、灯笼、八音班等消失不见。男女青年到了一定年龄，或自由恋爱，或经人介绍。待双方家庭同意后，便拿着一面五星红旗，自行前往观澜公社申领结婚证。新人递交两元钱，在红纸上贴上照片，"结婚证像小时候的奖状，一张纸，有名字，有日期"④。这一时期，男家很少过

---

① 广东省地方史志编纂委员会：《广东省志·风俗志》，广东人民出版社，2002年，第96页。
② 口述人：林良，男，上早禾村村民；访谈人：刘晓春、贺翊昕、刘微；时间：2021年9月12日；地点：深圳龙华大浪街道上早禾村居民委员会。
③ 口述人：王光，男，黄麻埔村村民；访谈人：刘晓春、贺翊昕、刘微；时间：2021年9月10日；地点：深圳龙华大浪街道黄麻埔村居民委员会。
④ 口述人：杨玲，女，水围村村民；访谈人：贺翊昕、刘微；时间：2021年10月12日；地点：深圳龙华大浪街道水围村居民委员会。

礼，条件好一点的，会在婚礼当天设薄宴款待亲友。有些村庄积极响应国家政策，禁止婚礼摆酒，如大浪的上横朗、下横朗两村，"以前领导落村，分到我们这里来，规定各家各户不可以随便摆酒"①。还有的新人因遇上国家大事而不准摆酒，如"那年是毛主席去世，国家变动一样，好沉重"②。新娘也没有多余陪嫁，情况好一点的可能有两套新衣，"做一套底的，做一套面的，那个布票还得跟人家借"③。大部分新娘都没有嫁妆，"衣服什么都没有，以前好穷"④。

大浪地区如今很多 70 岁左右的阿公阿婆正是在这个年代结婚，据他们回忆：

> 过礼不要讲，照现在买条狗都（买不起），就一十、二十，有些人过九块钱。我妈妈生个女儿白给人家，还要垫钱去。男方就亲戚来，好像你跟我家里熟，家里自己种了花生，炒点花生给人家。女孩子送过来，有朋友、家里的亲戚，坐两张桌。要每家人拿那个糖，以前是一毛钱买十个糖都拿不出来。我领结婚证两块钱，还要我们本人拿钱去，领那个集体结婚证。现在碰到有些人还讲，我跟你同一天领结婚证哎。我们以前是骑单车背新娘，新郎的兄弟骑单车。有两个单车，一个接新娘，还有一个背两瓶酒、两勺米。我那时候是二十六寸的凤凰牌单车，很小，坐我屁股都坐不下。我那么高，单车那么矮。从我娘家坐到这里来，路边那些人说那个新娘好高大，那个单车不

---

① 口述人：秦田，女，上横朗村村民；访谈人：贺翊昕、刘微；时间：2021 年 9 月 23 日；地点：深圳龙华大浪街道上横朗村居民委员会。
② 口述人：文心，女，下横朗村村民；访谈人：贺翊昕、刘微；时间：2021 年 10 月 10 日；地点：深圳龙华大浪街道下横朗村居民委员会。
③ 口述人：刘萍，女，上岭排村村民；访谈人：贺翊昕、刘微；时间：2021 年 12 月 3 日；地点：深圳龙华大浪街道上岭排村居民委员会。
④ 口述人：秦田，女，上横朗村村民；访谈人：贺翊昕、刘微；时间：2021 年 9 月 23 日；地点：深圳龙华大浪街道上横朗村居民委员会。

够她坐。①

20世纪70年代末期，乡村经济有所发展，大浪当地的婚嫁形式也符合这一时期的社会经济条件，由群众自行创造并实行。"以前一条围里面只有一部单车，结婚都走路过来的"②，改革开放后，代步工具变成了车头扎有红布的拖拉机和鲜花装点的小汽车。摆酒也从最简单的饼干、茶果，变成十几桌到二十桌的饭菜。或选择到茶楼酒馆举行新式婚礼，具体数量和菜品种类由各家视经济情况决定。

80年代以来，大浪地区赶上当地土地规划建设，经济状况越发好转。原先的老屋、农场拆迁，人们纷纷盖起近十层高的楼房，靠收取房租、股权分红等方式增加收入。男家彩礼从2～10万元不等，"有钱就多过一点礼，没钱就少过一点，可以商量"。女家也会回礼8000元左右的红包，"有钱的还送房子、车，所以本地女都嫁本地男，媒人也会介绍本地人"。③当下，绝大多数年轻人所办婚礼都相对简化。另有旅游结婚、集体婚礼、中西结合喜宴等形式，逐渐被男女青年和家长接受。

二、生育

人的发育和成长不仅是一种生理的自然现象，还是作为社会人的生长过程。从幼年状态到成年状态，生命在走向社会化的过程中，面临着种种喜悦和烦恼。为了缓解这一过程中的诸多困扰和担忧，人们设置了一系列人生过渡仪式，以期孩童健康成长。通过这些仪式，个体生命被纳入家庭

---

① 口述人：文心，女，下横朗村村民；访谈人：贺翊昕、刘微；时间：2021年10月10日；地点：深圳龙华大浪街道下横朗村居民委员会。

② 口述人：杨玲，女，水围村村民；访谈人：贺翊昕、刘微；时间：2021年10月12日；地点：深圳龙华大浪街道水围村居民委员会。

③ 口述人：李强，男，下早禾村村民；访谈人：刘晓春、贺翊昕、刘微；时间：2021年9月11日；地点：深圳龙华大浪街道下早禾村居民委员会。

和社会的巨大网络中，并在仪式的方向性指引下，走向成熟的生命阶段。

汉民族是以父系继承为主要架构的父权社会，生命的诞生是延续宗祧的核心内容。自古以来，人们对生育性别的强烈期待，使得男尊女卑的价值观念长盛不衰。在大浪地区，生育是当地女性完成身份转换的重要途径。通过孕期、生产、庆贺等三个时段，女性在生育仪礼中重新分配权力资源，达到家庭地位上升的最终目的。

（一）生育习俗与禁忌

过去，生产力水平低下，人们面对生命的孕育，往往将其归结于天意。"在漫长的历史时期内，人类是从信仰的角度认识孕育的"，[①]从怀孕伊始，关于生育的仪式和禁忌便充斥在以孕妇和婴儿为中心的家庭生活中。

1. 孕中禁忌

妇女有孕，意味着家中将添丁进口，是整个家族的大喜事，因此又称"有喜"，客家人习惯称"有身"。怀孕后，孕妇普遍会受到家人从身体到精神各方面的特殊照顾，特别是饮食起居的补养，以达成保胎的目的。《新安县志》载："宜母果，似橘而酸，妇人怀孕不安，食之辄无恙，故有宜母之名，又名宜濛，俗呼林檬，制以为浆，甘酸解暑。"[②]母亲在女儿孕期时，会经常带上猪肉、鸡蛋、豆腐等营养食品探望照顾，但从不接女儿回娘家居住。女儿怀孕9个月时，母亲也要依俗前来探望，以保佑女儿之后顺利生产，此谓"催生礼"。

中华人民共和国成立前，大浪农村医疗卫生条件落后。妇女在怀孕至婴儿出生这一过程中，大多险象环生，流产、难产、早产、怪胎等情况时有出现。因缺乏产育知识，人们对以上情况产生畏惧与恐惧心理，往往将其归咎于鬼神之说，并由此生发出种种孕中禁忌。例如，妇女有孕后，不能干重活，特别是严禁参与农药喷洒等有害身体健康的劳作程序；要小心

---

① 宋兆麟：《中国生育信仰》，上海文艺出版社，1999年，第248页。
②〔清〕舒懋官修、王崇熙等纂：《新安县志》（清嘉庆二十五年刊本），成文出版社，1974年，第124页。

行走，不能随意蹦跳，或踩高上低，以免不小心受伤或落胎；不能跨牛马缰绳，否则会引起难产；不能在墙上打洞、钉钉子，否则生出的胎儿会破相；还不能看怪相、听怪声，否则会"看猴生猴"，生出怪婴。在饮食方面，不能吃狗肉、蛤蟆、羊肝、鲤鱼、雀肉、黄鳝等，据说此类食物容易造成产妇流产；禁食兔肉，怕婴儿出生长兔唇；禁食蛇肉，避免婴儿皮肤起蛇皮似的褶皱；禁食山羊肉，使婴儿免受其热毒；禁食甲鱼，以防婴儿生出又缩回造成分娩不畅。[①]做丈夫的，不能参与各种可能犯邪的工作；其他家庭成员忌参加任何亲友的红白喜事，以免害人害己。

这些生活禁忌，建构了孕妇所处的一种特殊隔离状态。其中，多数针对孕妇的禁忌为消极的巫术，意在对其日常生活和劳动操作进行规范和限制，虽然能在一定程度上保护孕妇和胎儿免受伤害，但也极大损害了女性的人身自由。部分禁忌还体现了当地的"洁净观念"，例如"女人一旦怀孕，便被置于隔离状态，因为她被视为不洁和危险，或是因为怀孕本身使她在生理和社会方面处于不正常状态"。[②]产妇生产时的出血被视为污秽和不祥之兆，因此，孕妇被禁止出现在公共领域中，只能蜗居在家庭的私人领域，防止灾祸影响到他人的生产劳作。就算是孕妇的娘家，也不允许女儿生产时返回，因为女儿肚中的生命被认为是异姓血脉的延续，娘家无法承担生育的重大责任，并对其保持忌讳。

20世纪50年代，大浪地区很多孕妇无法得到妥帖的照顾，在孕期也要辛苦操劳，饮食方面则更不讲究。"在生产队做工什么都派你做，肚子那么大还去山上挑松枝来烧砖窑"。[③]客家山歌《孝顺父母理应当》反映了这一社会现实："打起竹板唱开腔，孝顺父母理应当。缅起亲娘怀胎日，

---

① 《龙华区非物质文化遗产丛书》编委会：《龙华区非物质文化遗产丛书：客家民俗篇》，广东惠州音像出版社，第185页。
② ［法］阿诺尔德·范·热内普著，张举文译：《过渡礼仪》，商务印书馆，2010年，第34页。
③ 口述人：杨玲，女，水围村村民；访谈人：贺翊昕、刘微；时间：2021年10月12日；地点：深圳龙华大浪街道水围村居民委员会。

手软脚硬面皮黄，一只高硬唔得上。"①

2. 分娩

对于产妇来说，分娩无疑是一个通过仪式。特别是对于初次生产的女性，这更像是一道生死攸关的重大关卡。大浪地区的医疗卫生事业从1949年后才开始发展，此前，妇女分娩多在自家卧室进行。产房讲究安静、干净、温暖、防风，因此，门和窗上还会遮上布或棉的帘子。

当肚中的婴儿较长时间踢孕妇肚子，使其感到阵痛，则为生产预兆，要赶紧请接生婆。过去，整个大浪只有几位中老年妇女充当接生婆的角色，谁家生小孩都由她们负责。"由于农村中仍沿用愚昧落后的传统接生方法，村民生孩子都由不懂科学接生法的接生婆土法操作，导致农村新生儿死亡率极高"。②

1947年，《宝安县政府一年来工作报告》叙述了当时的接生情况："妇婴卫生，卫生院原负有妇婴保健业务，但因限于经费，只有产士一人。然亦能每月接生十余人。计自去年七月份起至本年四月份止，总共接生人数一百六十一人。"③1965年，国家要求把医疗卫生工作的重点放到农村，开始实行合作医疗制度，新法接生在宝安全县逐渐普及。县政府着手培训学习新法接生的农村医护人员，使其学成后回村为产妇接生看病，一定程度上提高了接生成功率。

婴儿降生，人们称"添喜"。在传统观念中，生男为"大喜"，或"弄璋之喜"；生女为"小喜"，或"弄瓦之喜"。现在，人们则分别称"喜得贵子"和"喜得千金"。旧时，大浪地区有祖母将婴儿胞衣拿去埋掉的风俗，地点不告知他人。"自古以来认为生产不洁，具体反映在胎衣上，民间认为胎衣为婴儿的一部分，二者互为感应，弄不好会危及小儿。同时胎

---

① 演唱者：邓芬，女，黄麻埔村村民；记录人：贺翊昕、刘微；时间：2021年10月28日；地点：深圳龙华大浪街道黄麻埔村居民委员会。
② 朱赤：《深圳往事：龙华史话1949～1979》，羊城晚报出版社，2015年，第29页。
③ 深圳市史志办公室：《民国时期深圳历史资料选编》，深圳报业集团出版社，2014年，第252页。

衣又不洁，自然将其埋掉，否则会带来危害"。①随着妇女儿童卫生事业的发展，当代产妇多在医院或卫生站生产，胞衣也由医院和卫生站处理。

3. 洗三朝

添喜后，男家需向祖先和亲朋报喜。具体而言，男家通常在婴儿出生的第三天（有的村是第七天）拜祭祖先，奉上鸡、饭、茶、酒等一应供品，燃香行礼，告知祖先添丁的喜事。同时，男家派人向亲家报喜。过去，报喜不能口头告知，而要备好糖果、粄食、黄酒，用红帖写明生产八字，由专人亲往家中报喜。产妇娘家知道喜讯后，会准备猪脚、喜蛋、娘酒、粄食、水果等吃食送给嫁到男家的女儿，表达对女儿和新生儿的关切。女儿收到礼物，会将部分吃食分给亲戚朋友。亲戚朋友也会回送米粉、鸡蛋、猪脚等礼物，给产妇作为坐月子的营养补充。②

对于产妇和婴儿来说，产后的第三天是个重要关口。此时，婴儿往往因不科学的接生操作而感染发病；产妇也可能患上"产后风"一类重疾，最忌"邪气入侵"和生人冲撞。③过去，产妇在家分娩后，3 天不能下床，30 天内不得出门。床前帐上要挂剪刀，或丈夫的破旧外裤，用以辟邪。家人要在大门口插上香茅、布惊叶一类植物，或剪刀、斗、尺一类物件，用以辟邪，提醒人们不要擅自闯入。外人如经主人家特许进入，还要小心不能踩门槛。

大浪部分村庄的客家人会为婴儿举行"洗三朝"，这是婴儿脱离母体后的第一个象征性仪式。第三天中午，用艾叶、柚叶、金银花、凉粉草等草药加水煮沸，待其降温后，倒入盆中为婴儿洗身。据传，小孩脐带处容易感染，此法既能洗去婴儿胎毒，又有驱邪的功能。④也有用沙姜煮水为胎儿洗胎毒，"沙姜煮水洗胎毒最好，锤好的沙姜放进热水里冲，捞出来，

---

① 宋兆麟：《中国生育信仰》，上海文艺出版社，1999 年，第 262 页。
② 广东省地方史志编纂委员会：《广东省志·风俗志》，广东人民出版社，2002 年，第 61 页。
③ 深圳市地方志编纂委员会：《深圳市志·社会风俗卷》，方志出版社，2014 年，第 303 页。
④ 口述人：刘丽，女，陶吓村村民；访谈人：贺翊昕、刘微；时间：2021 年 11 月 9 日；地点：深圳龙华大浪街道陶吓村刘丽家中。

用布袋过滤，晒好，以后可以用"。①

为婴儿洗浴的人必须是其祖母、外祖母，或好命的长辈。这些老人经验丰富、动作熟练，不会使婴儿受到惊吓。洗浴时，要关紧门窗，以免婴儿受风。长者一手托住婴儿后背，将其悬置在水面上，一手用湿毛巾小心迅速地擦拭婴儿全身，洗完擦干后在婴儿肚脐、腋下、大腿内侧处搽抹茶油，并为其穿好衣服，放在床上。有些人家还会用面粉擦抹婴儿，"很小的孩子用面粉来擦，生下来两三朝就可以洗，洗到出月子，用温水在额头、屁股、手掌、肩膀等地方擦，擦出有点刺的出来，就是胎毒"。②

4. 坐月

产妇从分娩后到身体复原这段时期，医学上称为产褥期或产后期，民间多称为"月子"。其间，产妇需要极大程度地专注于身体调养，既为尽快恢复健康状态以承担家务劳动，也为调整身心给再次受孕打下良好基础。

产妇月子期间，严禁踏出卧室，以免感染风寒。产妇的饮食由婆婆居家照顾，忌生冷食物，也不能吃蔬菜、水果。从分娩后的第一餐至满月的30天内，产妇必须以娘酒鸡为主食。娘酒，即客家人专用糯米酿造的黄酒。煮制娘酒鸡时，要先将生姜洗净后切末晒干，下锅用油炒香；再将鸡切块，入锅与姜末一同煸炒，加水煮烂；最后，倒入黄酒，加入红糖煮开。大浪客家人认为，娘酒鸡营养丰富，能祛寒祛风、行血暖身，是产妇调理身子、排除瘀血的最佳饮食。③另外，初生子也要以娘酒送外家，飨同宗，名为"送姜酒"④。

除娘酒鸡外，产妇可吃些猪脚醋来佐饭。猪脚醋食用期间，可不断

---

① 口述人：高雨，女，谭罗村村民；访谈人：贺翊昕、刘微；时间：2021年10月23日；地点：深圳龙华大浪街道谭罗村城市更新项目部。
② 口述人：高雨，女，谭罗村村民；访谈人：贺翊昕、刘微；时间：2021年10月23日；地点：深圳龙华大浪街道谭罗村城市更新项目部。
③ 口述人：李荷，女，罗屋围村村民；访谈人：贺翊昕、刘微；时间：2021年9月20日；地点：深圳龙华大浪街道沙头咀98栋。
④ 深圳市大浪浪口股份合作公司：《浪口村史志》，2016年，第17页。

添加甜醋、生姜和鸡蛋，反复煲沸。婆家也会做一些鲫鱼用来催奶，但要放姜末，用油煎黄，以增加热性。另外，娘家还会制作格仔粄，给坐月子的女儿食用，当地人称其为"敛粄"，"涯兜生过了仔，阿咪想你好，咩做兜去畀你敛肠敛肚哦"①。所谓敛粄，即帮助产妇排出恶露、舒筋活络所用的粄食。分娩后，产妇体内瘀血通常需要半个多月才能排尽。如瘀血未尽，郁积腹内，容易落下伤痛症。因此，娘家送来敛粄，期盼女儿早日恢复健康。

20 世纪 70 年代前，大浪地区的妇婴卫生事业尚处于起步阶段。许多产妇为了操持家务，往往分娩后数天就下床劳作。"小孩子生了 3 天之后就要去洗衣服；生了 10 天后就担着尿桶去浇菜，戴上凉帽去挑水"。加之，物质条件匮乏，没有足够的饮食供产妇滋补，"坐月子只吃了一个鸡"的情况也时有发生。②

当下，为了响应年轻人的生活形态，专业提供产后护理的月子机构应运而生。这些机构结合西医诊视与中医调理，更加科学、全面地照顾产妇与新生儿。产妇也可弹性在家休养，选择月子餐送货上门服务。

5. 满月

生产一个月后，若母子平安，皆大欢喜，则为"满月"。如果是男婴，除极端贫苦的家庭外，都会摆满月酒庆祝，酒宴的规模视家庭经济情况而定。头胎男婴尤其隆重，有钱人家的女婴也会摆酒庆祝。大浪地区的满月酒较为简单，多为本家请亲戚朋友吃一顿饭。

摆酒这天上午，家里需杀鸡、买肉，备好两根蜡烛、三炷香，在门口摆一张桌子，桌上放年糕、水果，拜天地君亲师。也有人家在神前祈祷许愿，用红帖写上"契男（女）某某（婴儿名）长生保养"等字样，烧一排

---

① 口述人：曾珊，女，谭罗村村民；访谈人：贺翊昕、刘微；时间：2021 年 11 月 19 日；地点：深圳龙华大浪街道星河城市更新谭罗项目部。
② 口述人：任恬，女，水围村村民；访谈人：贺翊昕、刘微；时间：2021 年 10 月 12 日；地点：深圳龙华大浪街道水围村居民委员会。

纸炮庆贺。①婴儿的外婆来参加满月酒时，会包一个红包作为贺礼，还会送一套婴孩衣物及项链、手镯、脚镯等饰物。这些衣物和饰物在用料及制作上都比较讲究，如用不同颜色的边角布料缝成的夹衣和肚兜，称"百家衣"；用铜、银打制成的小锁，称"百家锁"，均有"众人接济好养活"的寓意。其他亲友也会包一个小红包作为贺礼，送上蛋、肉之类的吃食。②

在医疗手段尚不发达的时期，婴儿的生长阶段格外受到家庭成员关注，满月后的剃发仪式就是借以表达生命通过的关卡之一。这天，母亲抱着婴儿，请有福之人帮婴儿去胎发，并取后脑勺一小撮胎毛封于红袋内，祈求婴儿平安长大。民间认为，剃掉婴儿的胎发，既可以除晦气，又有利于婴儿头发长得茂密浓黑。现今，婴儿胎发大多制成毛笔作为留念。

剃发后，婴儿换上新衣裤，戴上外婆送来的金银饰，到大堂与亲友见面。酒宴多在中午举行。推本家和岳家的长辈坐在上座，从首席开始依次敬酒。菜品的第一碗应为姜酒鸡，是用客家黄酒加生姜后煮鸡而成。此外，席上还会视情况上菜肉、蛋、粄食等。主客间相互敬酒祝贺，表达添丁的喜悦之情。可见，满月礼上的诸多仪式都是对幼儿健康成长的祈福，包括对各种真实或想象中的难关进行仪式性转化或超越。

6. 升灯礼

民国时期，宝安县部分村落会在元宵节期间举行升灯礼。"凡生子者，于正月十五日，在太祖祠，点纸扎花灯一盏。是日由太祖公款，每丁给以猪肉茨菇，使之办席，设太祖祠，凡十六岁以上者，皆得来饮，谓之担灯锅。绅耆席，则归公款备办。是晚，添丁者又具海味腊味，邀人饮酒，达日不休，谓之饮灯酒。"③

---

① 口述人：王光，男，黄麻埔村村民；访谈人：刘晓春、贺翊昕、刘微；时间：2021 年 9 月 10 日；地点：深圳龙华大浪街道黄麻埔村居民委员会。
② 口述人：林良，男，上早禾村村民；访谈人：刘晓春、贺翊昕、刘微；时间：2021 年 9 月 12 日；地点：深圳龙华大浪街道上早禾村居民委员会。
③ 深圳市史志办公室：《民国时期深圳历史资料选编》，深圳报业集团出版社，2014 年，第 63 页。

过去，为庆贺元宵佳节，不少村子都会组织灯会，通常在赏灯的前两天，派人到街上购买花灯。花灯用圆形竹篾做框，上下为八角形，外层糊贴花纸，并饰以剪纸工艺，造型华美。三人用红竹竿扛回，一路敲锣打鼓，鞭炮不断，并将其放于祖公厅里的八仙桌上。[①]浪口村在年十二这日，要去祠堂为新添的男丁上族谱。这天下午，灯会首事与添男丁的家长共商吉时，把花灯升起，吊在祖公厅上。升灯时鸣放鞭炮，全村锣鼓齐响，喜乐洋洋。

到了晚上，添丁的人家会在家中摆酒，做新丁粄款待亲朋好友。"亲戚来家里贺一下，没有严格要求，有空就来，外公外婆一般会来"。[②]前来串门的亲友也会送上红包，以及小孩穿戴的衣帽。升灯礼在"文革"期间一度遭到禁止，20世纪80年代才有所恢复，但仪式过程大大简化，摆酒也只限于至亲的小范围，且丰俭由人。

7. 成年

成年礼表示一个人从孩童、少年进入成年的新阶段，是通往成人世界的特定仪式，也敦促当事人意识到自己已长大成年，可以与异性交往，同时需承担对于家庭、宗族和社会的责任与义务。经历过成年礼，个体才会被视为生理和心理上的双重成熟，才能正式获得进入社会的身份认同。

我国自先秦时代便有男子冠礼和女子及笄礼。男子冠礼通常在20岁时举行，女子的及笄礼则一般在15～20岁之间举行，大体上都是通过外观装束的改变，给予个体通向人生新阶段的仪式标志。自清代以来，大浪地区的成年礼逐渐与婚礼仪式合并，"客家地区，以清代康熙、乾隆之后，多改在临婚加冠"[③]，具体表现为在迎亲前为男性加冠、给女性开脸，以及出嫁时由族中全福的妇女为其梳头等。

---

① 深圳市大浪浪口股份合作公司：《浪口村史志》，2016年，第19～20页。
② 口述人：李强，男，下早禾村村民；访谈人：刘晓春、贺翊昕、刘微；时间：2021年9月11日；地点：深圳龙华大浪街道下早禾村居民委员会。
③ 吴永章：《客家传统文化概说》，广西教育出版社、广西师范大学出版社，2000年，第116页。

大浪当地有不少信奉基督教的村民，以浪口村的吴氏宗族为例，他们会在儿童十多岁时为其进行洗礼。"小孩一般到十几岁的时候会有洗礼，就是牧师拿本《圣经》，一盆水在那里，点一点水在小孩身上。我以前是去石岩的教堂洗礼的，因为这边的教堂已经成学校了，那时候是江浪小学。我爷爷带着我去的，要走十几公里。"①

随着时代变迁，大浪当地特地举行成年礼的人家已越来越少。原因之一在于生活条件的改善，使得现代社会中的儿童获得了妥帖的抚育条件。家长们不会过多担心孩子无法顺利长大，因而也就无须依托成长仪式和成年仪式的预示作用和示范能力。与此同时，学校教育的普及使得入学典礼、毕业典礼、少年先锋队的入队仪式和中国共青团的入团宣誓，以及国际儿童节和五四青年节的庆祝仪式等，越来越多地被纳入个体成长过程中。这些新式仪礼逐渐发挥传统人生通过仪式的部分功能，成为当下被建构的成年礼文化的组成部分。

可见，新生命从母亲腹中脱离而出，再到哺育成长为被社会接纳的独立个体，需要经历一系列的过渡仪式。处在百般呵护中的婴儿，最先游离在特定群体或社会的外部，一切仪式和禁忌都呈现出一种区隔，使婴儿能够暂时处于世俗世界外的神圣范畴。②当婴儿需要被纳入社会群体时，则通过过渡礼仪来实现个体的社会化。

（二）人生仪礼中的女性角色转换

在以父系为中心的宗法制度中，历史上的客家女性多是丈夫或儿子的从属角色。她们往往被视为具有生养功能的自然物，而非有自主思想的文化物，纯然地在家庭经济分工中处于操持无偿性家务劳动的位置。③客家女性家庭地位的高低，也会随着不同生命阶段所扮演的不同角色而始终处

---

① 口述人：张辉，男，浪口村村民；访谈人：贺翊昕、刘微；时间：2021 年 9 月 23 日；地点：深圳龙华大浪街道浪口村居民委员会。
② ［法］阿诺尔德·范·热内普著，张举文译：《过渡礼仪》，商务印书馆，2010 年，第 22 页。
③ 黄秋菊：《闽台客家生活习俗中的女性角色研究》，闽南师范大学博士学位论文，2020 年，第 46 页。

于流动的状态。"对于客家妇女的社会地位，不能简单地用一个高或低来界定。若以本质论的观点，以未婚客家妇女的地位来评介，就非常可能得出客家文化压制女性，客家文化男尊女卑的结论。但若从客家文化的传承，从动态的客家妇女的生命周期生活场景来看，妇女的角色扮演越是重要，她受到的尊重也越高，她所代表的女性的社会地位也相应有所提高"。①

1. 从女婴到女孩

在传统的宗族社会中，男丁的数量是一个家族兴旺发达的重要保证。尽管女儿的出生并未在预期之内，但不能排除其对家庭劳动力的补充价值。历史上，客家女人大多天足，鲜少缠脚，在行动上有很大的自主性，这也合理化和正当化地促使其加入劳动生产行列。大浪客家女性虽身处偏远地区，却受到汉民族传统礼教的约束。她们在生存环境的形塑下，被赋予四方面的要求，即"家头教尾""田头地尾""灶头锅尾""针头线尾"，②包括教育子女、耕田种地、煮饭做菜、缝纫编织等，几乎涉及生产生活的方方面面。

老一辈没有计划生育的限制，多数夫妻会一直怀孕生子，直至有男婴出生，且最好多生几个。在男婴出生前，家中渐渐长大的女儿成为必要劳动力，基础家务如抚养弟妹、基本农活如种菜喂猪等，都会落在女儿身上。"在家做妹子也喺哦，涯12岁揩担稻箩去，套一个犁去。去到那有条大河，那个板烂了，河水好高。你踏错一格跌落河里就推走你欤，黄黄洪水，滚滚来，那样过。"③但这样的劳动力不能过多，因为有限的生活资源使得家庭尽可能将资源分配的重心放在男丁身上。民国时期，宝安地区重男轻女观念严重，"以致贫家生女，多送人育婴堂，而养育男孩，又每以

---

① 陆绯云：《性别与族群：客家妇女地位的反思与探讨》，载赖泽涵：《客家文化学研讨会论文集》，2002 年，第 539 ～ 551 页。
② 深圳市大浪颐丰华股份合作公司：《大浪村史志》，深圳市彩美印刷有限公司，2012 年，第239 页。
③ 口述人：刘丽，女，陶吓村村民；访谈人：贺翊昕、刘微；时间：2021 年 11 月 9 日；地点：深圳龙华大浪街道陶吓村刘丽家中。

娶妇乏赀为虑。凡此陋俗，承待劝导禁革"。①很多女孩一出生就被原生家庭遗弃、送养、买卖，甚至溺死。有幸活下来的女孩也大多成为童养媳，命运悲惨。这种情况，一直持续到了 20 世纪 50 年代。

1963 年 5 月，根据国务院《关于认真提倡计划生育的指示》，宝安县成立了计划生育指导委员会，并从 1964 年起开始在全县农村提倡晚婚。计划生育的实施，使得中年一代的生育情况受到一定影响。这一时期，大浪客家人普遍生活水平较低，一些渴望生男丁的家庭会经过辛苦跋涉，躲进偏远山区的远房亲戚家生孩子。其超生罚款，由一部分财产抵押和一部分后期补缴慢慢完成。随着计划生育政策的放宽和经济条件的好转，重男轻女的思想虽未完全消失，但已有所松动：女儿虽不如儿子被寄予更多期望，但大多数家庭也会为其举办满月酒等一应仪式，悉心呵护其长大。

姓名是宗族社会中维护秩序正当性的一种象征性表达。为初生婴儿取名，是对个体的社会位置加以定位，并通过日常生活中的不断使用和流通进行强化。在宗法制度下，只有男性家族成员可以使用字辈，女性被字辈制度排除在外。女名的使用通常被限制在闺阁之中，没有光宗耀祖、添丁发财等寓意需要寄托，因而相对于男婴显得简易粗糙。大浪地区女婴的取名具有一套固定模式，以"妹""娣"字为名者极多。"妹"，在家庭伦理中指后生的女儿，也泛指所有"女性"，例如客家山歌中常以"阿妹"开头引出唱词。而"娣"，音与"弟"同，字形又为"女""弟"，实为寄望下一胎添丁之意。当地许多女婴取名"带娣""招娣""来娣"，这种直观的命名方式，体现了重男轻女、渴望男丁的家族期望。

相比于中老年一代，当代大浪青年女性的成长环境十分宽松。虽然幼时生活较为艰苦，但只要书读得好，父母都会供其念书，帮助女儿走出乡村。读书期间，女儿得空就会帮助家庭劳作，且往往更为勤劳能干，比兄弟更少受到父母苛责。女儿在村中享有与儿子一样的权利，能够参与分田

---

① 深圳市史志办公室:《民国时期深圳历史资料选编》，深圳报业集团出版社，2014 年，第 152 页。

和股份分红。改革开放后，大浪地区的经济建设扶摇直上。当地女性除外出读书或工作外，几乎不愿再离开故土。未婚女性在整个家族内的付出，也得到了承认，具体表现为女婴的取名方式更加多样化，且同男婴的名字一样寄寓家人的深深期待。越来越多的女孩能够同男孩一样，得以全名上族谱。这是宗族意识的松动，也是家族文化传承的必要变迁。

2. 从娘家到婆家

婚礼将女性从原先的家庭中分割开来，让女性位于娘家和婆家的边缘状态，直到结婚生子后获得婆家认可，逐渐聚合到新的家庭中。"在传统的父权社会里，青年妇女在父母的家庭中没有地位，只是临时成员，因为女儿最终要出嫁。而出嫁后到婆家又总是一时无法适应。女儿总是被家里看作是泼出去的水，新媳妇又被看作是潜在的搅家精。……妇女只有生了孩子才能在家里确立自己的地位"。[1]因此，婚礼仪式一方面设法增加新娘的生育能力，另一方面又使新娘及时脱离婚前的生活，强调其面对的限制。

对于婆家来说，考查新妇忠诚度的第一条原则就是脱离娘家。通过仪式的举行，婚礼在制度层面上确立正式关系，并告知乡里新娘随夫获得宗祧秩序的亲属身份。因为嫁入的关系，两府合婚更多迁就男家需要，表现在仪式细节上，最明显的就是新娘进入夫家前，需跨火盆消除不祥之气，避免将厄运带入夫家。这种跨火仪式也被视为一种过渡，但在男方到女家迎亲时并未有所体现，因而是一种男女不平等的仪式建构。新娘要在诸多类似的建构中不断形塑自我，通过无条件遵从新郎家的仪式文化，尽可能满足夫家的期望，通过向夫家习俗的持续靠拢，减少作为家庭新成员的压力，进而在日后获得一定的话语空间和行事权利。

婚礼意味着新娘从其原生家庭中被慎重地送出，但并不意味着其本身的亲子联系完全断裂。新婚妇女在娘家的身份是隐而不彰的，而每当重要

---

[1] 阎云翔著，龚小夏译：《私人生活的变革：一个中国村庄里的爱情、家庭与亲密关系》，上海书店出版社，2009年，第245页。

的仪式活动如三朝回门，或岁时节日如年初二返外家等，女性依然可以彰显其重要性。面对这一情况，男家并非被动接受，而是从婚姻缔结的最初就试图将新娘与原生家庭拉开界限。例如，在议好聘妆奁后，男家会特地为女家送上一份"阿婆箩楇"，以表对女方家庭的谢意。①一般来说，"阿婆箩楇"中必备一块猪肉。女方收下后，自行决定这块猪肉的处理方式，可作为祭祀先祖的供品及婚宴佳肴，也可分送给其他亲族。这份礼物实际上是送给新娘的外祖母，也就是新娘的姐婆②。不直接送给新娘母亲的原因在于：第一，新娘的母亲已经通过婚姻缔结成为新娘父亲宗族的合法成员，而其娘家代表是新娘的外婆，如外婆过世则是新娘的舅舅，因而有"娘家舅大"之说。第二，新娘只有生育子嗣后，其儿女才有机会称新娘的母亲为"阿婆"。因此，送"阿婆箩楇"也有希望新娘过门后早日添丁的意头。

这一礼俗背后，反映了大浪客家人在婚姻缔结中的功能需求。"阿婆箩楇"由新郎送出，男方成为串联超越三代姻亲关系的重要桥梁。礼物传达至新娘的外婆，虽然关系较远，但能够强化孝敬意识，深化家族联系。在这样的嫁娶仪礼中，娘家会更加注重女儿外嫁后的边缘身份，与女儿的交往更多上升为姻亲家庭间的礼尚往来；男家则以新娘为中介，通过礼物的流动使外戚关系得到仪式化体现；新娘也从中得到来自双方家庭的安慰和自我肯定。

考查新妇忠诚度的第二条原则是生育子女。实际上，从婚姻缔结开始，关于生育的隐喻便体现在婚礼仪式的方方面面，包括跨火盆、闹洞房等。其目的，一是在于描绘和强调新娘的身体及生理状态，二是表达对传宗接代的追求，并通过好命之人的参与或引导，反复叙述对生育主题的祝福和期许。

---

① 口述人：张辉，男，浪口村村民；访谈人：贺翊昕、刘微；时间：2021 年 9 月 23 日；地点：深圳龙华大浪街道浪口村居民委员会。
② 客家人一般称外婆为"姐婆""阿婆"。

作为家庭关系的牵绊，人们普遍认为已婚已育的妇女离开婆家的可能性较低。妇女是孩子的实际抚养责任人，必须亲身参与孩子从出生、满月到成年的每一环节。母亲孕育新生命的责任，是女性被先天赋予的生理条件，也是家族绵延的根本保障。因此，客家人重视妇女的产后保养，主要目的在于使其恢复较好的身体素质，以承担更多的家庭生养任务。俗语云"男人望人请，女人望坐月"，说的是在物资匮乏的年代，男性希望通过别人的宴请来饱餐一顿，而女性只有在分娩后的月子期间才能得到进补的机会。①

在完成生育的基础上，女性同时还要操持婆家家务及承担劳作任务。传统时代，处于此人生阶段的女性，无论是时间还是精力都被无限压榨。"我之前就自家多工夫做，生孩子多，冇家婆。又赶田，又养猪，又养牛。辛苦啊，（本来）养了八个，头先那个三岁冇了，太热气了，那时候冇钱医，好冤枉。人家肚皮生到（小孩）两斤也养大，三斤也养大，热气发烧就没了。旧时整日去割草，日日割几担草都唔够烧。落紧水也戴着麻斗去岭谷柴转来烧。成日又冇水，有井揩井，冇井揩河下水，揩几担水来。衫又去河下洗，冇洗衣机洗。涯七只孩子嘛，那时冇布嘛，涯才有三尺布票，唔够界那几个妹崽，做底衫都冇啊。晚晚也补衫，补到 12 点，补到人崽醒了就安慰，安慰到他睡了又出来补。补一个补一个，这个还没补完，另一个穿了又烂了，又去补。晚晚夜冇 12 点，你冇得睡，天光了又急急忙忙要起来，又要揩水，又要揩猪尿，养猪，割猪草，真的好多事情做，都好多工夫"。②

大浪地区流传的不少客家山歌，也反映了当时妇女的辛苦生活：

> 一只高硬唔得上，爹娘思情唔好忘。

---

① 黄秋菊：《闽台客家生活习俗中的女性角色研究》，闽南师范大学博士论文，2020 年，第 29 页。
② 口述人：刘丽，女，陶吓村村民；访谈人：贺翊昕、刘微；时间：2021 年 11 月 9 日；地点：深圳龙华大浪街道陶吓村刘丽家中。

一出娘胎喊食乳，一日食娘九次浆，肥了孩儿瘦了娘。

肥了孩儿瘦了娘，几多心血喂儿郎。

磨粉买糖煮甘粉，口口爸妈先吹凉，自家肚皮粘背囊。

自家肚皮粘背囊，遇到寒天更苦娘。

被席粘到净屎尿，天气晏冷衣裤单，冻到脚下惊涯上。

冻到脚下惊涯上，热天一样也苦娘。

惊怕细仔蚊叮坏，夜里拨扇到天光，揽等行下又行上。

揽等行下又行上，养男育女费心肠。

有病有痛闲过得，有病有痛击爷娘，背上背落心着慌。

巴上巴落心着慌，喊到医生开药方。

自家有钱闲过得，冇钱借上又借下，总望儿女身健康。

总望儿女身健康，会行会走挂心肠。

一怕搞火会烫倒，二怕搞水跌落塘，三怕搞刀手割伤。

三怕搞刀手割伤，过年过节好排场。

新衫新裤为子女，一块好肉碗里张，自己唔食子女尝。

自己唔食子女尝，七八岁来入学堂。

小学读到高中去，用得几多钱和粮，宁愿自家食粥汤。

宁愿自家食粥汤，大哩帮愚娶妻房。

修房建屋早准备，买便家私买便床，衣着也爱讲排场。

衣着也爱讲排场，大哩一样挂心肠。

怕愚同到坏阵党，怕愚工作懒洋洋，养子成龙日子长。

养子成龙目子长，总望子女有春光。

负尽一生子女债，换来头发白如霜，竹头生笋望想长。[①]

当女性将人生的大部分时间毫无保留地投入婆家生活中，其对娘家的

---

① 演唱者：邓芬，女，黄麻埔村村民；记录人：贺翊昕、刘薇；时间：2021 年 10 月 28 日；地点：深圳龙华大浪街道黄麻埔村村居民委员会。

依恋就逐渐减少。娘家也渐将女儿淡出亲密关系圈，不再将出嫁的女儿作为参与家庭决策的主要成员。相应的，经历过结婚、生育等过渡礼仪后，女性也完成了从娘家人到婆家人的身份过渡。特别是在生育过程中，女性通常处于仪式实践和禁忌的中心。无论是出于对生育能力的崇拜，还是对下一代的爱重，女性作为孩子母亲的地位在家庭生活中直线上升。另外，传统的客家社会普遍存在"女劳男逸"的现象。客家妇女在家庭生活中主理内外事务，负责教育子女、侍奉公婆，以及岁时节庆祭祀活动等家庭纲常的维持。在家族血脉的延续过程中，一旦出现男丁缺乏的情况，女性便扮演起维系宗桃的重要角色。落实到具体行动中，女性需要采取招夫养子等特殊婚育形态的办法，使传宗接代的任务得以继续。

时至今日，越来越多的长辈对儿女婚姻持尊重态度，重视子女的个人选择。从恋爱、结婚到生育的一系列人生阶段，女性大体上能自己做主。因此，在当下少子化的家庭生活中，"两头顾"的婚姻模式也越来越多。其特征在于嫁出去的女儿不再是泼出去的水，已婚女性既是娘家的一份子，也是夫家的一份子。相较于传统嫁娶婚下的情况，女性的身份地位得到了进一步提升。

三、寿诞

自出生起，每年逢出生日期，这天便被称作人的诞辰或生日。每一次诞辰都是个人生命中的纪念性时间节点，随着年龄的增长，诞辰也越来越受重视。大浪地区客家人在童年和青壮年时期，每年做一次小生日，十年做一次大生日，且做大生日较为普遍，年满60周岁便可进行祝寿。民间认为，未满60周岁做寿会折寿。60周岁以上，才能被称为"寿星公"，或"寿星婆"。

自古以来，人们对长寿的期许源于对死亡的恐惧。"人类一直在死亡的阴影下生活，一些享受生活圆满的人，更加害怕生命的尽头。因此人类总怀着一份对于长寿的期许，永生因此成为一种不死的欲求，一直是也永远都是人世间最令人动容的期许"。①我国庆寿习俗根植于传统的农耕文化。过去，由于生产力低下，人们依照对日月星辰的反复观测和对气候、物候的重复体察，逐渐形成指导生产生活的规律性经验。相比于低年龄者，高年龄群体在农业生产和日常生活中拥有更多经验积累，无论在家庭生活还是宗族社会中，都享有较高的权力和地位。

基于农耕社会的经济基础，汉民族很早便形成了周严的宗法精神。其中，孝道精神作为核心，有助于维护宗族社会和家庭内部的团结和睦。人们将尊老、敬老的观念投射到庆寿习俗中，通过隆重的寿诞仪式，集中表现孝的法则与精神。

大浪客家人做寿，同多数汉民族自60过后逢十做寿的原则有所区别，"称寿必自六十一始，重一不重十，即魏叔子'大易贞元'之义也"②。清代屈大均在《广东新语·卷九·事语·称寿》中记道："世之称寿者率以十为数。岭南及江西宁都，则以十之一为数。魏禧谓前十之年，必加一而后成，后十之年，必从一而生，此大易贞元之义，于礼为宜。"③可见，大浪客家老人年满61周岁才做寿庆，每隔10年大庆，做寿的规模渐次隆重，其余年份则由子孙为之做小庆。

传统时代，宝安地区的寿诞仪式相对隆重。寿诞前一天，厅堂要布置好，包括摆寿屏、贴寿字等，营造出热闹的庆寿氛围。寿诞当天，子孙需杀鸡买肉，供奉寿果等物，先行祭拜先祖。祭祖后，寿星坐于堂前，接受子孙的依次拜贺。有的地方还会在拜寿时念唱吉祥语，如"一双寿烛色斑斓，点燃辉煌照寿颜，照见寿星长长寿，福如东海寿南山"。④

拜寿后，大多数大浪客家人会摆酒宴客。寿宴由儿女一手操办，老人

---

① ［英］马林诺夫斯基著，李安宅译：《巫术科学宗教与神话》，中国民间文艺出版社，1986年，第29～30页。
②（清）舒懋官修、王崇熙等纂：《新安县志》（清嘉庆二十五年刊本），成文出版社，1974年，第81页。
③（清）屈大均：《广东新语》卷九，中华书局，1985年，第19页。
④ 张杰：《客家礼仪》，华南理工大学出版社，2011年，第106页。

无须费心。寿诞当天，老人着新衣，坐堂中上位，接受儿孙拜贺，儿孙和亲友还要送寿包、寿屏、寿礼。其中，寿袍、寿帽与寿鞋，由嫁出的女儿置办；寿图、寿联、寿幛、寿屏等，由亲友敬送；寿糕、寿面、寿桃和新碗筷箸，由主家置办。礼毕，开宴，请老人吃长寿面。

改革开放以来，人们生活越加富裕，为老人祝寿逐渐成风，但程式已大大简化。子女每年都会主动邀请亲朋，到酒楼为家中老人摆寿宴庆祝，少则一两席，多则十席以上，赴宴宾客都会携带丰厚礼物和红包。宴席上的菜肴品类也更加丰富，除了传统的长寿面、寿桃外，还引进了西式生日蛋糕。子孙为老人唱生日快乐歌，老人许愿、吹蜡烛，并将蛋糕分给亲朋共享。

四、丧葬

死亡是生命的最后阶段，是从古至今所有个体都无法避免的人生历程。丧葬，便是为死亡举行的一种仪式活动，"是人生最后一项'通过仪式'和'脱离仪式'"[①]。中国的儒家文化在早期便非常重视丧葬礼仪，《礼记》中的《檀弓》《丧服》《丧大记》《奔丧》《问丧》等篇都对丧葬制度的不同方面做出了相应描述。这种重视，源自先民对死亡的敬畏和对生命的尊重。丧葬仪式能让逝者有所归、生者有所念，因而成为人类表达特定情感的庄严仪式。

（一）丧礼

大浪地区丧礼的仪式过程比较简单，通常在逝去当天的太阳落山前就上山下葬。送终、报丧、守灵、出殡等环节多在一天内完成。

病人在病危之际，家人会争取时间替其将身体洗抹干净，哪怕是用毛巾蘸水擦拭几下表示辟秽，以求洁来洁去，早登仙界。擦洗过后，家人为其穿上寿衣，将病体移至厅堂。儿女齐集床前，见其咽气则分排围跪，放

---

① 吴永章：《客家传统文化概说》，广西教育出版社、广西师范大学出版社，2000 年，第 136 页。

声号哭，称"送终"。这种在家中死去且逝者年过 60 岁的情况，男谓"寿终正寝"，女谓"寿终内寝"。①

送终后，家族长辈主持丧事，由逝者亲人（一般是长子）将讣告分送六亲及生前好友，此为报丧。报丧方式没有严格规定，打电话也可以。一些辖区较小的村子，甚至可以逐个通知。"以前报丧没有电话，就踩单车过去叫。当时，我们这个地方所有亲戚不是很远，就在隔壁村附近的地方，100 公里都没有的"。②报丧人不得进人家门，只能在门口告知。对方看完讣告后随即焚化，并准备前往吊丧。

旧时，老人年满 60 周岁，便找专门做棺材生意的人，用有分量的好木头为自己打一口棺材，存放于家中阁楼。③老人去世后，多数人家在送终后直接入殓，即将逝者遗体放入棺材，盖棺钉固。一些信奉基督教的大浪客家人会请牧师在逝者未入殓时进行祷告，然后将死者入殓。④少数如龙胜彭氏、上早禾彭氏，会暂缓入殓，为其停尸守灵。"以前风俗，老人过世要等 7 天，至少 3 天，等所有子孙、亲戚和朋友过来看他。以前白天和晚上都有人看的，要守灵。以前全部住老房子，放在老房子那里去。上80 岁可以放祠堂，没有到岁数不准进祠堂，在家里放，要放三四天"。⑤停尸守灵期间，逝者家人会在床头灵前放一盏油灯。"据说阴曹地府漆黑一团，这盏灯要一直点到出殡，死者的阴魂才不会摔跤"。⑥还会放一盛满黄沙的瓦盆，作插香烛用。另外，堂前要挂孝帘，遮蔽严密；前方放置八仙桌，安置神位或遗像，陈列供品。厅堂门口还要放一瓦盆，用来烧纸钱。

---

① 广东省地方史志编纂委员会：《广东省志·风俗志》，广东人民出版社，2002 年，第 100 页。
② 口述人：林良，男，上早禾村村民；访谈人：刘晓春、贺翊昕、刘微；时间：2021 年 9 月 12 日；地点：深圳龙华大浪街道上早禾村居民委员会。
③ 口述人：林良，男，上早禾村村民；访谈人：刘晓春、贺翊昕、刘微；时间：2021 年 9 月 12 日；地点：深圳龙华大浪街道上早禾村居民委员会。
④ 口述人：张辉，男，浪口村村民；访谈人：贺翊昕、刘微；时间：2021 年 9 月 23 日；地点：深圳龙华大浪街道浪口村居民委员会。
⑤ 口述人：林良，男，上早禾村村民；访谈人：刘晓春、贺翊昕、刘微；时间：2021 年 9 月 12 日；地点：深圳龙华大浪街道上早禾村居民委员会。
⑥ 广东省地方史志编纂委员会：《广东省志·风俗志》，广东人民出版社，2002 年，第 101 页。

一般情况下，逝者的至亲需戴全孝，日夜守候，哭声不绝。旁亲戴半孝，其余佩白布巾或发髻上插白布条。前来吊唁者，要由孝子迎接进门。吊唁者上前拜祭逝者，孝眷在两旁陪拜，并将吊唁者送来的挽联挂于灵堂之上。改革开放后，亲友吊唁改送花圈，用白纸包钱，称吊唁金或慰问金。主家指定专人向宾客分发白巾。

20世纪50年代，逝者从离世到出殡多在同一天进行。如上午过世，当天下午太阳落山前便要上山入土；如下午或晚上过世，则在第二天上山，"一直都这样，不赶风水，当天就埋掉了。反正太阳下山前，装得掉就装，装不掉就明天"①。据传这是因为要赶在太阳落山前将逝者的影子带进坟墓中，"没有太阳就没有影子，影子就留在外面"②。

同时，也有无论过世时间早晚，统一在第二天上山的，"都是第二天早上上山，因为老人过身，自家人要哭一哭的，守一个晚上，要哭哭啼啼的，要烧草的"③。出殡当日，孝子、孝眷及亲友随行到坟地，左邻右舍全来帮忙，就算平日与丧家有所芥蒂，也多主动前来，以此释嫌。

通常抬棺材的都是村中身强力壮的年轻人，主家请其抬棺需给红包表示感谢，也有借此红包辟邪的用意。入土的位置是本家自己选中的，一般不请风水先生堪舆。出殡行列前，主家会请人敲锣打鼓放鞭炮，并沿途洒下白纸。如果逝者生前为人和善、受人敬重，则送行人数多，主家甚至请麒麟队④一路送其上山。⑤而年过80岁的逝者，一般被认为是长寿有福之

① 口述人：王光，男，黄麻埔村村民；访谈人：刘晓春、贺翊昕、刘微；时间：2021年9月10日；地点：深圳龙华大浪街道黄麻埔村居民委员会。
② 口述人：李荷，女，罗屋围村村民；访谈人：贺翊昕、刘微；时间：2021年9月20日；地点：深圳龙华大浪街道沙头咀98栋。
③ 口述人：项阳，男，石凹村村民；访谈人：贺翊昕、刘微；时间：2021年9月24日；地点：深圳龙华大浪街道石凹村办公大楼。
④ 麒麟队，是舞麒麟的人员组成的团队。所谓舞麒麟，是一种融合音乐、武术、杂技、工艺美术等于一体的中国民间传统舞蹈。深圳客家舞麒麟，包括舞麒麟和打功夫两部分，通常由本族青壮年男性组成队伍，在特定时节表演，以传达趋吉避凶的愿望。
⑤ 口述人：文心，女，下横朗村村民；访谈人：贺翊昕、刘微；时间：2021年10月10日；地点：深圳龙华大浪街道下横朗村居民委员会。

人，其丧事称"喜丧"。出殡时，几乎全村的人都相送，有的妇女还会抱着小孩参加，以图得到福荫。

一般情况下，旁系亲人及关系较疏的朋友送到半路就不再前进，由至亲跟随抬棺人上山。"抬棺要悬空，不能碰地，或者碰到村里的墙壁、路上的树。上山的时候不能停，几个人抬，累了就换班。从这条路上，回的时候要绕一个弯，不从那条路过，这叫'不走回头路'。时辰到了就封墓、打钉、放爆竹。封棺的时候要打钉，也是送棺人打，打棺人叫八仙"。①

民国时期，"凡年高死者，于出山日，各男妇来观，孝家须办席供之，即非送丧之人亦与焉。食毕，连饭碗亦盗归，与儿女食饭，谓之'长命碗'。若遇殷富之家，或请绅士点主者，则供应愈繁，近来以难于料理，多每人派以铜仙数枚代之"。②在大浪地区，出殡结束后，主家亦请所有人去祠堂或家中吃素宴，通常只此一顿。也有村子如石凹，摆丧饭的时间从老人过身的那一天开始，摆到"头七"。整条村的人7天不开火，去祠堂连吃7天席。因此，当地有"老人过身吃穷他一辈子"的说法，甚至"9条牛都不够吃"③。

逝者下葬的第七天，称"头七"。民间认为，这日，逝者的灵魂要返回家中。当天，所有亲戚要来丧家，烧香供奉，向死者亡魂哭祀，"叫他别再回家里面"④。此后，每隔7天，都需举行一次祭祀。到第三个7天，即"三七"时，丧家可除服脱孝，将神位安放在祖祠，或自家厅堂的神龛上供奉。其间，丧家不可参加宴饮娱乐，不能进别人家门。

① 口述人：林良，男，上早禾村村民；访谈人：刘晓春、贺翊昕、刘微；时间：2021年9月12日；地点：深圳龙华大浪街道上早禾村居民委员会。
② 深圳市史志办公室：《民国时期深圳历史资料选编》，深圳报业集团出版社，2014年，第63页。
③ 口述人：项阳，男，石凹村村民；访谈人：贺翊昕、刘微；时间：2021年9月24日；地点：深圳龙华大浪街道石凹村办公大楼。
④ 口述人：林良，男，上早禾村村民；访谈人：刘晓春、贺翊昕、刘微；时间：2021年9月12日；地点：深圳龙华大浪街道上早禾村居民委员会。

（二）葬俗

中华人民共和国成立以前，大浪地区的传统丧葬仪礼沿用入土为安的土葬形式，繁琐张扬，且以寿终正寝的老人丧葬礼仪最为隆重和严谨。凡是夭折或意外死亡的 60 岁以下死者，被认为是不吉的。他们的家人通常不会隆重地办丧事，甚至草草土葬了事。少数人家还会举行驱邪避凶的仪式，用来超度死者亡灵。特别是死者下葬 7 天后，要请阴阳师做法事，不断喊死者名字"招魂"，以防其成为孤魂野鬼，对生人不利。

过去，土葬有一次葬和二次葬之分。一次葬，多为明清时期的古墓。死者生前定吉穴，用石、砖、三合土等建造坟墓。过世后，家人将其灵柩放入墓室封固，自此不再开封。民国时期，实行一次葬的人家已较少。特别是客家人，大多采用二次葬。

二次葬，又称捡金葬或迁葬，是大浪客家传统葬俗礼仪。二次葬前要先进行第一次尸葬，即将亡人尸身用棺材入殓后埋入土中筑坟。待数年后，尸体肉身腐烂，再开坟捡骨重葬。客家人有"九葬九迁，迁葬万年"之说，此俗与客家先民背负祖宗遗骸、辗转南迁的经历有关。①

第一次尸葬时，因属临时性质，土坟结构简单，多为一个长方形的土堆。地点相对随意，均在村庄周边的小山上。"入葬，我们叫'打谷买田偷葬地'，葬地不用买，以前谁埋在那里那块地方就是谁家的"。②入葬后，要在墓前立方砖作为墓碑，上面用墨汁写逝者姓名，以供辨认。"土葬的时候，所有亲戚都要过来一起吃饭。由长辈主持整个葬礼，一般一条村都是那个最敬重的长辈来主持"。③

过去，各村有专门负责"捡金"的师傅，多是年龄在 50 周岁以上的男性。"平时就做农活，积累了一定口碑，一般会一点风水，能算好日子。

---

① 广东省地方史志编纂委员会：《广东省志·风俗志》，广东人民出版社，2002 年，第 106 页。
② 口述人：宁伟，男，鹊山村村民；访谈人：贺翊昕、刘微；时间：2021 年 9 月 16 日；地点：深圳龙华大浪街道鹊山村宁伟家中。
③ 口述人：林良，男，上早禾村村民；访谈人：刘晓春、贺翊昕、刘微；时间：2021 年 9 月 12 日；地点：深圳龙华大浪街道上早禾村居民委员会。

如本村没有捡金的，都是找一个自己熟悉的人（捡金）"。①20 世纪 80 年代前，二次葬的仪式过程相对复杂，所需费用也较高。"我 1964 年工资每月 30 元，请人捡金一次就要 100 元"。②但不管费用高低，大浪地区的客家人都会倾其所有为父母先辈举行二次葬，以表孝心，祈求先祖庇佑。

大浪地区的"捡金"年期并不固定，有一次葬三年后，也有四年、五年甚至八年后。总之，至少需下葬三年，否则肉身还未自然腐烂。一些人家认为捡金的年期需符合"男双女单"，或"男四年女三年"，即男性尸骸在双数年后捡金，如四年、六年或八年，女性尸骸就在单数年后捡金，如三年或五年。如遇到家中有嫁娶或生子等喜事，就要推迟捡金的年期，至少两年后才行。③具体的捡金日期可由阴阳师推算，大多安排在农历八月初一。俗语言："七月十四望雷声，八月初一望天晴。"④农历八月初一，常在处暑与白露节气之间，此时天气逐渐凉爽，昼夜温差增大，天气以晴朗少云为主。对大浪客家人来说，这日是举行"二次葬"的正日子。捡金要在白天进行，不能在半夜，因为"半夜鬼魂会出来，搞不好人会撞邪"⑤。

捡金当天，在阴阳先生引导下，捡金师操作，主人家顺其安排，且逝者的儿子、孙子要在一旁观看。捡金师要循其成例，依次施行，包括破穴、开棺、验骨、装殓、封坛、复葬等步骤。捡金前，家中女儿要挑来鸡、猪肉、喜粄，放在坟前拜祭，"寓意鸡来吃白蚁，白蚁就不会吃掉骨头"⑥。

① 口述人：李强，男，下早禾村村民；访谈人：刘晓春、贺翊昕、刘微；时间：2021 年 9 月 11 日；地点：深圳龙华大浪街道下早禾村居民委员会。
② 口述人：孔成，男，三合村村民；访谈人：贺翊昕、刘微；时间：2021 年 9 月 18 日；地点：深圳龙华大浪街道三合村新村党群服务中心。
③ 口述人：李荷，女，罗屋围村村民；访谈人：贺翊昕、刘微；时间：2021 年 9 月 20 日；地点：深圳龙华大浪街道沙头咀 98 栋。
④ 口述人：许放，男，下岭排村村民；访谈人：刘晓春、贺翊昕、刘微；时间：2021 年 9 月 10 日；地点：深圳龙华大浪街道上岭排居民委员会。
⑤ 口述人：于深，男，赖屋山村村民；访谈人：贺翊昕、刘微；时间：2021 年 9 月 19 日；地点：深圳龙华大浪街道赖屋山村于深家中。
⑥ 口述人：李荷，女，罗屋围村村民；访谈人：贺翊昕、刘微；时间：2021 年 9 月 20 日；地点：深圳龙华大浪街道沙头咀 98 栋。

捡金时，要撑黑色雨伞，挡住捡金师的影子，不能让影子掉入棺材中：一是因为担心捡金师的影子掉入棺材中会影响生人健康，造成阴气入体；二是防止棺材中的阴气一见阳光就散掉。若真如此，主人家会被说"后辈不道"（不道德），认为没有小心保管好先人遗骸。在当地人看来，雨伞除实用功能外，还作为仪式用品，具有遮挡鬼魂的作用。"在家里不能开伞，因为鬼魂怕阳光，你打开伞鬼就会跟着你，到你伞下面。而且在外面不要捡雨伞，捡的话要先踩一脚伞，好像宣示主权，让鬼跑走"。①

开棺前，要在坟前先放一挂鞭炮。开棺后，捡金师需从脚的部位开始向上，将先人骨头从左至右捡起，最后捡头骨，并边捡边说"某某亲人，我捡你金，放心哦"之类的话。遗骨捡出后，捡金师用草纸将骨上的杂质和水分擦净，按生前部位依次摆放在报纸上。若遗骨缺失，则将位置空出，但绝不能有所遗漏，否则"鬼魂会说话，会告诉神婆没捡够，表现到主家就是主家会出点事"②。

遗骨须待主人家过目后，再装入金坛。金坛，又称金罂，是一种口小腹大的陶器。先人骨骸放入其中，有"贮金"之意。金坛通常40厘米宽、60厘米高，如果"太窄了，不够装，（死人）住到不舒服，就买一个大金坛"。③金坛在龙华供销社就有卖，主家买回后，要先用燃烧的元宝、线香熏过，此为"暖金"。而开棺后的老棺木，就放在原地丢弃。

金坛的放置地点多为自家的山头和果园，一般不会请风水先生堪舆，但金坛要深埋在地下一米处。也有人家在露天处，用水泥板铸成半米高的台子，称为阴山或穴地，下面中空，将金坛按辈分从左至右一排排放

---

① 口述人：于深，男，赖屋山村村民；访谈人：贺翊昕、刘微；时间：2021年9月19日；地点：深圳龙华大浪街道赖屋山村于深家中。
② 口述人：于深，男，赖屋山村村民；访谈人：贺翊昕、刘微；时间：2021年9月19日；地点：深圳龙华大浪街道赖屋山村于深家中。
③ 口述人：许放，男，下岭排村村民；访谈人：刘晓春、贺翊昕、刘微；时间：2021年9月10日；地点：深圳龙华大浪街道上岭排居民委员会。

入。辈分大的在上，辈分小的在下，同辈人在同一排。[1]同一个祖先的金坛放在一个阴山中，"包括比较早年的阿公阿太，后来每个人都有一个穴地"[2]。据说，战争时期的一些机密文件，都是靠藏在金坛里才保存下来，"金坛上面有盖子，不会丢"[3]。自龙山墓园建立后，大浪不少客家人将先人金坛迁入墓园，原先的深埋点几乎都已被推掉。

捡金时，捡金师除了捡先人骸骨外，还会捡陪葬品，由嫡系后代分领作为祛邪物。"我父亲讲情义，那时候老人家死了后，他就捡了他阿爸阿嬷坟里一个玉环戴上，10年没病痛，后来玉环打碎了，很快就去世了，活到95岁。以前村里有盗墓的，还会在辨别坟里的陪葬品真假。据说有人捡金时发现盗墓贼留的纸条，说东西是假的。现在治安好了，没有盗墓贼了"[4]。如果不是嫡系后代拣取，则会引发灾祸。"我爸走的时候有个手表，我哥在香港买给他的，一起葬下去了。那个人叫外地人去捡，他把我爸的手表拿走了。后面找到那个捡了我爸手表的人，手表拿回来了。他运气不好，戴了那个手表整个手都烂掉了，治不好"[5]。

二次葬是客家先祖屡次迁徙下产生的礼俗。嗣孙妥善保管先人遗骸，既是对先祖的崇敬，也是对当世福祉的祈求。

（三）丧葬改革

传统时代，宝安地区丧葬仪式内容繁琐，在实施中难免存有陋习或浪费的情况。《民国时期深圳历史资料选编》记载了1928年《广东省宝安县

---

① 口述人：王光，男，黄麻埔村村民；访谈人：刘晓春、贺翊昕、刘微；时间：2021年9月10日；地点：深圳龙华大浪街道黄麻埔村居民委员会。
② 口述人：林良，男，上早禾村村民；访谈人：刘晓春、贺翊昕、刘微；时间：2021年9月12日；地点：深圳龙华大浪街道上早禾村居民委员会。
③ 口述人：宁伟，男，鹊山村村民；访谈人：贺翊昕、刘微；时间：2021年9月16日；地点：深圳龙华大浪街道鹊山村宁伟家中。
④ 口述人：王双，男，上岭排村村民；访谈人：刘晓春、贺翊昕、刘微；时间：2021年9月10日；地点：深圳龙华大浪街道上岭排村居民委员会。
⑤ 口述人：李荷，女，罗屋围村村民；访谈人：贺翊昕、刘微；时间：2021年9月20日；地点：深圳龙华大浪街道沙头咀98栋。

人民丧葬仪式费用调查》的具体情况：

上等仪式：丧葬仪式凡亲视含殓后，即请僧道尼颂经□迨收殓时，衣衿必用丝质，沿用袍□例而棺必尚美材，出殡时鼓乐仪仗□送来执拂者，至戚至亲则赠以白袍，其余戚友则赠以白巾，间亦有持花圈者，自死者已死之日起，至七日为一七旬，则第一七旬又雇僧尼颂罗□□备办酒席招待戚友，至七个七旬而后已。

上等费用：衣衿棺等费约四百余元，颂经□费约需二百元，备办酒席费约需三百余元，而戚友多者递加，间或有迷信堪组之术，请地师穷觉长眠所费不菲，而填墓亦有建筑宏伟动辄化一二千元者。

中等仪式：丧葬仪式含殓后，亦雇僧道尼颂□，棺亦尚美材，衣衿亦用丝质，间或有沿用袍袴旧制，至出殡来执拂之至亲至戚亦赠以白袍，其余亦赠以白巾袍中之质又等于上等之半，至七个旬，亦雇僧道尼颂□亦备办酒席，招待戚友，此亦不过仅为备数，以形式上之美观，不及上等之隆重虚糜。

中等费用：衣衿棺等费约需二百余元，诵经□背约需一百余元，备办酒席约需费一百余元，而亦间有迷信风水请地师寻觅吉地所需耗需用在所不计，而坟墓亦建筑美观，需费亦数十元。

下等仪式：丧葬仪式甚为简单，亦无雇僧道尼颂□，至收殓时只换以新布质衣服两三□，而棺亦少而薄，至亲戚友之送殓者，仅赠以白巾，亦无七旬之繁琐事务，只草草家奠便作了事。

下等费用：收殓时所换衣服及棺木等及各项使费不过四五十元，其余各事亦只草草出殡殓葬，共需六七十元而已。

备考：按调查职属丧葬仪式及费用之虚糜，悉在禁革之列，民国时已不适用旧制，况因一人之死，上中等虚耗莫大之金钱，用之于无益之事，现拟将此种尚奢华慕外观之□□，一律严禁以崇俭德。①

抗战时期，宝安地区的大部分村民处于水深火热之中。恶劣的社会形势推动丧葬风俗的改革，各家户缩短停尸、停枢时间，简化仪式内容，压缩吊唁群体数量，力求速葬，以适应动荡的社会环境。

中华人民共和国成立后，宝安县政府顺应中央的号召，设立殡仪馆，提倡以火葬代替土葬。大浪地区在 20 世纪 70 年代之前还以土葬为主，原因在于当地民众深受封建社会伦理教化观念影响，普遍崇尚入土为安，认为毁坏先人遗体是违反孝道的行为，因而抵制火葬。90 年代后，在政府的大力推行下，大浪客家人逐渐接受火葬方式，将逝者遗体交由殡仪馆处理。"以前很讲究的，现在都火化，风俗变了。今天死明天烧，怕小孩子看见不好，也没地方放"。②

相应地，曾经复杂的丧葬礼俗也得到简化，包括改披麻戴孝为戴黑纱、白花，声势浩大的守灵和哭丧仪式，改为死者亲友在小范围内举行告别仪式。实行火葬后，告别仪式多在殡仪馆举行，一般先按观礼人数预定礼堂，制作遗照、挽联，并接受亲友所送花圈。所有参加葬礼的亲友都会在仪式之前，到丧家处领一朵白花和一条包裹一颗糖的白毛巾。白花意味哀悼，有时在遗体告别时放置在遗体旁；糖寓意吉利，一般在仪式后吃掉；白毛巾用于擦泪，用完扔掉，不带回家中。③仪式过程通常包括奏哀乐、致悼词、三鞠躬、告别遗体等。火化后，家人可选择是否保留骨灰。保留骨灰的，可寄存殡仪馆骨灰楼，或自行取回放在家中厅堂神龛供奉，也有放入墓园安葬的。

---

① 深圳市史志办公室：《民国时期深圳历史资料选编》，深圳报业集团出版社，2014 年，第 114 页。
② 口述人：林良，男，上早禾村村民；访谈人：刘晓春、贺翊昕、刘微；时间：2021 年 9 月 12 日；地点：深圳龙华大浪街道上早禾村居民委员会。
③ 深圳市地方志编纂委员会：《深圳市志·社会风俗卷》，方志出版社，2014 年，第 306 页。

随着人们的观念逐渐开放，新型葬礼如海葬、江葬等，也在大浪当地流行开来。骨灰植树或骨灰撒海等处理方式，也逐渐得到大众支持。"现在很随便了。我就跟我儿子说，到我死了灰都不要了，丢掉了。那个山那么窄，没地方摆，有什么用呢，不要浪费那个钱。现在生前对我好，什么都好"。①

大浪客家传统丧葬礼俗作为人们日常生活的重要组成部分，曾发挥很重要的功能，包括唤起群体认同和团结精神、促进客家丧葬民俗文化传播和传承，调适人情礼仪和社交网络关系。随着现代社会生活节奏的加快，人们偏重看得见、摸得着的物质追求，以至于那些融而不化、和而不同的客家丧葬民俗图景变得越来越模糊。

丧葬改革发展到今天，传统仪式中的许多环节都被简化了。特别是后疫情时代，如何在慎终追远的基础上，表达对生命的敬畏，仍需要不断思考和讨论。丧葬不仅是由一个个环节组成的事件，其意义更在于通过这一事件的发生，让逝者得以庄严地离开，让生者因死亡而致的心灵波动得到安抚。更为重要的是，让所有活着的人在面对亲近之人生命终结时，还能对自我存在的价值进行思考。从这一角度出发，丧葬仪礼的意义是面向当下和未来的。

五、余论

礼俗的形成，实际上是人类在面对恶劣的生存环境、在展开对大自然的改造和利用时，表现出的对美好生活的向往。作为复杂综合的文化现象，群体的生活习俗呈现出一幅动态和持续的社会图景。得力于大浪地区的历史生态文化影响，当地客家人在对故土的热爱和对外来文化的包容

---

① 口述人：李荷，女，罗屋围村村民；访谈人：贺翊昕、刘微；时间：2021年9月20日；地点：深圳龙华大浪街道沙头咀98栋。

中，不断承续、接收和衍生本土文化，形成了具有独特内涵的地方性礼俗传统。

一方面，人生仪礼使得个体性和社会性得到动态统一。这些仪式活动不仅是个人生命阶段的彰显，还是被规范和建构的社会秩序的投射。从诞生礼开始，个体生命不仅具有生物属性，还在与母亲的脱离和家庭的承认中，进一步获得社会属性。外界把对新生命小心翼翼地保护，附着在一系列环环相扣的新生仪式中，祈求通过神圣和世俗的双重力量，让新生儿获得顺利成长的空间和权利。直至通过成年礼的规范，个体开始承担社会义务，受到社会规则的约束。人生仪礼也成为个体生命加以社会化的阶段性标志。

另外，主观性与客观性在人生仪礼中相互协调。在从出生到死亡的线性发展过程中，人生阶段的顺序不会随着个体意志的转移而发生改变，但何时通过过渡仪式的考验，很大程度上取决于家庭、宗族、社会对其社会角色的塑造。即使身处仪式活动的中心，但在诸如诞生礼和丧葬仪式中，个体并没有发挥主观能动性的可能。相应地，成年礼、婚礼中的主体具有一定的主动性，但个体实践也往往受到传统的限制和规范。与其说人生仪礼是为了聚焦仪式活动中的个人，不如说是为仪式中的每个人提供认识自我与他人、建立主体间联系的特定场域。

最后，仪式的象征性贯穿仪式活动的始末。人生仪礼最大限度地体现出人们在生活世界中的现实追求，同样也勾勒出它们的象征意义。人生最初的诞生仪礼，不仅是生物意义上的血缘延续，还象征性地体现了家族宗桃的社会性承接。而面对死亡时，人们通过丧葬仪式表现亡者肉体的终结，更重要的是表达灵魂不灭的生命周期观念，并以此展开对生人社会的价值重塑。

通过以上对客家群体婚娶、生育、寿诞、丧葬这些人生关键阶段的一一检视，可以确定，大浪客家人在复杂而微妙的人生中，正是依靠每一次的人生仪礼，来强化人生意义的建构，获得群体内的向心力和凝聚力。

Investigation Report of Dalang Hakka life Ritual in Longhua District, Shenzhen [1]

He Yixin, Liu Wei, Liu Xiaochun [2]

Abstract: The life ritual of Dalang Hakka in Longhua District of Shenzhen is a local ritual tradition formed by inheritance, absorption and derivation to cope with the changes of living environment. These traditions run through the important period of people's life, especially in the four stages of marriage, birth, birthday, funeral, life ritual is not only the manifestation of individual subjectivity, but also the concentrated expression of group identity. After the urbanization transformation, the expression form of Dalang ritual and custom activities has become simple, but the symbolic ceremony still maintains the stability of the clan society and expresses the survival wisdom and life concept of Hakka groups.

Keywords: Hakka   Life Ritual   Patriarchal Clan   Dalang

① This paper is one of the series results of the project "Investigation and writing of folk customs in Dalang Street, Longhua District, Shenzhen" commissioned by Party-Masses Service Center of Dalang Street, Longhua District, Shenzhen. The field investigation data of this paper was jointly completed by He Yixin, Liu Wei and Liu Xiaochun, and the paper was finally written by He Yixin independently.
② Author's Bio: He Yixin, PhD candidate, Department of Chinese Language and Literature, Sun Yat-sen University. Research interests include: intangible cultural heritage; Liu Wei, staff of Ruinian Network Technology (Shanghai) Co., LTD., Master of Folklore from Sun Yat-sen University. Research interests include: Popular psychology; Liu Xiaochun, Professor, Center for Chinese Intangible Cultural Heritage Research and Department of Chinese Language and Literature, Sun Yat-sen University. Research interests include: Research on folklore, folk literature and intangible cultural heritage.

深圳客家与兴梅客家建筑比较研究[①]

——以两地潘氏传统建筑为例

黄文德[②]

摘要：研究民系文化，建筑是重要的切入点。客家人是深圳的主要原住民，因深圳客家类型建筑以防御为主要特征，故被学界称为"深圳客家围堡"，成为客家建筑的一个重要支系。本文试图将深圳葵涌潘氏传统建筑与其迁出地——梅县南口潘氏传统建筑进行比较研究，通过口述史采访、碑刻、族谱、文献等研究，寻找梅县与葵涌两地同姓同宗客家建筑的传承与发展，对两地客家建筑蕴含的文化特征进行比较分析。

关键词：客家　民系　围笼屋　客家围堡

深圳在民国以前和香港被合称为广州府新安县，属广府地区，其原住民以广府民系的宝安支系为主。如今，客家人成为深圳主要原住民之一，主要有两个原因，一是清初迁界禁海复界，朝廷向粤东客家地区发出招垦令，客家人应招进入古代深圳地区；二是1958年，已是客家地区的原惠

---

① 本文主要参考书目为深圳市龙岗区文体旅游局、深圳市龙岗区文物管理办公室：《深圳东北地区围屋建筑研究》，文物出版社，2014年。

② 黄文德，深圳市大鹏新区博物馆副馆长、副研究馆员，研究方向为民系文化研究。

阳县属的龙岗、横岗、坪山、坪地、坑梓，还有大鹏的坝关等地区，被划入深圳，大大提高了客家人在深圳原住民中的占有比例；三是改革开放后，因地缘优势，东江、梅江流域的客家人纷纷到深圳发展，进入政界、商界，取得令人瞩目的成就。

不同民系以不同方言作为区别的表征，从而建立起涵盖建筑、饮食、服饰、节庆、神灵崇拜等各方面的民系习俗系统。各个民系向下又衍生出不同的支系，如客家可分为赣南客家、兴梅客家、惠州客家等，甚至再往下又可分成若干亚支。最能够体现不同民系，以及同民系的不同支系、亚系的区别与联系的，就是古建筑。客家建筑有闽西土楼，赣南土围子，兴梅围龙屋，惠州四角楼等多种类型。深圳的客家建筑也自成体系，因其以防御为主要特征，故被学界称为"深圳客家围堡"。本文试图将深圳葵涌潘氏传统建筑与其迁出地——梅县南口潘氏传统建筑进行比较研究，寻找梅县与葵涌两地同姓同宗客家建筑的传承与发展，对两地客家建筑的空间组织、秩序、构筑程序、建筑观念，以及民居形态与环境的结合情况，进行比较分析。

一、潘氏家族源流

潘姓主要来源于姬姓。周文王姬昌之十五子高，封地在毕（今陕西西安、咸阳北），人称毕公高。西周初年，毕高公又进一步分封了自己的封地，其四子季孙便被分封于潘地（为古潘水流域，即今河南荥阳一带）。季孙的后嗣以封邑为姓，姓潘，尊季孙为一世祖。荥阳成为潘姓郡望，故潘氏祠堂都高挂"荥阳堂"。

梅县潘氏自称为季孙公之后。1922 年，梅县潘立斋纂修《潘氏族谱》引潘氏《荥阳宗谱原序》记载："盖我周毕公之子季孙，食采于潘，因以为氏，是毕为潘之源、潘之始，由来久矣。"梅县古称程乡县，是南齐时为纪念学者程旻而设。清雍正十一年（1733），改程乡县为直隶嘉应州。

民国元年（1912），设梅县至今。梅县潘氏开基祖潘处士于明宣德元年（1426）从兴宁迁居梅县（时称程乡县）开基，初居城北，后迁至大竹乡葵湖，生四子，即永聪、永明、永发、永潭。潘处士三子潘永发早逝，遗孀陈氏带着积和、广和两个儿子回兴宁县圩下村娘家，途经南口，巧遇江西赣州三僚风水师廖丙，廖丙为陈氏选址建屋，此即为后来的"老祖屋"。南口潘氏奉潘永发为开基祖，自称"永发公房"。

深圳葵涌潘氏源于梅县南口潘氏，葵涌潘氏开基祖为潘琼儒，即梅县开基祖潘处士第九代孙，南口"永发公房"第八世孙，于清乾隆年间"托笔外游，设帐于惠州淡水"。先到惠州府归善县碧甲司淡水，以教书为生；后再进入大鹏半岛，"基肇葵乡"。葵涌地处大鹏半岛中部，历史上属广州府新安县，至清康熙成为大鹏半岛最早的墟市。[1] 古时这里河涌交织，盛产水葵。相传最初有女麦氏携二子，徙居过此，一子中暑，采莼（即水葵）服食，暑解。大喜，遂落居，"葵涌"因之得名。明洪武二十七年（1394），明朝廷在大鹏半岛设大鹏守御千户所，并在葵涌设葵涌屯，分兵戍守。清顺治十八年（1661），清政府实行迁界禁海，葵涌在迁海之内。康熙八年（1669）复界，新安县多次发布招垦布告，一些兴梅地区的客家人才开始陆续迁来。至康熙后期，来自梅县南口的潘琼儒进入葵涌之时，潘家兴建的白水塘村已出现在清嘉庆《新安县志》新安县丞[2]管辖的客籍村庄[3]名录中。当时的潘氏家族已经兴建了白水塘（上禾塘）大围，潘家二世潘奉乾已拥有监生功名，开始有能力为葵涌地区修桥铺路，"济安桥，在葵涌，监生潘光大建"。[4] 晚清民国，潘家已发展为新安归善地区望族，

---

① 清康熙《新安县志》卷3《地理志·墟市》，载广东省地方史志办公室：《广东历代方志集成》，岭南美术出版社，2009年。
② 县丞即新安县丞（也称新安县左堂），驻大鹏所城，为八品文官，相当于今天的副县长，葵涌归丞管辖。
③ 清嘉庆《新安县志》，载广东省地方史志办公室：《广东历代方志集成》，岭南美术出版社，2009年。
④ 清嘉庆《新安县志·建置略》，载广东省地方史志办公室：《广东历代方志集成》，岭南美术出版社，2009年。

至今仍流传着"龙岗锣（罗），淡水鼓（古），唔受葵涌一下邦（潘）""龙岗一窝（客音斗）雕（刁），坪地一管萧，落到葵涌改姓潘"的谚语。2007年全国第三次文物普查，在葵涌收录了葵涌上禾塘潘氏围、福田世居、油榨潘氏围、潘氏三栋屋等潘氏祖业，特别是潘氏福田世居，外则规模宏伟，壁垒森严；内则高门大院，雕梁画栋，是深圳东部现存近500处客家围堡的典型代表。

二、两地潘氏传统建筑调查

（一）梅县南口潘氏祖屋调查

南口侨乡村客家民居群集各种类型围屋98座，其中寺前排村30座、高田村28座、塘肚村40座，而20世纪40年代前建造的近代围屋就达80多座。根据建筑年代分为三类：一是明代中期以老祖屋为代表的早期围笼屋，如老祖屋、兰馨堂、品一公祠等；二是清代中期以后，以十二代潘钦学之子潘国城筑造之上新屋为代表；三是以清代末年的南华又庐、承德楼、焕云楼等为代表的华侨屋。

老祖屋，又称"秋官第"。始建于明成化二十三年（1487），由梅县潘氏二世祖妣陈氏创建，风水师廖丙选址规划。老祖屋落居南口三星山下。建好堂屋后，随着子孙繁衍，以祖堂为中心不断扩建成目前的规模。整个老祖屋中心建筑格局为三堂四横一围笼，围屋前有禾坪，禾坪前有月池。整个围屋有大小房屋约200间。整体建筑坐西南朝东北，面宽约70米，进深约60米，建筑面积4200平方米，占地面积约6000平方米。土砖墙面、悬山、堆瓦，瓦头为扇形瓦头；自东北向西南依次为月池、禾坪、下堂、中堂、上堂、化胎、龙厅；下堂有木质屏风；中堂有木构梁架，石柱础；上堂有供奉祖先、鲁班、杨筠松、廖丙等神牌的神橱。整体格局及柱础建于明代中期，梁架为清末民初重修。

南华又庐，十五代潘兴发（祥初）建，"南华"源自潘氏显祖北宋名将潘美。南华又庐为围墙式围屋，区别于传统围笼屋的围屋式围屋，占地10000多平方米，屋内分上、中、下堂共8堂，左右两侧各4堂，化胎部分为花园，全屋共有118间房，大小厅堂几十个，所以称"十厅九井（天井）"。该屋于清光绪三十年（1904）建成，历时18年。屋内各堂既独立又相连，有"屋中屋"之称。

毅成公家塾由潘氏潘立斋于光绪二十八年（1902）捐资兴建，是南口安仁学校及今天的南口中学的前身。设教室8间，住房2间。毅成公家塾对南口潘氏的发展发挥了重要作用。民国年间，潘氏家族重现辉煌的代表人物如潘立斋、潘祥初、潘君勉、潘植我、潘毓刚、潘汝瑶、潘铎元等一批知名华侨企业家，世界化学量子专家、博士潘毓刚等都是其中的杰出代表；潘奋南、潘嵩保、古国檀等三位将军，以及潘君勉等一批军政要人都出自百年老校"毅成公家塾"。

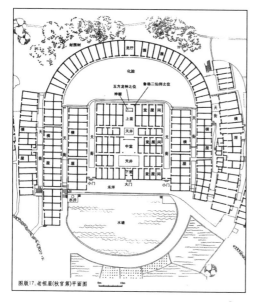

图 1 梅县南口"秋官第"（老祖屋）[①]

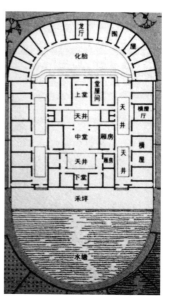

图 2 梅县南口上新屋平面图[②]

① 引自陈志华，李秋香：《梅县三村》，清华大学出版社，2007年，第66页。
② 引自陈志华，李秋香：《梅县三村》，清华大学出版社，2007年，第68页。

（二）深圳葵涌潘氏祖屋调查

葵涌潘氏祖业有上禾塘潘氏祖祠、福田世居、潘氏三栋屋、油榨潘氏围等，这四处祖屋自北向南一字排列，建筑年代为清代中期至清代晚期。在晚清民国时均有不同程度的维修，现存建筑结构与装饰大都保留晚清民国的工艺与风格。

上禾塘潘氏祖祠位于四处祖屋的最北边，始建于清道光年间，为潘氏祖业里建造年代最早的建筑。现存建筑大部分为清末同光年间建成，平面为三堂、两横、四角楼带倒坐的围堡式民居，共有大小房屋104间。现大部分被改建或坍塌，四角楼仅存一角楼，前倒座无存，原有围前禾塘已改成马路，围前半月池仍存。原址已被陈姓新建楼房覆盖，对原有建筑的格局与风貌造成了很大的破坏。

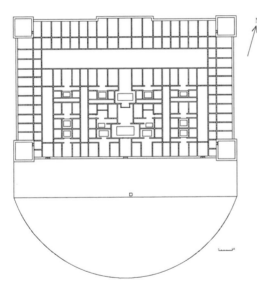

图3 葵涌潘氏福田世居平面（王相峰 绘）

油榨潘氏围位于葵涌镇福新南路。据传该围乃葵涌潘氏二代潘凤乾之生意扩大及家族人口增加后，为扩建住房和库房，以增加居住面积和囤积货物而建。围内有宽阔的地坪，原用于晾晒货物和手工加工场地，现作为

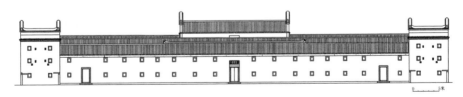

图4 福田世居立面（王相峰 绘）

租住人员平时休闲聊天的场所。整个围楼因老化及改建、扩建导致损毁比较严重，复原起来比较困难。现存建筑为角楼、门楼各1座，围内大小房屋82间。

图 5 福田世居匾额大样图（王相峰 绘）

福田世居位于葵涌街道三溪社区上禾塘民成小组（福塘北路三号），整体建筑坐西朝东，现存建筑风格为晚清民国建筑，面宽37米，进深24米，占地面积988平方米，中心建筑为三堂，外则以四个角楼为端点，与围屋形成闭合结构。面开三门，正门上嵌有石额一方，上刻"福田世居"四个楷书大字。围前依靠禾坪连接半圆形月池。

潘氏三栋屋位于葵涌街道三溪社区，整体建筑坐北朝南，面宽12米，进深28米，占地面积336平方米，三开三进，上堂有三开屏门，屏门有花岗岩柱础、两次间有地袱，屏门正中原有匾额，然由于风霜侵蚀内容已无法辨析；中厅有四金柱，花岗岩柱础、柱身，木质全梁架，中厅南墙有民国初年的瓷质花窗；后堂安置"大显威灵"神位，祭拜诸神。该建筑原为葵涌潘氏私塾，抗战时期，该书室曾作为东江抗日游击队的医疗站。中华人民共和国成立后被用作粮仓，至今产权仍属龙岗区粮油公司。因其在葵涌属较高等级建筑，且侧面有三个山面，很是壮观，故被村人称为"三栋屋"。

三、两地传统建筑比较研究

葵涌潘氏与梅县南口潘氏古村分别是兴梅地区客家民居与深圳地区客家民居的典型代表，其建筑形式折射出客家文化的精髓。它们之间既有客家民居的共性，也有不同区域传统建筑的个性；既是一脉相承，又各有发展。笔者拟结合上述人文背景，对两个地区传统民居不同时期建筑和同一时期不同地区建筑的平面、立面、材料、工艺进行阐述和比较分析，寻找这些建筑的渊源关系，具体比较研究如下：

深圳客家围堡建筑与惠州四角楼一脉相承，两者之间的渊源可以追溯到兴梅围笼屋。目前，深圳地区仍保留着一定数量的围笼屋，如坪山的丰田世居、坑梓的龙湾世居等。横岗正埔岭是中国大陆纬度线最低的围笼屋，坑梓龙湾世居虽然保留了后围笼，但正立面为深圳客家围堡式，成为围笼屋向深圳客家围堡过渡的一个标本。同为"坑梓黄"所建造的龙湾世居与龙田世居，一个建成围笼屋，一个建成四角楼，说明围笼屋与围堡式建筑属于同一个建筑谱系。这就说明深圳客家围堡是以兴梅围笼屋为原型，结合深圳当地的地形与社会历史背景形成的具有鲜明地方特色的客家建筑，其发展有着清晰的演变脉络。

（一）血缘聚居

两地潘氏的聚居模式均为以血缘为基础的聚族而居。血缘聚居是客家人客居异乡却能生存下来的重要原因。站稳脚跟后，客家人不断扩大本族文化的影响范围，逐步成为当地的主流文化，其标志就是客家话成为当地的主要方言。即便如此，客家人依然需要依靠血缘聚居来稳固自己家族的地位，以抗衡周边异姓客家人的威胁、防止融入客家文化的本地土著实现文化逆袭，保持对农耕社会主要生产资料土地、水源地的占有。同时，血缘聚居也是实现乡村自治的重要途径：在血缘聚居的村落，家规既是乡规也是民约，血缘关系外化为一种社会秩序。长辈们根据辈分和长幼，利用家规约束家族的子孙，中国传统的宗法制度在村落中有了实施的基础，在古代皇权不下县或者政府无法控制乡村的时期，宗族管理可以确保乡村社会秩序的稳定。

虽然同为血缘聚居，但两地的聚合程度不同。梅县南口因处于乡村，其产业主要为农业。因此，在经过几代人的扩张之后，家族规模宏大、人口众多，围屋和各式单体建筑达100余处，打出"客家世界第一古村落"的口号。葵涌潘氏则因地处葵涌墟，其产业除了葵涌河谷的农业之外，还依托沙鱼涌古商埠和葵涌墟发展贸易、盐业、渔业、手工业等。在潘氏到达葵涌开基时，已有它姓客家和本地人在葵涌形成村落，因葵涌地域较南口狭小，尽管后来葵涌潘氏已成为古代深圳、惠阳地区大族，仍无法进行大规模扩张，保留下来的传统建筑仅有三处围屋和一处学校。

（二）以祠堂为建筑中心

以祠堂为建筑中心的建造格局是客家建筑的共同特征，区别于广府建筑的中心巷格局。南口和葵涌潘氏传统建筑也不例外，两地的祠堂均位于整个建筑组群的核心位置，处于整体建筑的中轴线上。祠堂是客家宗族的精神高地，祠堂内供设祖先的神主牌位是家族、宗族凝聚力的象征。在一些固定的时令节日、婚丧嫁娶、祖先祭辰、春秋二祭、家族或是族人议事等特定时间，家族成员们都会聚集在祠堂，奉祀先祖，祈求庇护。祖堂是一个家族兴衰的标志，兴旺的家族或宗族，四时祭享，香火不断；衰败的家族则宗庙残颓，香火断绝。

因为祠堂在客家社会中具有重要社会功能，所以其建筑地位也比较高，如梅县南口潘氏"老祖屋"，中心祠堂是满堂础、四金柱的大开间。相比之下，横屋则相对比较简陋，长天井、通道等公共设施都修筑得十分简易，当人口增长时，新增的扩建部分也是以祠堂为中心，向外层层扩散，形成横屋拱卫祠堂的格局。葵涌潘氏所筑福田世居，虽然没有梁架，但高举架、建筑材料则大量使用体量较大的花岗岩，且表面光滑、缝隙极小，精细程度高，位于中轴线的祖堂部分还辅以封檐板木雕、神龛木雕、灰塑等装饰，以提高祖堂的规格，彰显祖堂核心的地位。

（三）崇文重教

作为华夏后裔，客家人深受中原儒家思想的熏陶，崇文重教思想根深蒂固，客家先人迁徙时也将这种崇文重教思想带到了客居地。而且，"无山不住客"，客家人的居住地大多位于山区，交通闭塞，自然环境险恶，土地贫瘠，商业发展落后，想要出人头地，往往只能通"学而优则仕"的科举之途，在这样的情况下，崇文重教能够顺利融入客家人的价值观也不难理解。

梅县南口潘氏与深圳葵涌潘氏均秉承了客家人崇文重教，耕读传家的优良传统。从建筑商，这表现在两地潘家均有书院，而且书院的建筑规格均高于普通民居。梅县南口的毅成公家塾作为村里的家族学校，主座高两层，二层为带全梁架的敞厅，面开七间，有前后花园，在当时，建筑成本达 6000 两银子；而葵涌的"三栋屋"是葵涌潘氏的家族学校，是葵涌潘氏现存建筑中唯一三开三进带全梁架的敞厅结构建筑。

毅成公家塾由潘氏十四代潘立斋和第十五代潘祥初于清光绪二十八年（1902）合建，是南口潘氏家族的转折点，为南口潘氏带来了近半个世纪的辉煌。在此期间，家族中涌现出大量优秀的军政要员、富商巨贾、专家教授；葵涌潘氏也因三栋屋而文人辈出，族人多从事教书工作，潘处士十六世裔潘立易在新中国成立后任惠州名校崇雅中学校长。

南口潘氏第十二代潘钦学靠经商发家后，不忘倡导家族教育，临终前"谆谆遗嘱治家之法甚备，其急务尤在设家塾，购书籍，延师儒，定课程，为他日造就后进之基，深以未遂厥志为憾"。[①]葵涌潘氏开基祖潘琼儒携子潘奉乾在葵涌艰辛创业，靠吃苦耐劳成就一番生意，潘奉乾即求得监生功名，得谥"光大积厚"。这显示出客家人并不是以经济富裕为家族发展的终极目标，想真正出人头地、传承家业需要考取功名与弘扬崇尚文教的家风。

（四）防御设计

防御性是客家建筑最典型的共性，防御水平、防御的对象和目的决定了各个建筑类型的区别。梅县南口因地处客家腹地，本地人和客家人的发展实力悬殊，本地人已经不会对客家人的发展构成威胁，因此梅县南口的传统建筑的防御性明显较弱，如南口"老祖屋"的正立面是开放的，没有围墙和围门，核心建筑面开三门，大门也无额外的防御设施，第二组横屋干脆不设门，可连为一条巷道。

---

① 潘氏毅成公家塾碑，"毅成"为潘钦学的号。

深圳葵涌因为濒海，且接近香港，商业经济发达。客家人除了防范本地人、异姓客家人的侵犯之外，还要防盗。特别是葵涌潘氏家族兴盛后，为了保护财产，加强了传统建筑的防御设计，葵涌上禾塘与福田世居四周有高大的围墙；面开三门都用巨大的花岗岩凿成，石门框内有坚固的趟栊；四角有高大的角楼，角楼上布满枪眼，能快速发现并痛击来犯之敌，建筑的防御性较南口潘氏得到了大大提升。

四、结论

对同一家族的建筑进行不同时间、空间的比较研究，有利于进一步明晰传统建筑的传承与发展脉络。潘氏家族从以客家人为主导的梅县迁居至地处广府、客家、潮汕三大民系结合部的深圳大鹏半岛，两地的建筑是研究兴梅客家围笼屋向深圳客家围堡过渡的典型范例，其传统建筑文化既有变也有不变，即有传承也有发展。

Comparative Study of Hakka Architecture between Shenzhen and Xingmei: A Case Study of Traditional Pan Clan Buildings in Both Areas

Huang Wende [1]

Abstract: When studying ethnic cultures, architecture serves as a crucial point of entry. The Hakka people are the main indigenous group in Shenzhen. Due to the predominant defensive characteristics of Hakka architecture in Shenzhen, it is referred to in academic circles as "Shenzhen Hakka walled villages," representing a significant branch of Hakka architecture. This paper aims to conduct a comparative study between the traditional Pan clan buildings in Kuichong, Shenzhen, and their place of origin, the traditional Pan clan buildings in Nankou, Meixian. Through oral history interviews, inscriptions, genealogies, and literature research, it seeks to explore the inheritance and development of Hakka architecture within the same linkage and clan in both Meixian and Kuichong, and to perform a comparative analysis of the cultural features embedded in the Hakka architecture of the two regions.

Keywords: Hakka   Ethnic Group   Walled Courtyard Houses
Hakka Walled Villages

---

① Author's Bio: Huang Wende, deputy director and associate research librarian of Dapeng District Museum, Shenzhen. His research direction is folk culture studies.

作为社会性地址的宗族

——以福建省客家社会中的人物称呼为例①

[日] 小林宏至 著，郭睿麒 译②

摘要： 本文以中国福建省客家社会中的大型宗族为研究对象，探讨了父系氏族理念在日常生活中的体现。以往的宗族研究往往以春节仪式、清明节扫墓、族谱编纂、坟墓建设、丧葬仪式等大型祭祀或事件为切入点，讨论其形成或分裂的过程。本文以没有盛大仪式的"田野调查中的漫长下午"为背景，探究了"隐藏"在日常对话中的宗族要素——村民相互之间的称呼行为。在村民的日常生活中，最能体现亲属关系的"事件"就是日常的"称呼"行为。每个人都是"发送者（addresser）"和"接收者（addressee）"，通过这些称呼行为，宗族这个情境（或者说领域）得以被创造出来。本文以互相称呼这样的细小事件为线索，将他们的宗族定位为"社会性地址"，并展开了讨论。

关键词： 客家　宗族研究　称呼行为　社会人类学

---

① 原文刊发于 [日] 小林宏至：《＜宗族＞と中国社会　その変貌と人類学の研究の現在》，日本风响社，2016 年，137 ～ 171 页。本文为该书的第四章《社会的住所としての宗族——福建省客家社会における人物呼称の事例から》。
② 作者简介：小林宏至，日本国立山口大学人文学部准教授，研究方向为社会人类学、中国汉族研究、客家社会研究。译者简介：郭睿麒，山东师范大学外国语学院讲师，研究方向为文化人类学、物论研究、亚洲比较文化研究。

一、前言

本文以中国福建省客家社会中的大型宗族为研究对象，探讨父系氏族理念在日常生活中的体现。以往的宗族研究往往以春节仪式、清明节扫墓、族谱编纂、坟墓建设、丧葬仪式等大型祭祀或事件为切入点，讨论其形成或分裂的过程，但本文以没有盛大仪式的"田野调查中的漫长下午"[①]为背景，探究"隐藏"在日常对话中的宗族要素。总而言之，本文的研究重点为相互之间的称呼行为。

此处所指的"称呼"并不是指亲属称谓（kiniship term, kinship termi-nology），而是指每个人的称呼用语（address term）。纵观人类学的研究历史，不难发现，"亲属"一直是其主要关注的研究对象之一。自人类学初期阶段至 20 世纪中叶，名称相关的研究报告和分析层出不穷。其间，正如路易斯·摩根（Lewis·Morgan）早先就将以 ego 为中心的直系区分明确的雅利安·闪族类型视为更城市化的类型，马来族类型视为更原始的体系，并将其整理为描述性亲属名称／分类性亲属名称一样。[①]直到 20 世纪中叶，"亲属"分类、范畴细分、婚姻关系和名称体系的研究都是基于研究者视角下的静态亲属研究。迄今为止，关于亲属称谓的研究主要集中在探讨亲属关系的指称（reference）上。[③]本文将以不同的视角，即从个体的

---

① "学术领域漫长的下午"是濑川昌久的名言。"如果要进行时髦的文化研究，那就交给装腔作势的社会学家们吧。让我们从那无休止平凡地流逝的田野的漫长下午和那堆过于厚重和冗长的民族志出发，建立起一点点蹒跚前进的学问"。引用自东北大学环境社会人类学研究室·文化生态保全学研究室网页，网址为 http://www.cneas.tohoku.ac.jp/labs/dse/anthro/member.html.

② L. H. Morgan, *Systems of Consanguinity and Affinity of the Human Family*, Washington DC: The Smithsonian Institution, 1871, p. 147。

③ A. KROEBER, *Classificatory Systems Of Relationships*, The Journal of the Royal Anthropological Institute of Great Britain and Ireland, 1909, Vol. 39, pp. 77-84. E. Sapir, "A Flood Legend of the Nootka Indians of Vancouver Island," *The Journal of American Folklore*, 32, 124 (1919): 351-355. G. P. Murdock, *Social structure*, Macmillan, 1949.

称谓（address）出发，探讨亲属乃至宗族的问题。①换句话说，本文并不是把地方社会中的宗族作为一个可以与其他地区比较的亲属结构来分析，而是把它作为一个在各地不断被创造出来的关系区域来分析。

从大约 20 世纪 60 年代开始，人类学家开始反思以往的"亲属"研究，即对将"亲属"本身作为既定事实的研究方式进行了批判性探讨。②随后，将"亲属"作为可比较、分类的对象，并将亲属名称体系普适化的研究日渐式微。③本文并非否认此前亲属研究的意义和作用，但对将宗族视为既定事实进行研究的方法持保留态度。在本文的调查地，称呼人物有时使用亲属称谓，有时则采用个人独有的专有称呼。初看之下，诸如互叫对方名字等行为是个体之间发生的小事，看似与宗族无关，但调查地每个人的名字里都蕴含着宗族的状况。本文旨在探讨个体成员之间相互行为反映的社会关系，而非基于"祖先－子孙关系的亲属集团"的视角。

社会人类学领域的亲属研究在 20 世纪 50 ~ 60 年代达到顶峰，但当时中国社会相对封闭，亲属研究自不必说，就连实地调查都无法进行。因此，与人类学中的亲属研究热潮有所不同，中国的宗族研究在近年才逐渐兴起。当然，在此之前并非没有在汉族社会中进行宗族研究的先例。马库斯·弗里德曼（Maurice Freedman）探究了香港新界，并深入分析了宗族

---

① 当然，该称谓有时也被用作称呼，两者之间并没有明确的区别。例如，在调查地点，当儿子称呼父亲时会使用"爸爸"这个称呼，而当父亲称呼儿子时会直接使用孩子的名字作为称呼。正如岸上伸启所述："最近，许多人类学家对于姓名和绰号的社会人类学研究感兴趣的程度正在增加，这是因为通过对姓名和绰号的分析，可以更好地理解文化、社会结构，以及它们的变化。"参见岸上伸启：《カナダ・イヌイットの人名、命名方法および名前に基づく社会関係について》，《民族学研究》4 号，1990 年，第 485 页。本文也基本上将呼称作为分析对象，以重新思考静态的宗族观。
② D. M. Schneider, *A Critique of the Study of Kinship*, MI : University of Michigan Press, 1984. 例如：E. Leach, Rethinking Anthropology, London : University of London, 1961. R. Needham, Rethinking Kinship and Marriage, London : Routledge, 1971. D. M. Schneider, American Kinship : A Cultural Account, Englewood Cliff's, NJ : Prentice-Hall, 1968。
③ 在 20 世纪 90 年代中期，施耐德曾说过"亲属研究死而复生了"（见 D. M. Schneider, R. Handler, *Schneideron Schneider : The Conversion of the Jews and Other Anthropologica lStories*, Durham : Duke University Press, 1995），亲属研究在物质研究、LGBT 研究（性少数群体研究）和生殖医疗领域再次活跃起来，这一现象也是事实。然而，在汉族社会中，这些研究的影响力仍不太大。

组织的发展形态，对后来的汉族研究产生了重大的影响。这一研究的灵感
源自埃文斯·普里查德（Evans Prichard）和麦耶·福特斯（Meyer Fortes）
提出的"非洲模型"。①在"非洲模型"中，父系氏族的群体被视为社会的
基本单位，社会在没有国家或王室等支配统治结构的情况下，仍然能够维
持基本秩序。因此，普里查德与福特斯将父系氏族描绘为一种政治体制。
基于此，弗里德曼打算通过调查同为父系氏族社会的宗族，进行批判性考
察。②根据实地调查结果，弗里德曼指出，宗族的分支并非均衡发展，而
是呈现不均衡、分裂的发展趋势。此外，各分支会基于政治考量各自选择
祖先，依据当时的社会情况进行"整合－分裂"的重复过程。在此之后的
汉族研究基本延续弗里德曼对宗族组织的观点。台湾的人类学家陈其南认
为，在对汉族进行研究时，应避免使用源自西方的概念，如"氏族"或
"族群"等，而应采用"房"这一概念进行考察。③以"房"为基本单位
的分析研究，贴近当地的实际生活，利于描绘宗族在当地生活中的社会功
能。但是，这种宗族的形成（分房）标准，或是上一世代和下一世代的关
系，仍然遵循"父系氏族规范""以祖先为中心的理念模式"等传统研究
范式，其研究不具备颠覆性。

因此，将宗族作为分节的单元（或由房组成的集体）来理解，并从分
裂和统合的视角来探讨宗族的发展形态，已经成为一种主要的研究方法。
在此过程中，宗族共享的历史和财产，如族谱、族产、祠堂，或全族参与
的祭祀仪式，如祖先祭祀、墓地访问、婚丧嫁娶等，都成为重要的"工
具"。例如，对东亚父系起源群体进行地区横向研究的《"血缘"的重构：
东亚父系氏族和同姓结合》，在分析宗族时，将祖先祭祀、合祀庙、宗亲

---

① ［日］濑川昌久：《中国社会の人类学——亲族·家族からの展望》，日本世界思想社，2004 年，
第 25 页、71 ～ 73 页。

② Freedman, Maurice, *Chinese Lineage and Society: Fukien and Kwangtung*, New York:
Humanities Press INC, 1966, p. 144, pp. 147 ～ 149.

③ Chen Chi-nan, *Fang and Chia-tsu, The Chinese Kinship System in Rural Taiwan*, Doctor
Thesis of Yale University, 1984. 陳其南（小熊誠訳）：《房と伝統中国家族制度——西洋人類学
における中国家族研究の再検討》，《沖縄国際大学文学部紀要》1 号，1990 年，第 135 ～ 174 页。

会活动、共有地等作为"线索"。①与本文研究地点相同，探究福建南部宗族的《闽南宗族社会》②中，祠堂、族田、族谱等也成为重要的分析标准。然而，正如前述的亲属研究史所触及的一样，从这样的研究视角进行分析可能会将"宗族是父系氏族群体"作为既定的事实开始讨论，也可能将宗族研究框定在源自西方的父系氏族群体的分析框架之中。究其原因，无论是弗里德曼关于宗族发展形态的模型，还是陈氏关于不受宗谱概念束缚的"房"的研究，讨论的出发点都在于将宗族作为"亲属"群体的存在视为既定事实，从而进行分析。

当然，笔者也一直在通过祖先祭祀、族谱编纂等方式研究宗族，并对这项研究的实用性持肯定态度。然而，在本文中，笔者尝试回避过去被大规模使用的研究方法，不将宗族组织视为已经存在的形态，而是讨论在那里发生的宗族情境。如此一来，从日常生活中的琐事出发，而不是祖先祭祀、各种仪式、族谱编纂、共有财产管理等重大事件来考察他们的"宗族情境"，将是有实际意义的研究。本文通过一个村庄社会中人们相互称呼对方名字的日常行为，来考察宗族情境（或领域）。换言之，本文与以往从宗族研究式的全景视角，或从象征共同体的大事件，来分析宗族组织不同，而是从中心或全景图像难以体现的零散和个别小事件来分析宗族情境（领域）。特别是在本文中，笔者通过关注每个人相互称呼名字的行为，来思考宗族情境是什么。

二、调查地概要与宗族组织

在开始讨论亲属称谓与人物称呼之前，须先说明本文调查地 L 村的概况。L 村一带的宗族与过去许多宗族研究中出现的地区（珠江三角洲、香

① ［日］吉原和夫ほか：《〈血緣〉の再構築——東アジアにおける父系出自と同姓結合》，日本风响社，2000 年。
② 陈支平、徐泓：《闽南宗族社会》，福建人民出版社，2008 年。

港新界等平原地区的大规模宗族）不尽相同。L 村位于福建省西南部的山岳地带深处，与典型的中国东南部宗族研究中拥有广域社会关系和复杂经济圈的宗族相比，所处社会背景并不相同。在中国东南部的 L 村形成了大规模的父系氏族，这与许多关于中国东南部宗族的报告案例大体相同。然而，直至 20 世纪 80 年代，L 村仍处于一种在地理和经济上相对"封闭的环境"中，[①]是在居住形式、语言及婚姻关系等方面，都经历了独特发展历程的"汉族"。[②]例如，包括 L 村在内的周边村落中存在许多被称为"土楼"的巨大集体住宅，但直到 20 世纪 50 年代，这些土楼都几乎不为外界所知。[③]土楼是一种集合住宅，能够容纳数十个家庭、数百人共同居住。直到 20 世纪 80 年代左右，许多居民仍以家族为中心在土楼中生活。因此，在这个地区，不是每个家庭都作为一个独立的单位共同居住，而是每个宗族作为一个大的单位共同居住并运作，每天有数百人在同一空间中一起吃住，面对面地生活在一起。

到改革开放后的 20 世纪 80 年代，他们周遭的环境发生了变化。过去，他们的基本收入主要来源为销售烟草、茶叶等经济作物、在城市打工，以及来自华侨。然而，随着土楼这种建筑逐渐为外界熟知，民宿经营和摩托车出租等旅游产业业务成为主要收入来源，他们的生计形态也发生了巨大变化。随着职业的变化，他们的生活方式也发生了改变，愿意居住在缺少自来水、下水道、空调和互联网等现代化设施的土楼中的年轻人日益减少，土楼面临快速的人口流失。他们曾经以几十个家庭、数百人为单

---

① 封闭这个词在这里是狭义上的封闭。从大约 18 世纪开始，就有许多华侨从 L 村出发前往东南亚打工。并且在出国打工变得困难的时期，他们也前往一些大都市，如厦门和广东打工。所以，L 村的经济和交际关系决不处于一个对外部封闭的状况。

② 更准确地说，他们自称为被叫作客家的一个汉族支系（亚族群）。客家在中国国内外已经积累了大量的研究，但本文只为了讨论宗族而侧重他们作为一个父系氏族社会的方面，而不是关于客家的讨论。

③ 当地有一著名的建筑物群，称为客家土楼。在 2008 年，这些土楼被列入世界文化遗产名录。然而，直到 1956 年首次（在建筑学杂志上）介绍当地，其存在才为人所知。《永定县志》，福建省龙岩市永定地区图书馆藏，1994 年，第 852 ～ 853 页。

位聚居，但近年来其生活方式与中国东南部相比已并无二致。

L村由两个宗族（为便于记述，后称宗族A和宗族B）组成，村内分布着数十座不同家族建造的土楼。宗族A和宗族B在该村内各拥有数百人规模的人口，但大部分人目前并不居住在土楼内，而是在土楼周围以家庭为单位建立各自的住所。L村直到20世纪90年代都没有公共交通，居民需要经由邻近的村庄前往永定、龙岩、厦门等主要城市打工。因此，一般情况下，人员、货物和金钱都在相对固定的地理范围内流动。L村一位男性的话，"我是这个村子里第一个买摩托车的人。那是在1992年。那个时候还没有公路，只能在野外行驶"，侧面印证了当时的情况。①

从范围上看，可以发现L村村民的日常经济活动主要发生在五个村庄的范围内。L村周边有五个举办定期集市的地点，每隔五天就在这五个地点轮流开展定期集市活动。村民根据农历（旧历）举办仪式和祭祀活动，而集市的巡回商人们也根据农历来定期营商，在农历每月的第一天、第二天、第三天、第四天、第五天轮流在五个村庄设立市场（便于记述，以1、2、3、4、5代表五个村庄）②。根据规定，农历第一天在1村设市，第二天在2村设市，第三天在3村设市，第四天在4村设市，第五天在5村设市。也就是说，在1村，农历每月第一天、第六天、第十一天、第十六天、第二十一天、第二十六天设立市场；在2村则是农历每月第二天、第七天、第十二天、第十七天、第二十二天、第二十七天设市；其他村以此类推。每个村庄每月有六次定期集市，在定期集市销售商品的人每个月会巡访五个村庄六次。③L村村民因为靠近3村，所以赶集当天会骑摩托车

① 根据《永定县交通志》实际记载，经过L村连接村和3村（后述）的公路于1993年建设完毕。见《永定县交通志》，福建省龙岩市永定地区图书馆所藏，1996，第40页。在此之前，也没有像样的道路，汽车也无法通行。

② 在此为了方便列举了1、2、3、4、5五个村落，但现在五个村落当中的5村由于人口减少已经不再设市。但按照过去的惯例，每个村落仍然按照农历一至五日举办定期集市。本文由于是讲述他们过去经济圈的情况，因此直接介绍了五个村落作为曾经行商的场所的。

③ 由于按照农历（旧历）进行行商，所以能够顺利地轮流一周。换句话说，他们按照三十天为一个月进行轮回。目前，由于5村庄人口减少，农历的第五天、第十天、第十五天、第二十天、第二十五天、第三十天成为行商人的休息日，市场不开放。

一同前往 1 村，购买蔬菜、肉类、香料、调味品、衣服、鞋子、电器等日常用品。

如上所述，五个村庄中日常用品的交易网络发展相当完善。可以说，至少在 2000 年，定期集市可以满足村民全部的日用品买卖需求。这五个村庄集市中的经济活动，不仅有物品买卖，也反映了语言、婚姻等其他深层关系。

L 村的村民们虽然认同自己是汉族的一个支系——客家，但并不认为自己所说的客家语是"标准客家语"。他们深知自己处于客家文化圈的边缘，所说的"客家方言"与"标准客家语"的腔调有所不同。当笔者询问当地人他们所说的"客家方言"的范围时，他们会提到前述的五个村子：1 村、2 村、3 村、4 村和 5 村。由此可知，他们的经济活动圈与他们日常使用的"客家方言"范围是一致的。此外，五个村子内缔结婚姻关系的人也很多。例如，在 L 村 A 姓家谱（本文后半部分出现的人物的家谱）的第三代①（即第二十四代至第二十六代）的村民中，约 80% 的男性娶了来自上述五个村子的女性，约 70% 的女性嫁到了上述五个村子中。具体数据如（表 1）所示。

表 1　本案例的研究对象 L 村 A 宗族家谱中第三代人（共计 30 人）的通婚圈

	1 村	2 村	3 村	4 村	5 村	其他	总计	五村所占比例
嫁入	4 人	2 人	6 人	2 人	4 人	3 人	21 人	约 83%
出嫁	2 人	1 人	1 人	0 人	3 人	2 人	9 人	

换言之，本文所讨论的 L 村宗族，从居住形式、经济活动范围、婚姻关系等方面来看，具有很强的地区性。因此，在 L 村中使用的亲属称谓和

---

① A 宗族的家谱表明，第 26 代至第 28 代成员目前在 L 村是主要成员。也就是说，这里的嫁入及嫁出数据指的是他们现如今的婚姻关系。

人物称呼不能草率地全部归类到宗族研究。本文仅将在 L 村观察到的现象视为宗族研究中的一个重要案例，因为他们强烈地认同自己为汉族，并以家族谱系和世代为基准来建立自身与他人的关系。此外，因为以祖先为中心的父系氏族具有"模范"作用，L 村得以在祖先祭祀和婚丧嫁娶等事务的劳动分配中，构建起父系基础的劳动集体。以下，本文将探讨村民如何在日常生活中，通过亲属称谓和人物称呼的行为唤起宗族的"模范性"。

三、调查地亲属称谓和人物称呼

从本节开始，本文将进一步讨论关于人物称呼的问题。首先，有必要简单介绍一下亲属称谓。亲属称谓有时也会成为人物称呼，一言以蔽之，L 村当地使用的亲属称谓与汉族的一般亲属称谓在结构上没有很大的区别。也就是说，以父系为主线的家谱，其内外有着明确的区分。例如，自己（ego）的叔父可以明确分为父亲的兄弟"堂表"叔父、母亲的兄弟"舅表"叔父、父亲的姊妹配偶"姑表"叔父，以及母亲的姊妹配偶"姨表"叔父。从与自己的关系来说，与"堂表"叔父的关系最密切，其次是"舅表"，同样远的是"姑表"和"姨表"。在 L 村，以上这些都使用当地的"客家语"亲属称谓来表示。另外，亲属称谓的特点是，在兄弟姐妹间，年长者称谓前面会加一个"呔（tai）"的前缀，而年少者称谓前面则加一个"唛（main）"的前（或后）缀。例如，称呼母亲的兄弟"舅表"叔父都会带有"舅（kiu）"，但是最年长的叔父会被称为"呔舅(taikiu)"，最年少的叔父会被称为"唛舅（mainkiu）"。本文重点讨论的是人物称呼而不是亲属称谓，因此不在这里详细分析所有的亲属称谓。关于亲属称谓，另一篇文章已经具体讨论，在此只简要陈述调查经过。包括 L 村在内的亲属称谓明确反映了父系氏族的观念，也是判断是否属于同一个堂（父系）的重要指标。在直系血亲中，亲属称谓存在于上五代和下三代。兄弟姐妹的年长和年幼在亲属称谓中得到体现，通过称呼亲属称谓，可以判断一个人在兄弟姐妹中排行第几（叔父、叔母、儿子、女儿）。基于以上讨论，接下来将探讨人物呼称。

在 L 村，对人的称呼不是仅有一个，根据情况会有所不同。有时会用个人的名字或昵称，有时则用亲属称谓。例如，在一个家庭中，上一代叫下一代时通常用名字，而下一代叫上一代时通常用亲属称谓。一般情况下，在村子里，人们之间经常用个人的名字互相称呼，妻子叫丈夫（或丈夫叫妻子）时也会叫名字。而这样彼此每天互相称呼名字具有一个重要的指标，即各个世代、各个系谱所共有的"辈字（或字辈、辈分、辈行）"。每个人的名字（因同属同一宗族，所以讨论中的名字不包括姓氏）通常由两个字组成（至少 L 村的 A 姓家族全都是两个字），其中一个字就是"辈字"。"辈字"是指名字中有一个字被一定数量的成员共有，并且这个字有表示世系、世代的功能，也只有拥有相同辈字的人才能管理共有财产。在汉族社会中，父亲辈分中同辈的兄弟被称为"堂兄弟"，而堂兄弟通常会被赋予相同的辈字。

宗族社会拥有庞大的、难以全面认知的父系氏族准则。例如，L 村的 A 姓家族（理论上）可以追溯一百代以上，拥有相同始祖（一世祖）的父系氏族成员数量庞大且分布广泛，因此没人能够把握宗族的全体情况，他们在日常生活中接触的人和定期祭祀的祖先也是有限的。[1]换句话说，即便同属一个宗族，也并非与所有成员都关系密切，每个人能记住的成员名字相对有限。当他们思考自身与其他成员的关系时，每个人名字中的"辈字"就成为重要指标。拥有相同"辈字"的人处于同一世代，这在庞大成员的宗族社会中，对于认识自己在哪一世系、哪一世代起着重要标识作用。对于 L 村 A 姓家族的人来说，每个"辈字"所代表的世系和世代是"常识"，这一点可以从下面笔者和 A 锦海（化名）的对话中看出来。

---

[1] 即使在 L 村的 A 氏家族中，作为祖先祭祀对象的祖先也只是被选择出来的一部分祖先。见[日]小林宏至：《テクストとしての族譜——客家社会における記録メディアとしての族譜とそのリテラシー》，《社会人類学年報》37 号，2011 年，137～163 页。

　　笔者："如果听到名字，你能分辨出这个人是哪一代哪个家族的吗？"

　　A锦海："当然能。一般听到名字后，上一代和下一代的身份就能立刻在脑中浮现出来。"

　　笔者："不仅是你，其他人也能吗？"

　　A锦海："当然了，因为我们兄弟（堂兄弟的"辈字"）是'锦'呀，父亲那代是'化'，更上一代是'友'，所以每个人都知道。"①

　　在这个村庄中，"辈字"不仅指与当事人之间的关系，而且对于"L村A氏"的人来说，它可以立即让人想起这个人与哪个分支相近，与谁是同一世代。因此，当L村A氏的人彼此叫到对方名字时，就可以知道彼此属于哪个分支的哪一世代。

　　接下来进一步讨论名字。如前文中提到的，L村男性的名字通常为2个字，所以加上姓氏的话，姓名为3个字。例如，假设有一个叫"○△□"的人。"○"部分代表着父系氏族集团的姓氏，在本文中，我们用"A"姓来表示，可能代表"林""李""王""苏""江"等姓氏。接下来是"△"部分，这个部分有时与"□"部分互为前后，但大多数情况下"△"为第二个字，表示"辈字"，即表示兄弟（堂兄弟）辈分的字。如前所述，这个部分在L村的A姓中被称为"辈字"（或"辈字""辈分"等），拥有相同"辈字"的人们关系密切。最后是"□"部分，这是每个名字的原创部分，由当地的算命先生（占卜师）在个体出生时决定。算命先生会根据个人的八字（根据出生年月日和出生时间得出的八个要素）中缺少哪个要素（金木水火土），然后将缺少的要素加入名字。例如，如果判断一个新

---

① 访问时间：2013年3月。括号内是作者的补充说明。有关辈字的详细排列请参见图1。

生儿八字缺"水"，则给名字加上带有"氵"或"冫"的字，如"海"或"冰"等字。前述事例提到的 A 锦海名字中的"海"就是因为他八字缺水。如果是八字缺"土"，则会给予"城"或"佳"等字（带有土字旁）。总之，就是通过名字来弥补缺失的元素。以下将根据实际的名字事例具体解释。

L 村的 A 氏族人认为他们的始祖，也就是一世祖名为"A 火德"。[①]A 火德是五个兄弟中的第四个儿子，按照年长顺序，他们的名字分别是金德、木德、水德、火德、土德。在 A 火德这个名字中，首先是"A"这一部分，表示父系氏族社会的姓氏部分。作为一个姓氏，"A"在包括 L 村在内的广阔地区中非常常见。在由前述的五个村庄构成的地理空间内，"A"部分表示出身于 L 村（即姓氏代表村庄）。例如，前述对话中提到的 A 锦海的母亲是 C 映英，妻子是 C 清。L 村的人们通过 C 这个姓氏，可以很快得知，她们（C 映英、C 清）来自离 L 村几公里远的 G 村。接下来的"火"是通过占卜得到的，也就是说，"A 火德"之所以名字中有"火"这个字，是因为他八字缺"火"。值得一提的是，A 火德的其他兄弟的名字中都含有金、木、水、火、土等五元素，非常具有象征性。[②]最后，名字中的第三个字"德"，代表着他这一代的"辈字"。这个字不仅在兄弟之间，在堂兄弟（父系氏族社会中父亲一方的兄弟）之间也很常见。

再来分析一对目前居住在 L 村的兄弟的案例。A 锦相（化名）和 A 锦海（化名）是在 L 村出生长大的兄弟。目前，哥哥锦相在广东打工，而弟弟锦海在 L 村以经营民宿为生。两人的名字都有一个"锦"字，这表示他们是 A 氏族家谱上的第二十六代。此外，哥哥名字中的另一个字为"相"，而弟弟名字中的另一个字为"海"，这意味着算命先生推算哥哥八

---

① 这被选择的可能性较高。因为当我们看到 18 世纪以前的 L 村墓碑时，他们的代际认知与现在两代之间的差异是比较明显的。关于这一点，请参考笔者的拙作《作为文本的族谱》，［日］小林宏至：《テクストとしての族谱——客家社会における记录メディアとしての族谱とそのリテラシー》，《社会人类学年报》37 号，2011 年，137 ～ 163 页。
② 根据这个名字可以推断，A 火德可能是一个被创造出来的存在，这是因为五个兄弟分别以金木水火土为名。关于这一点，笔者打算在另一篇著述中详细讨论。

字缺"木",弟弟则缺"水"。正因此,在L村的男性名字通常为三个字,并且每个字都蕴含着特定的含义。其中,辈字包含族谱和世代的意义,当人们看到或听到这个字时,大致可以知道这个人是哪一支的第几代。例如,图1是修建L村小河上小桥的捐款人名单,对于L村村民而言,只要找到辈字(即使从未见过面的人),就大致能了解他们对应哪一支的第几代。在图1中,有些人的辈字是第二个字,有些是第三个字,但L村村民一眼就能分辨出辈字是第二个还是第三个。笔者在L村调查期间,也逐渐了解到哪些字是辈字。在图1中,辈字是"化""锦""基""育""龙(龍)""永""启(啓)"。而对非L村村民或者非A姓人来说,可能无法分辨那些字是辈字。

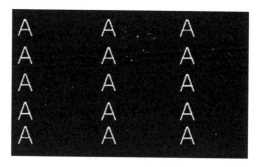

图1 位于L村桥旁的石碑照片(A部分原为汉字,A为图片加工后的效果)

日常交流中,村民并不总是直接称呼姓名。在村庄范围内的日常生活中,他们根据场合的不同,会使用不同的个人称谓。拥有相同辈字的人,或者关系亲近的人之间,经常在名字前加上"阿"进行称呼,这种称呼方式表示双方的关系非常亲近。例如,名为"A锦海"的人在学校,或L村范围之外的地区、公共场所中,通常被称为"A锦海",而在A氏家族会议等场合中则被称为"锦海",在堂兄弟等亲近关系中通常被称为"阿海"。①另外,如前所述,当某一代称呼下一代时通常会使用姓名,当下一代的儿女呼唤父亲、母亲等亲近的上一代时,通常会使用"爸爸""妈妈"等指称作为称呼。换句话说,在日常对话中,个人的称呼会根据情况而变化。

---

① 具有相同辈字的堂兄弟或兄弟,之间存在关系的人,通常会省略辈字,称对方为"阿*"(*的部分是各自的独创的名字)。这表示彼此之间共享辈字,或者即便不说也能互相知晓辈字的亲密关系。

本文并非从指称来研究宗族，而是要讨论宗族是如何通过个体之间的相互称呼而被体现出来的。换句话说，无论是亲属称谓还是包含辈字的名字，本文的角度是个人的社会关系如何在日常的互相称呼行为中得以体现出来。在以往的宗族研究中，通常从亲属称谓体系或辈字的指称（reference term）角度考察名字。然而，本文并非采用从固定构造或父系氏族模型，而是想从称呼（address term）这一角度，研究因适应环境而不断变化的"宗族"。笔者有此想法，是因为在 L 村发现了女性也拥有辈字这一事实。按照 L 村习俗，嫁入 L 村的女性也有 A 氏族辈字。换句话说，所有成员的名字都蕴涵了世系和世代的意义。因此，在日常生活中，L 村的所有居民都能通过称呼了解彼此的世系和世代，并且自己的名字也记录着世系和世代的状况。

四、女性的"辈字"和名字的称呼

在汉族社会中，可以观察到一种被称为"辈行"（根据 L 村的情况，也被称为"辈字""字辈""辈分"等）的称谓习俗。这种习俗不仅在中国东南部规模庞大的宗族中普遍存在，还在对其他中国广大地区的研究中频繁出现。[①]可以说，在汉族社会中使用"辈字"的事例并不罕见，甚至是相当普遍的。然而，笔者从未听说过有关女性使用"辈字"的情况。如果 L 村的辈字习俗是仅限于男性成员使用，那么笔者根本不会从称呼（address term）来研究宗族。但 L 村的女性也有辈字，并且通过其名字的称呼或记录可以了解其世系和世代。在父系氏族的汉族社会中，女性在结

---

① 可参阅早期文化人类学调查报告，如 Wu Ching-Chao, "The Chinese Family: Organization, Names, and Kinship Tenns," *American Anthropologist New Series* 29, 3 (1927)：316～325. 以及以改革开放后的社会环境为研究背景的重要研究成果，如 [日] 中生勝美：《中国華北農村における世代ランク》，明治大学社会構造研究会：《ふいるど》2 号，1987 年，第 29～40 頁。中生勝美：《親族名称の拡張と地緣関係——華北の世代ランク》，《民族学研究》3 号，1991 年，第 265～283 頁。中生勝美：《中国の命名法と輩行制》，上野和男、森謙二：《名前と社会》，早稲田大学出版部，1999 年，第 276～296 頁。

婚后不会改变自己的姓氏。但在 L 村，存在根据配偶的辈字来改变女性名字的习俗。当然，正如前面调查地概述中所述，这种情况可能仅限于相对"封闭"的 L 村一带，因此不能轻易地将其放置到宗族一般性的讨论中。然而，正如之前所述，L 村的男性可以通过辈字了解一个人属于哪一世系、哪个世代，这在女性身上同样适用。这个事实给予了笔者启发，在汉族研究中，是否需要将女性与作为规范的父系及作为指标的男性分开探讨。按照之前的例子，A 锦海的辈字是锦，通过辈字我们可以立刻想到其上下代、近亲外亲等宗族关系，但如果是女性，又会是怎样一种状况呢？

举个例子，假设在这里有一位名叫"C 映＊"（化名）的女性，嫁到 L 村后改了名字，但姓氏部分 C 氏没有改变，只改变了名字部分的"＊"。关于"＊"的字符如何决定，这取决于她婚姻关系中男性配偶的辈字。更具体地说，拥有"化"字辈的兄弟（堂兄弟）的妻子，都要将"＊"改成"英"等对应的字。也就是说，"化"和"英"在 L 村中是互相对应的夫妻辈字。举例来说，如果假设之前提到的"C 映＊"的名字是"C 映英"，那么就可以知道她丈夫的名字是"A 化○"（或"A ○化"，即与女性辈字"英"对应的男性辈字是"化"）。同理，她丈夫的堂兄弟及其妻子的名字也与其类似。因此，嫁入 L 村的女性婚后改变名字中的一个字，以与丈夫的辈字对应，她就能立即被村落社会收纳，成为○○世系第□□世的男性的妻子。①

那么，这个在堂兄弟中含有的"辈字"及婚后女性被给予的"辈字"在日常对话中是如何体现的呢？笔者想通过具体的日常对话解释。在 2012 年夏季的某一天，笔者和与自己关系很好的 A 锦海（化名）的女儿（五岁）手牵手在 L 村祖堂附近散步。经过 B 晓华（化名）家附近时，笔者恰好看到 B 晓华夫妇与 C 映英在 B 晓华家里喝茶聊天。C 映英也注意到

---

① 关于辈字由谁决定这一疑问仍然存在，对此笔者并没有从当地获得明确的回答。一般来说，当询问辈字的确定方式时，获得的回答是由家族中有"文化（具有修养，善于阅读和写作能力的人）"的人决定。关于辈字的决定方法或连续性，L 村的居民并没有标准的说法，有必要继续调查。

了我们，邀请我们上去一起喝茶，和笔者一起的小女孩也一同进了 B 氏的家。C 映英和小女孩是奶奶和孙女的关系，在这种背景下发生了以下对话（L 村的 B 氏也在场，有时也参与其中）：C 映英一边哄孙女一边聊天，话题正好转到笔者的婚姻上面。"结婚后，你们打算生孩子吗？""男孩和女孩，你们更喜欢哪个？""日本人可以生多少个孩子？"……而后，自然而然地谈论到姓名，笔者就向 C 映英询问关于 L 村的"辈字"的事情。

　　笔者："C 映英，说起来，你以前说过你在结婚后改过名字。确实，你的名字里面有个'英'字。"（笔者在手掌上写下"英"字并给 C 映英看）

　　C 映英："是的。我们都有一个辈分，所以我们的辈分就是'英'这个字。"

　　笔者："那是不是就是中文里的'辈字'？"①

　　C 映英："是的，在中文里就是指辈字。"

　　笔者："是这个字吗？"（笔者在笔记本上写下"辈字"并给 C 映英看）

　　C 映英："是的。"

　　笔者："你结婚前的名字是什么来着？"（笔者虽然知道她结婚前的名字，但还是再问了一遍）

　　C 映英："结婚前的名字是 C 映清，但结婚后改成了 C 映英。"

　　笔者："你的下一代好像不再改名字了吧？"

　　C 映英："是的，因为改身份证的名字太麻烦，所以就不改了。"

　　笔者："是啊，改身份证的名字确实很麻烦。那比你年纪大的一代都改了名字吗？"

---

① 此处笔者所说的中文指的是标准汉语（普通话）。对话本身是用标准汉语进行的，但由于不清楚哪一部分是方言，所以重新确认了是否为中文。字辈、辈字、辈份都是中文，但当笔者第一次听到辈分时，无法确定是当地语言还是中文，所以产生了这样的对话。

C 映英："都改了。"

笔者："那你婆婆的名字是什么？"

C 映英："啊，我忘记了。但是辈字的那个字我还记得，是'娣'这个字。不过另一个字我忘记了。"

笔者："原来如此。"（省略部分）

C 映英："是的。男性到现在还保留着辈字，大家都有。"

笔者："那女性就没有了吧？"

C 映英："是的。"

笔者："现在结婚后改身份证上的名字太麻烦，所以女性就不改名字了，对吧。"

C 映英："不过也有改的。那个公交站的。"

笔者："那个公交站的，指的是阿海（C 映英的儿子的名字，我叫他'阿海'以示亲近）的堂兄弟的（妻子）？"

C 映英："是的，那个公交站的（女孩）原本叫作'友苹'，但后来改名叫作'爱苹'了。"

笔者："为什么？"

C 映英："因为友苹的友字是辈字嘛。"

笔者："啊，原来如此，比如友勉，是那一辈的辈字呀，是你公公那一辈的。"

C 映英："是的，所以觉得（与上一辈的辈字相同）很麻烦，就改了名字。"

笔者："原来如此。"

C 映英："另外，在这个地区，名字后面一般会加'Gu'。"

笔者："Gu？是什么字？"

C 映英："是这个字。"（C 映英在手上写）

笔者："啊，是'古'字呀。为什么？"

C 映英："没有特别的意思，所以如果是你的话，名字就会是'小林古'，哈哈哈。"

笔者："'小林古'呀。"

C 映英："女性的话就是 Ma、Mei 之类的。"

笔者："啊，那是那个"朋友"读音 Hao Lao Ma 中的 Ma 吧。"

C 映英："是的。"

笔者："在汉字中应该怎么写？"

C 映英："没有汉字，只是读作 Ma 而已。"

笔者："原来如此，我明白了。比如 A Feng Ma、Hao Lao Ma 之类的。"

C 映英："对对。"

在之后的谈话中，我们又谈到客家人调侃日本人的称呼，随后话题从姓名和称呼的讨论转向在日本的生活费。后来的某一天，笔者拜访了在和 C 映英的交谈中被称为"公交站（工作的）"的爱苹，询问关于她更改名字的事情。她回答道："我原本叫友苹，但嫁过来后大家都叫我爱苹。虽然身份证上的名字没有改变，但大家都叫我爱苹。"

从这一系列对话中可以得出以下结论：她们具有与男性"辈字"相对应的女性"辈字"，从而可以方便地确认世系和世代。例如，就 C 映英而言，她婚前的名字是"映清"，但是通过婚后将名字改为"映英"，获得了与 L 村 A 氏宗族中丈夫的"化"字辈相同的地位。嫁入 L 村 A 氏的女性有改变名字中的一个字的习俗，但近年来变得越来越少，因为更改身份证上的名字很麻烦。事实上，从 C 映英的下一代开始，这种习俗便已不复存在，C 映英的儿媳妇仍以婚前的名字相称呼。关于身份证上的"正式"的名字是婚前名还是婚后名这一点，据 C 映英说，她是在更新身份证时，以婚后的"C 映英"名字申请的。但由于村内登记人员年事已高，没看清楚，在身份证上登记了与婚前和婚后都无关的"C 煌英"这个名字。无论如何，从身份证上包含婚后的"辈字"——"英"可以推测出，在C映英的案例中，她将婚后的名称用作公共名称。

现在，女性在婚后拥有"辈字"这一习俗在包括L村在内的这一区域已逐渐消失，但在C映英夫妇结婚的20世纪70年代是普遍存在的。更有趣的是，不仅在婚后，还有习俗显示女性在婚前也有"辈字"。例如，在C映英的姐妹中，可以确认存在与男性不同的"辈字"。正如前面的对话所介绍的，C映英婚前的名字是C映清，她的姐妹的名字是C映云、C映龙、C映文，其中都有"映"字。而她们的兄弟的名字中都带有"田"这个辈字，从中可以推断出她们的"辈字"与男性的"辈字"分属不同系列。她们都在婚后改变了名字，C映云改为C彩凤，C映龙改为C秀芳，C映文改为C利春。

但如果她们离婚，她们的称呼会发生改变吗？关于这一点，当地社会已给出明确答案。因为不论是否离婚，她们回到娘家后，娘家人仍然会按照她们出嫁前的名字来称呼她们。换句话说，她们的称呼在结婚前和结婚后将发生变化，并根据所处环境的不同灵活使用。

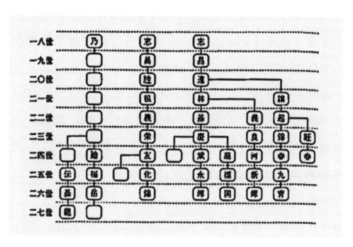

图2　L村A氏一族的家谱（部分）第18～27世的"辈字"①

---

① 图中记载辈字的方格内若没有字，则分两种情况：1. 兄弟人数太少，没有辈字；2. 辈字没有统一（存在分歧，无法记录）。

再回到之前讨论的对话。在与 C 映英的对话中，最有趣的可能是在公交车站工作的友苹（爱苹）。友苹在 2000 年结婚，婚后她的正式名字仍然是友苹。然而，L 村的人从来不称呼她友苹，而是称呼她爱苹，这是因为她的名字中有"友"这个辈字。L 村 A 氏的人在听到或看到"友"这个字时，会联想到第二十五代的"化"和第二十六代的"锦"对应的上一代，即第二十四代的"友"字辈。加之，友苹嫁给了与"友"字辈有血缘关系的"锦"字辈的人，为了避免家族和世代的混淆，L 村 A 氏的人默认称呼友苹为爱苹。尽管现在婚后更改女性名字的习俗已不再公开进行，但从友苹（爱苹）的个案可以看到，日常生活中女性的称谓也在很大程度上与"辈字"相关联。

五、作为事件的称呼

正如前文所述，本文从称谓而非指称的角度考察汉族宗族组织，在此过程中将把他们的名字（或各种称谓）被称呼的行为视为"事件（event）"（＝表达关系的场景）来考虑。换句话说，这里所说的"事件"是指 L 村日常生活中寻常的"称呼（address）"。本文的考察路径可简要概括为，在将 L 村的每个个体都视作"发送者（addresser）"和"接收者（addressee）"的情况下，呼唤行为作为"事件（event）"发生，以作为"富含社会文化意义的文本"的形式出现，引发村民对宗族是什么这一思考。正如第三节和第四节所述，名字在 L 村不仅仅是一个专有名词，还成为指示一个人在家族中所处世系和世代的指标。以此为线索，本文从个人名字的称呼（address）着手，试图还原一种非祖先中心式的宗族存在方式。在研究和分析这种相互"称呼"的行为时，人类语言学研究[1]为我们提供了一个有用的视角，所以先从语言人类学研究的角度来审视在"发送者"和"接收

---

① [日] 小山亘：《記号の系譜——社会記号論系言語人類学の射程》，日本三元社，2008 年。

者"之间发生的语境问题。

文化人类学的研究受到罗曼·雅各布森（Roman Jakobson）的巨大影响。在沟通模型中，他将讨论的中心转移到信息的结构上，并将构成沟通的要素分为六个方面（addresser, addressee, message, context, code, contact），从而进行分析。①这些因素是发送方、接收方、信息、语境、编码、接触，通过其相互关联可以探究理解沟通行为。值得注意的是，雅各布森没有使用索绪尔（Saussure）的《一般语言学》中的语言概念，而是采用了"编码"的概念，意图表明这六个因素中没有一个是占主导地位的。②在雅各布森的论述基础上，戴尔·海姆斯（Dell Hymes）进一步将沟通细分为八个要素，并命名为 SPEAKING，③从而进行分析。他提出，将语言活动概念化为社交的"讲话事件"，而不是信息或语法。这意味着，即使讲话这一"事件"非常私人化，其中仍包含大量社会要素，沟通就是在各种社会要素纵横交错情况下进行的。④比如，在 L 村，当妻子向丈夫说出"A 锦海"时，这个"事件"不仅仅是两个人之间的谈话，而是涵盖整个 L 村社会中的多种重叠要素。

此外，迈克尔·西尔瓦斯汀（Michael Silverstein）进一步继承发展了海姆斯的观点，并提出通过社会文化意义的赋予，将"事件"转化为"文本"，而这个"文本"又连接着导向下一个"事件"的"背景"。所谓的"文本"，即把在先前"背景"中偶然发生的"事件"进行转换，以一种我们可以认知的形式展现出来。因此，在这一系列沟通中，话语的发表不仅

---

① R. Jakobson, "Linguistics and poetics", in Sebeok, T. A. (ed.), *Style in language*, Cambridge:Mass:MIT Press, 1960, p. 353.

② ［日］朝妻惠理子:《ロマン・ヤコブソンのコミュニケーション論―言語の "転位"》,《スラヴ研究》56 号, 2009 年, 第 197～213 页。

③ 根据海姆斯所述,SPEAKING 代表的是 Situation (情境)、Participants (参与者)、Ends (目的)、Act sequence (连续行为)、Key (基调)、Instrumentalities (手段)、Norms (规范)、Genre (类型)。见 Hymes, Dell, *Foundations of Sociolinguistics:An Ethnographic Approach*, Philadelphia: University of Pennsylvania Press, 1974.

④ Hymes, Dell, "Models of Interaction of Language and Social Setting," *Journal of Social Issues* 23, 2(1967):8～28.

具有言及指标的一面（说了什么），也具有社会指标的一面（做了什么），这两方面的意义都得到了体现。根据西尔瓦斯汀和小山亘的观点，偶然发生的"事件"在"现在·此地"产生的话语，不仅包含那个场景、相关社会，甚至还包含宇宙哲学观。[①]

这些人类语言学的讨论直接应用在本文案例中可能略显草率。然而，从"现在·此地"这一微观场景及沟通的指定、社会指标方面来回顾 L 村的人物称呼是合适的。在他们的日常生活中，互相称呼的行为是"事件"（event），而这个"事件"在村落内被认知为"名字"（name），并被文本化，并且生成了宗族的背景，从而进一步成为下一个"事件"的基础。在 L 村这样的社会中，每个人既是"发出者（addresser）"，也是"接收者（addressee）"。而且，L 村的大多数"发出者"和"接收者"共享一定的背景，也不断通过从这个背景中生成的文本来创建新的情境。举例来说，在堂兄弟之间互相称呼时会省略辈字来称呼对方，但在家族大会这样成员众多的场合，就会使用包含辈字的名字来称呼。他们根据不同的情境改变称呼，并通过称呼来创造或确认情境。更重要的是，无论是夫妻之间在家里互相的称呼，还是傍晚时母亲叫孩子回家时的称呼，他们的名字不仅仅指代个人，还隐含整个 L 村社会中共有的社会关系。

L 村 A 氏每个人的名字不仅仅是个人特有的名字，还被认为是父系氏族社会成员的名称。正如我们在第四节中看到的，这既包括男性成员，也包括女性成员（即理论上涵盖 L 村 A 氏的所有成员）。换句话说，每个人的称呼（address）中包含了指示（reference），这在彼此称呼对方时，是引发其想起父系氏族关系的引导要素。

基于以上事实，笔者尝试重新审视宗族。也就是说，正如大卫·穆

---

① Silverstein Michael, "Shifters, Linguistic Categories, and Cultural Description", in Keith H. Basso and Henry A. Selby eds., *Meaning in Anthropology*, Albuquerque, NM: University of New Mexico Press, 1976. [日] 小山亘：《記号の系譜——社会記号論系言語人類学の射程》，日本三元社，2008 年，第 201 ～ 227 页。

雷·施奈德（David Murray Schneider）痛斥以生育为基础的西方民俗思考进行的"亲属"研究，认为亲属不过是象征系统的一部分。[1]同样地，宗族在汉族社会中也是文化建构物，这一点是无法否认的。但是，如果我们将视角转向人物的称呼，这就并不是一个概念化的知识系统，而是在现实生活世界中的"现在·此地"及其影响范围里，每个人都根据称呼以重新配置其存在的行为。而在考察这一系列行为时，并不一定需要探讨其与父系氏族的关系。在考虑此类问题时，安德鲁·斯特拉赞（Andrew Strathern）在巴布亚新几内亚的潘贾地区，对随亲属名称变化而变化的人物称呼研究，非常有趣且富有启发性。

巴布亚新几内亚潘贾地区孩子们的名字与社区历史事件密切相关。孩子们的名字通常与该群体中特别重要的人的去世有关。例如，他们可能被命名为附近重要祖先墓地上开过的花的名字。当孩子出生时，父母不再被称呼各自的姓名，而改称"某人（孩子）的父亲"，或"某人（孩子）的母亲"。这代表着孩子的父母进入新的人生阶段。例如，假设有一对年轻夫妇在重要祖先墓地附近发现了兰花，并将孩子命名为"兰"。当孩子出生后，这对夫妇将改称为"兰爸爸"和"兰妈妈"，这意味着他们在该社会中获得了新的成员身份。即使有第二个、第三个孩子出生，他们的称呼也不会改变，只有在第一个孩子出生时才获得作为父母的称呼。随着时间的推移，这种变化的称呼[2]会成为个人的永久称谓。这种看起来复杂的命名方式并不会在他们日常生活中引起混乱。斯特拉赞认为，孩子的命名对于其个人与群体之间的联系具有重要意义。[3]

---

[1] D. M. Schneider, *American Kinship: A Cultural Account*. Englewood Cliffs, NJ: Prentice-Hall, 1968. D. M. Schneider, *A Critique of the Study of Kinship*. Ann Arbor, MI: University of Michigan Press, 1987.

[2] "名字变化"指的是以孩子的立场称呼父母或亲戚的称呼方式。比如，在日语中，以自己孩子的视角称呼自己的父亲为"爸爸"。关于日语中的"名字变化"，详细内容可参考［日］铃木孝夫：《ことばと文化》，日本岩波新书，1973年。

[3] Strathern Andrew and Pamela J. Stewart, *Kinship in Action: Self and Group*, N. J.: Prentice Hall Publishing, 2010, pp. 20 ～ 22.

从 L 村社区的例子中，也能看出同样的事情。他们的族谱上记载着从百世代以前就开始的宗族世系。然而，他们在日常生活中几乎不会意识到这一点。他们互相呼唤时，想起的是在现在村庄社会中生活的人的面孔、人格、个人（self）。但是，在这种呼唤行为中，内含表示世系和世代的指标。L 村社区的男女成员之间每次叫出名字时，都会有一个"机制"被触发，无论是有意识还是无意识的，都会表现出集体（group）的某些特性。

如果我们把这个"机制"称为宗族，那么它与前面提到的巴布亚新几内亚的例子的不同之处，可能在于它的地图（坐标）过于精细。他们每个人的名字都具有"社会性地址"的功能，根据血统（经度）和世代（纬度）进行映射。在此过程中，父系家谱和世代起到了定位他们社会存在的"地址"的作用，女性在婚后不仅在物理上移居到丈夫所在的地方，其社会性"地址"也转移到丈夫所在的社会。她们的社交关系是多样的，但通过宗族这种定位机制，她们获得了"社会地址"，并作为 L 村 A 氏的成员生活。

六、结语

本文并未从传统的祖先与子孙关系，而是从每个个体之间的互动中产生的文本——名字，以及宗族——语境考察了宗族这个社会群体。更具体地说，并不是在调查对象"A 锦海"这个名字被提及之前就存在宗族，而是在"发送者"和"接收者"发送和接收"A 锦海"这个消息的过程中，宗族这个情境（或者说领域）被创造出来。然后，从微观、日常、双向的呼唤名字的行为，而不是从宏观、非日常的事件，如祖先、祖堂、代表性祖先、族谱等明确象征宗族关系的个体，考察宗族关系。

正如弗里德曼曾指出的那样，在宗族社会中，祖先不是过去的人物，而是由"现在"的政治情况创造的。同理，他们的宗族组织也是在此时此刻被创造出来的。重点是，我们不应该一开始就把他们在日常生活中形成的关系视为宗族（或者说父系氏族群体），而应重新审视它，把它看作创造出宗族情境（领域）的装置。族谱、族产、祠堂等大型纪念物至今一直是研究宗族时的重要线索。当然，这些在宗族群体的发展继承上起到的重要作用是不言而喻的。如果过分关注这些纪念物，往往会忽视那些在大纪念物周围忙碌的宗族成员，他们往往只被描绘成举行仪式的执行者、知识传递的媒介。但实际上，他们自己也是具有能唤起宗族某种内涵的、富有意义的小纪念物。以上即本文的中心议题。

也就是说，在 L 村 A 氏村民身上，每个人的名字（尤其是男性的名字），就像电线杆和街道交叉口上写着"几街几号"的标牌一样，它们的存在本身就是唤起宗族意识的微小纪念物。当然，他们并不是每天都意识到这一点。但他们的称呼内在地具有这样的"机制"。在这样的机制下，宗族的（社会）情境（领域）一直不断被创造。在此，笔者把在宗族领域内的地址（address）和小纪念物产生的小事件（event），即称呼（address）结合起来，将 L 村 A 氏的人物称呼为"社会地址（social address）"。

参考文献：

① 《永定县志》，福建省龙岩市永定地区图书馆藏，2005 年。

② 《永定县地名录》，福建省龙岩市永定地区图书馆藏，1981 年。

③ 《永定县旅游事业局》，当地资料，2010 年。

④ 《L 村 A 氏族谱》，当地资料，2003 年。

Clans as Social Addresses - Case Study of Personal Addressing in the Hakka Society of Fujian Province, China [1]

Written by Hiroshi Kobayashi, Translated by Guo Ruiqi [2]

Abstract: This research takes the large-scale clans in the Hakka society of Fujian Province, China as the object of study, and explores how the concept of patrilineal descent is manifested in daily life. Previous studies on clans have often discussed their formation or division processes through grand rituals or events such as Spring Festival ceremonies, Qingming Festival tomb sweeping, genealogy compilation, tomb construction, and funerals. However, this paper sets out to explore the elements of clans hidden in daily conversations against the backdrop of 'long afternoons in fieldwork' where no grand ceremonies occur. The focus of this study is on the act of addressing each other among the villagers. In their daily lives, the most familial 'event' is the act of addressing on a daily basis. Each person is both an 'addresser' and an 'addressee', and it is through these acts of addressing that the context (or field) of the clan is created. Taking the minute event of calling each other's names as a clue, this paper positions their understanding of clans as a 'social address' and unfolds the discussion from there.

Keywords: Hakka   Clan Research   Address Act   Social Anthropology

---

① Originally published information: [日] 小林宏至:《社会的住所としての宗族——福建省客家社会における人物呼称の事例から》,《＜宗族＞と中国社会　その変貌と人類学的研究の現在》日本风响社, 2016 年, 第 137 ～ 171 页。
② Author's Bio: Hiroshi Kobayashi, Associate Professor, Faculty of Humanities, National University of Yamaguchi, Japan. His Research interests include Social Anthropology, Chinese Han Ethnicity Studies, and Hakka Society Studies.
Translator's Bio: Guo Ruiqi, Lecturer at the School of Foreign Languages, Shandong Normal University, China. His Research interests include Cultural Anthropology, Thing Theory Studies, and Asian Comparative Culture Studies.

THE
WORLD
OF
SCHOLARS

学人天地

关注客家文化与都市民俗研究
——追忆恩师钟敬文先生

杨宏海[①]

钟敬文先生是我国民俗学、民间文艺学最重要的开拓者和奠基人，他以毕生心血促成中国民俗学、民间文艺学的建设、发展和繁荣，培养了大批民俗学、民间文艺学领域的研究人才。1983 年，我因参加钟老举办的"首届全国民俗学、民间文学培训班"，有幸成为钟老的一名学生。在与先生的接触与交往中，让我有机会聆听教诲，亲炙老师风采。其中印象最深的是钟老的人格魅力，以及他对我在客家文化与都市民俗研究方面的指导。在纪念钟老诞辰 120 周年之际，特以此文追思和缅怀我的恩师——钟敬文先生。

一、"客家有很丰富的文化值得研究"

客家民系作为中国古代历史上南迁汉族移民群体的一支，是世界上发布范围最广、影响最深远的汉族民系之一。20 世纪初至 50 年代，以罗香林为代表奠定了现代学术意义上的客家研究。同时，"陈寅恪、顾颉刚、罗常培和钟敬文等国学大师们就关注客家文化"。[②]1983 年，我在嘉应师

① 作者简介：杨宏海，深圳市民间文艺家协会名誉主席，深圳市客家文化交流协会会长，深圳大学客座教授、硕士生导师。
② 周建新：《客家研究的发展历程与理论范式》，《客家研究辑刊》2016 年第 2 期。

专（后改为嘉应学院）中文系工作期间，由广东省民协推荐参加了由钟老主持举办的全国"首届民俗学、民间文艺学讲习班"，来自全国各地30多个民族的180多名学员聚集中央民族学院，听钟敬文、费孝通、杨成志、容肇祖、刘魁立等著名讲课。为期一个月的讲习班，给中国民俗文化研究播下了大量种子、奠定了重要基础。

讲习班结束后，我到北师大"小红楼"寓所拜访钟老。"小红楼"坐落在北师大教工区，钟老的儿子、北京社科院的钟少华同志热情迎候。走进钟老的书房，堆满了琳琅满目的各类书籍，墙上最显眼的是鲁迅先生"横眉冷对千夫指，俯首甘为孺子牛"的书法条幅，以及用镜框镶着的钟老与柳亚子先生的合照，此照片摄于香港九龙达德书院。那时的钟老还是40岁左右的青年，身材魁梧，风度翩翩；旁边那位面容慈祥的恂恂老者，则是柳亚子。从这张照片，可知钟老与柳亚子的交谊不比寻常。

书房茶几上摆放着客家风格的茶壶，让我想起钟老是出生于广东省海丰县公平镇的客家人。海丰县是客家人与潮汕（福佬）人彼此交融、互相影响的地方（包括公平镇等四个镇属于客家民系，其余属潮汕民系），故钟老的故乡俗称"半山客"。所讲的方言带有"二句福佬三句客"的特征，故又被称为"潮汕客家"[1]。正思索间，钟老从里间来到书房。他身高体朗，着一身旧式长衫，对我这位来自广东同乡的学生显得特别热情。他操着夹杂着客家口音和潮汕口音的普通话，亲切了解我一个月培训班的学习收获与体会，和蔼询问我的工作与生活情况。当他听说我来自广东梅县，话题便转到梅县与客家文化。钟老说："梅县是文化之乡，客家有很丰富的文化值得研究。"

记得钟老早在1927年就编过《客音情歌选》，他曾对客家山歌产生的社会背景做过精彩的论述："客家人的生活……因为他们所处的环境的关系，所以每日作业于田野山岭间的，很占多数，并且男女俱出……他们的

---

[1] 温宪元、邓开颂、丘彬：《广东客家》，广西师范大学出版社，2011，第75页。

气质，大都简朴耐劳，很少慵惰浮夸之态。……这些，都颇和他们山歌的产生及内容等有关系。"[1]他对客家山歌的"双关""比兴"（或称"兴而比也"）手法甚为赞赏，并举例说明。

其一"双关"："前日与妹一笼鸡，今日分做两路啼。猪肝心肺落锅煮，两副心肝来待涯（我）？"其二"比兴"："竹篙打水两片开，问妹转去几时来？三箩冇谷丢落海，唔得团圆做一堆。"[2]

当我谈起客家山歌，钟老仍很熟悉，他说："梅县同志近年来编的几本客家山歌录我都看了，还是不错的。客家山歌要继续整理，理论研究也要搞起来。客家民俗资料丰富，很多东西可研究、挖掘。"[3]

我告诉钟老，我正从民俗学的角度，对梅县客家先贤黄遵宪进行研究，他听后很感兴趣，认为这是黄遵宪研究一个新的视角，值得好好挖掘。他接着说，黄遵宪的民俗研究特别重视民间歌谣，在他的《人境庐诗草》中，特地收入9首客家山歌，在这在我国文学史上，恐怕是一个创举。[4]

钟老认为，广东是民间文艺的宝库，就歌谣而言，除了客家山歌，还有粤讴、疍歌、咸水歌等，所以"粤俗好歌"名副其实，也受到文人雅士的喜爱。当我告知明年还要在广东蕉岭县召开一个全国性学术研讨会，纪念另一位客籍爱国诗人丘逢甲这个消息时，他很感兴趣地说："我很喜欢丘逢甲的诗。柳亚子先生'时流竟说黄公度，英气终输沧海君'的评价，我是有同感的。"他认为，黄遵宪（公度）的诗较多记事，丘逢甲（沧海）的诗，则重于抒情。他还表示："届时如有可能，我也想前往参加"。我说，一定将钟老这一意愿转达给广东学术界与丘逢甲家乡的同志，敬盼钟老能光临指导。

---

① 钟敬文：《客音的山歌》，《钟敬文民间文学论集（下）》，上海文艺出版社，1985 年，第 301 页。
② 钟敬文：《客音的山歌》，《钟敬文民间文学论集（下）》，上海文艺出版社，1985 年，第 302 页。
③ 杨宏海：《访中国民俗学会主席钟敬文》，《客家民俗》创刊号第 3 版。
④ 杨哲：《钟敬文生平思想及著作》，河北教育出版社，1991 年，第 858 页。

座谈期间，钟老的夫人、师母陈秋帆副教授与他儿子钟少华也在一旁交谈。少华同志建议我把民俗研究与地方文史研究结合起来，也可采用口述史的方式，他还回忆了在广东居住时那难忘的生活，并表示希望有机会与父亲回故乡海丰老家看看。谈到治学问题，钟老强调做学问首先要学做人，不要搞市侩作风，不要追逐名利。他说："要甘于默默无闻。你扎扎实实、锲而不舍地工作，做出了成绩，对人民有贡献，这默默无闻实际上是赫赫有闻了。"钟老兴致很高，侃侃而谈，一点都没有大学者的架子，就像亲友间在拉家常。我向钟老表示，回去后拟争取学校领导支持，把客家民俗研究做起来，并拟在我参与主编的《嘉应师专报》做个客家民俗增刊，不知钟老能否为我们的报刊题字？钟老欣然应允（见彩插图3）。

谈着谈着，不觉两个小时就过去了。分手时，钟老紧紧地握着我的手说："广东是中国民俗学的发祥地之一，回去请告知广东的同志，希望民俗学会早日成立起来。"望着老师慈祥的面庞，想到他对广东民俗学事业的关心和对客家文化的关注，我深深为之感动。

带着钟老的嘱托，我回校后向学校与中文系领导汇报，得到领导大力支持。1983年11月13日，梅州第一个客家研究学术团体——嘉应师专客家民俗研究会正式成立。[①]1983年12月16日，《客家民俗》作为《嘉应师专报》的增刊创刊，创刊号由钟敬文教授题写刊名，并刊发了钟老为纪念中国民俗学会成立写的《五绝二首》诗和启功先生的书法，同时发表我撰写的《访中国民俗学会主席钟敬文》的专版文章。此文后被选入杨哲编的《钟敬文生平思想及著作》一书，记录了这位学术泰斗与梅州客家研究的不解之缘。

据民俗学家王文宝先生在《中国民俗学发展史》的记载，《客家民俗》是国内新时期最早创办的民俗文化报刊，亦成为当时广东民俗研究最为活跃的领域。《客家民俗》面世后，引起社会各界的广泛关注，上海《采风

---

① 嘉俗：《我校成立客家民俗研究会》，《嘉应师专学报》1983年创刊号。

报》、北京《民间文艺通讯》与泰国《新中原报》等先后做了报道。学者乌丙安、谢健弘、罗冠群、曾昭璇等寄来贺词与诗文。乌丙安教授在信中写道；"客家民俗的调查研究，对我国社会科学的发展、两个文明建设，都有着不容忽视的价值。……客家文化以其独特的民俗特色，受到海内外学界的注目。因此，贵刊使命之重大，可想而知。我作为民俗学园中一个小小的工蜂，愿为贵刊付出微劳。"①

这个时期，嘉应师专掀起一股客家研究的热潮。虽然成立的是客家文化研究会，但同仁们已将研究的视角迅速从民俗研究拓展到客家研究的各个领域。国内江西、福建等地的研究者，以及日本庆应大学周达生教授等专门来函索要此报。广东省民俗学会副会长，客籍学者萧亭先生说，《客家民俗》的创办"掀起了客家研究热"。②

1984 年，梅州举办"元宵节民间文艺活动"。钟老特介绍他的一位研究生、日本庆应大学的中原（广田）律子女士来梅州采风，并嘱我全程陪同。几天里，我们有选择地走访了一些山村乡镇，采集哭嫁歌等相关客家歌谣，并与民间艺人座谈，还专门观摩了元宵节晚会。在整个过程里，虽然中原（广田）律子没有采集到更多的哭嫁歌，但对这位来自异域热爱客家文化的外国留学生，梅州人民表现了极大的热情，使中原（广田）律子颇为感动。钟老为此很满意，后来他告诉我，中原（广田）律子学成返国后，为中日两国文化交流做了许多卓有成效的工作。同年 11 月，中山大学举办校庆活动，专门邀请钟老回母校赴会。得知这一消息，我特赶到中山大学见老师。其间，钟老在中大人类学系大课堂作《中山大学民俗学会活动的经过和成就》讲座，中山大学人类学系主任梁钊韬教授亲率师生听讲，整个大教室座无虚席。为了让听众能听懂他那带着家乡方言的普通话，钟老让我为他提纲挈领地在黑板上"翻译"。一位学术大师坐在讲台边演说，一个年轻后学站在黑板旁配合板书……当时的情景，至今想来仍

---

① 乌丙安：《致同〈客家民俗〉编辑部》，《客家民俗》1984 年 5 月 30 日。
② 杨宏海：《梅州客家研究的历史回顾》，《梅州日报》2022 年 11 月 10 日。

恍若昨日。

受钟老的影响，我特别关注客家山歌的收集整理，并关注黄遵宪、丘逢甲、李金发等客家名人的研究。其中，受钟老指导的《黄遵宪与民俗学》一文，被选入复旦大学出版社出版的《中国文化研究集刊》第 2 辑（1985 年 2 月出版），获得广东省优秀社科成果奖。关于在广东蕉岭县举办的客籍爱国诗人丘逢甲的研讨会，钟老因工作忙未能成行，但他应主办方之邀亲笔题写了"丘逢甲诞生一百二十周年学术讨论会"会名（见彩插图 4）。同时，我曾考虑在适当时候将《客家民俗》改为《客家文化》，以进一步扩大研究与发行范围，特约请钟老题字，老人家也拨冗题写（见彩插图 5），足见先生对客家文化研究的关注与扶持。

二、"中国城市化的进程必然会出现都市新民俗文化"

1985 年，我从梅州嘉应学院调到深圳市文化局工作，钟老嘱我在这个新兴的城市里把民俗文化研究搞起来。在深圳市宣传文化部门领导的支持下，我发起创办了深圳市民间文艺家协会，并开始挖掘深圳人文历史资源。适逢国家文化部、中国文联等发文在全国范围内收集、整理民间歌谣、故事、谚语"三套集成"，我便带领市民协同仁深入民间普查采集。1991 年，我与苏伟光主编出版了本土史上第一部《深圳民间歌谣》（以客家山歌为主）。与此同时，我发现在对外开放和商品经济条件下，深圳这座各地移民共处、多种方言混杂、新风旧俗渗透的城市，出现了不少新的民俗文化现象，于是我对此关注并跟踪调研。1988 年，"全国民间文学基本理论学术研讨会"在深圳召开，我提交的《试论深圳新民俗文化》受到关注。据深圳市民协副主席王芳回忆："1988 年，'全国民间文学基本理论学术研讨会'在深圳、珠海两地举行，时任深圳民协副主席的杨宏海提交论文《试论深圳新民俗文化》，期间既细致梳理了溯至千年前的宝安县民俗传统，又对改革开放以来特区新兴民间文艺琳琅满目的'新民俗'现象做出深度学术化研究，并揭示新民俗的核心成因。"①

中国民协的理论刊物《民间文学论坛》也对此做了专门的报道："在这次研讨会上，有一篇题为《试论深圳新民俗文化》的文章引起了大家浓厚的兴趣。此篇论文的撰写者杨宏海同志，通过对改革开放的最前沿深圳新民俗文化的介绍与分析，预测了中国民间文化现代发展的方向。他说所谓新民俗文化，就是在社会主义商品经济条件下，继承祖国民间文化和优良传统，吸收外来文化的有益成分，由广大人民群众创造的，与商品经济相适宜的新型民间文化。这种文化的发展特点是大众性、商品性、开放性和娱乐性。……引发了大家广泛热烈的讨论，会议气氛活跃而融洽。代表们对处于南海之滨深圳独特的地理环境、人口结构、生产方式、人际关系，以及文化观念进行了分析，并畅谈了特区新民俗文化构成的原因。"②

此文在北京《民间文学论坛》发表后，全国有 20 多家报刊转载，并先后获得中国民协民间文学论坛"银河奖"和广东省"鲁迅文艺奖"。钟老对这次理论研讨会很关注，当参加这次会议的中国社科院的程蔷同志向他汇报情况时，钟老表示，深圳探讨都市民俗文化很好，"请转告杨宏海继续努力"。程蔷特地在给我来信中转达了这一信息。

同年 11 月，我有幸作为深圳和广东民间文艺界的代表，被推荐赴京出席第五次全国文学艺术工作者代表大会。11 月 8 日下午，邓小平等党和国家领导人在人民大会堂亲切接见与会代表，并一起合影留念。那天，钟老显得特别高兴，他专门召集民间文艺界代表座谈，激动地说："现在是文化事业发展最好的时期，我们要做的事情太多了，一定要抓紧时间，不遗余力呀！"③

1989 年 11 月，钟老南来深圳考察，住在深圳迎宾馆梅园，四天时间由我全程陪同。期间参观了深圳图书馆等文化设施，以及正在兴建的中国

---

① 深圳市文学艺术界联合会：《深圳文艺 40 年》，海天出版社，2020 年，第 177 页。
② 金辉：《新的视野》，《民间文学论坛》1988 年第 4 期。
③ 杨宏海：《追忆钟敬文老师》，《深圳特区报》2022 年 2 月 11 日。

民俗文化村等地，我就深圳方兴未艾的新民俗文化现象向他做了汇报。钟老对此很感兴趣，他说，中国城市化的进程必然会出现都市新民俗文化，对这种现代民俗也要抓紧收集和研究。民俗学就是要研究社会生活中活生生的文化现象，做到基础理论研究与应用问题研究并重，从而不断把这门学科向前推进。钟老还应约为我主编的《深圳民间文艺》题词："搜集、研究和发扬地方民俗文化，是我们国民的庄严任务，也是社会主义新文化创造的需要"（见彩插图6）。鼓励我要立足深圳本土，去搜集、挖掘本土民俗文化，坚守文化根脉，以此为基础去创造特区社会主义新文化。

三、"要建设中国民俗学的理论学派"

钟老对深圳民俗文化事业的关怀，总是体现在纤微的细节里。每次赴京开会拜访老师，或在电话中交谈，钟老总是向我询问深圳文化的情况。当我将《深圳民间歌谣》《文化深圳》等书送给他时，他的喜悦之情溢于言表，一定要我多送几本，以便赠给海内外同行，让他们也了解深圳的文化。他还热心介绍陈云根博士等香港学界人士给我认识，希望加强深、港两地的文化交流。最后一次见钟老，是2001年在北京召开的第六次全国民间文艺工作者代表大会上，钟老在百忙中与我交谈，谈了不少问题，但比较突出的一点是"要建设中国民俗学的理论学派"。

钟老认为，中国的晚清时期，梁启超、严复、黄遵宪等人成了近代思想革命的先驱，他们当时阐述民俗所运用的概念和方法，借鉴了西方的社会人文学科的学说，是与五四的新文化运动相接续的，它是中国现代民俗学的一个组成部分。五四前后兴起的北大歌谣学运动，在现代民俗学建设上迈出新的一步，已经走过了80年的历程。时至今日，中国民俗学已到了成人期，需要建设中国民俗学的理论学派。而建设中国民俗学学派，必须在学术上形成中国特色，做出自己的成绩，以丰富世界民俗文化的宝库。

当我谈及深圳作为移民城市，地处对外开放的窗口，面对八面来风，移风易俗速度较快，这种新都市民俗是否也应纳入建设民俗学理论学派的视野？钟老明确表示肯定。他指出，深圳是我国对外开放和现代化建设先走一步的城市，开风气之先，但不能忽略对本土民族文化的发展，不能忽略弘扬民族精神。对中国来说，学习西方文化是必要的，但一定要有民族主体，国家主体。因此，深圳应重视自己的民族文化，在继承民族传统吸纳外来文化精华的同时创造自己的新文化，当然包括正在兴起的都市新民俗文化。我感到，钟老在晚年这段时间，特别关注建设中国民俗学理论学派的命题。

为了促进民俗学理论的建设，钟老希望创造条件多召开一些有质量的理论研讨会。1999年，广东省民协以及钟老家乡海丰的同志筹备"钟敬文与广东文艺学术研讨会"，我是其中的一位联络员。钟老对此事颇为重视，他在给我的来信中说："关于学术研究会的事，甚感同志们盛情。但事情要办好，远非轻易……要紧紧抱住发扬学术和推进学术的主旨，处理一切……事前要有比较充分的准备，至少要征集到一部分具有一定学术水平的作品，使参加的人，感到不虚此行。会后并可选择成书，以广传播。"①因种种原因，这个会议当年没能开成。2002年，钟老以百岁高龄去世，据钟少华研究员说，钟老临终遗言只有两句话："我还有很多事没有做完，我想回广东老家。"②钟老的侄孙、深圳老东方红木家私总店总经理钟文双回忆说，他几次赴京出差见到钟老，都听到钟老叨念我的名字，令我感念不已。

回想起来，钟老给我印象最深的是他的人格魅力。他在客家文化与都市民俗的研究方面对我多有指导，可以说是我职业生涯中的导师与楷模，让我受益终生。我除了学习钟老关注客家山歌、主编出版了《深圳民间歌谣》之外，2004年与华南理工大学校长李元元被梅州市聘为市战略顾问时，

---

① 钟敬文致杨宏海信，1999年8月30日。
② 杨宏海：《钟敬文先生的广东情》，《羊城晚报》2023年3月23日。

共同发起联合梅州、广州、深圳三地研究力量，编纂一部客家文化研究丛书，并于 2006 年出版，共 8 本，成为广东省第一部客家研究丛书。2009 年，深圳市成立首批文艺名家工作室，共 7 人，我作为"客家文化与艺术工作室"名列其中。近年来由我领衔并与工作室团队三位专家开展深圳客家研究，于近期出版了《滨海客家》一书，为"客家学"研究提供新的学术增长点。关于"都市民俗"研究，记得钟老当年对我曾多有指导，希望深圳能够在此方面先走一步。由于个人能力所限，深圳虽然率先提出了这个课题，但研究的韧劲与深度不够，理论上缺乏提升力度，辜负了钟老的厚望，今后有赖于深圳年轻一辈的民俗学者继续努力了！

作为中国改革开放的"先行示范区"及粤港澳大湾区核心区，深圳一直得到全国的关注与扶持。2019 年 9 月，中国民间文艺家协会在深圳设立了国家级的"民间生活方式研究中心"，协会主席潘鲁生、分党组书记邱运华、文化学者王鲁湘等出席揭幕仪式，并发表了热情洋溢的讲话。这个"民间生活方式研究中心"不仅要对我国传统文化、民间文艺进行研究，更是要研究探讨在现代化、城市化背景下，中华优秀传统文化创造性转化、创新性发展的新时代路径，同时也为研究深圳民俗文化提供了重要平台。我相信，有钟老精神的引领，有全国民俗民间文艺界同行的关注和指导，深圳民俗、民间文艺工作者将奋发努力，不断为繁荣民俗民间文艺事业、助力建设中国特色的民俗学派做出应有的贡献！

附录

钟敬文致杨宏海信[①]

宏海同志:

前月收到尊函及所附筹办有关我同广东文艺的学术研讨会方案草稿,因忙于别的工作,一时未能作复。现致函稍申拙意。

关于学术研讨会的事,甚感同志们盛情。但事情要办好,远非轻易。近年,各地学界同志举办种种学术讨论会,由于宗旨不纯,或准备不足,致使参加的人(尤其是国外学者)大为失望,甚至口出怨言。为了使你们的会开得好,我想到如下几点,请你们认真考虑!

一、要紧紧抱住发扬学术和推进学术的主旨,处理一切。不要仅以他做幌子,而另搞别的。

二、对我只称某某某教授,千万不要用什么"大师"等称号。

三、参加会议论文,事前要有比较充分准备,至少要征集到一部分具有一定学术水平的作品,使参加的人,感到不虚此行。会后并可选择成书,以广传播。

四、实际会期四天,至少应有三天时间用于大小会的活动,其余一天用于地方参观市容,或游览名胜及博物馆之类。

五、开会地点最好集中于一处(以广州、佛山、深圳等地较合适)。如因照顾到支付经费地区主人的要求,也只能在一二有关地点(如香山、汕尾)进行。决不能使会议人员成为旅游团员到处移动。

---

① 摘自杨宏海:《我与深圳文化:一个人与一座城市的文化史》,花城出版社,2011 年,第 1041 页。

六、一切招待活动也须考虑周密，不要疏忽。

以上几点对此次学术研讨会的召开是否成功，关系颇大，请勿轻视（如准备不及，或一时其他障碍，可推迟举行，或暂时作罢，等待时机成熟时才召开）。

我昨晚曾与林振生同志通过一次电话，告以上列意思。现在再告之你，并乞转其他诸同志。

就此几点，不再赘言。

顺致敬礼！

钟敬文

1999 年 8 月 30 日

杨宏海致钟敬文信[1]

钟老尊鉴：

先生此次南来广东，亲临深圳视察指导，弟子有幸陪同参观，喜见先生神采奕奕、兴致盎然，吾辈同人莫不欢欣鼓舞、倍感亲切。

忆八三年参加全国民俗学、民间文学讲习班，先生及各位老一辈民俗学家登台讲学培训骨干，引导我们走向民俗文化研究之路，在这方面堪称我的启蒙恩师。您亲笔题字的《客家民俗》报，成为当代广东第一份民俗研究的报刊；八三年十一月成立的嘉应师专客家民俗研究会，亦成为当代广东第一个民俗研究组织（王文宝先生《中国民俗学发展史·大事记》上已有记载）。尽管我们的力量不强、水平不高，但大家都能继承二三十年代中山大学民俗学会的业绩、响应"七教授倡议书"的召唤，尽一点绵薄之力。如今我调离嘉应，梅县的同行仍在苦心经营《客家民俗》，不断开拓新的领域，成为客家地区（粤东为主）民俗研究的一块园地。回首过去，先生对我们培养、扶掖的一片热诚，令人永远难以忘怀。

我于八五年调进深圳后，目睹这一南国边陲小镇变为现代化新兴城市的过程。深圳，作为改革开放的最前沿、东西方文化的交汇点，是各地移民共处、多种语言混杂、新风旧俗渗透交叉的地方，民俗现象丰富多彩。记得先生曾告诫我们，要把对民俗研究的目光，放在国家民族社会生活中活生生的现象上；要在清理和发扬祖国文化遗产的同时，创造社会主义的

---

[1] 摘自杨宏海：《我与深圳文化：一个人与一座城市的文化史》，花城出版社，2011年，第1042页。

新文化。有鉴于此，我到深圳以后，即对特区民俗文化留心观察，并进行搜集与研究，写了《试论深圳新民俗文化》等文章。我深知这仅仅是个起点，离先生对我的要求还相距甚远，我将继续努力下去，并敬望得到恩师更多的指点。

在实践中我体会到，深圳正在萌生的新民俗，是在对外开放与发展商品经济的条件下，逐步形成的一种新的文化形态。如让其在正确的思想指导下发展下去，很可能成为先生所云"社会主义的新文化"的"基因"。当然这里面有很多值得探讨的问题，如新民俗文化与外来文化、传统民俗文化以及与商品经济的关系：特区新民俗文化的创造与社会主义精神文明建设的关系，以及新民俗文化的功能、作用等等。我准备结合特区文化研究对此逐一探讨，若偶有所得，再向先生汇报。

近期我在赶写《深圳特区文化的回顾与展望》一文，作为特区十周年来在文化建设方面的理论总结，与其他各条战线的专题论文一道报送市委，统编成册。脱稿后，拟着手编辑《深圳民间文艺》第 3 期。

先生此次到广州、深圳、珠海一行，定有不少观感，若写有文章或诗歌（对特区的一些印象），敬请惠赐本刊。在深时，先生热心为本刊题词，在此再次表示谢衷。顺将先生题词复印件及部分在深照片寄上（其余待冲晒后再寄），请查收。若少华先生处还有有关我的照片，也敬请惠寄我处。另，今年春节我曾推荐梅州市文化局文化科陈美豪、龙岩师专中文系吴福文、深圳市文化局王效文三位同志加入中国民俗学会，迄今尚未回复，请向有关人士代一询问。

匆匆草此，请代问候少华先生、董晓萍同志。

即颂

大安

学生杨宏海上

1989 年 9 月 19 日

书

**BOOK
REVIEW**

评

海内外互动与"客家"的建构

——读《近代客家社会的形成：在"他称"与"自称"之间》

温小兴[①]

自罗香林的《客家源流导论》问世以来，关于"什么是客家""客家形成于何时"等本源性问题就成为学界讨论的焦点，形成了"中原说""土著说""融合说"等多种解释。至今，关于客家源流的争议仍然存在，但作为学术建构的结果，客家这一具有族群观念的名称经历了从"他称"到"自称"的过程，逐渐被学界所认可。既然客家不是一个天生边界清晰的实体，那"客家"这一称谓抑或是具有自我认同的客家究竟产生于何时、何地，就成为学界讨论的新问题。

客家自我认同的产生离不开当时的经济社会环境。由于存在时空条件的差异，不同地区客家认同的建构过程也不尽相同。当大部分学者聚焦于赣闽粤边区这一客家核心区域的方志、史料和田野调查，强调赣闽粤边区独特的生态、族群和社会以此分析客家认同的形成过程时，已有不少学者开始把眼光投向海外，关注西方社会对客家人的描述，以及海内外客家人的互动联系，以此说明"客家"称谓和身份认同的形成受到海外客家人的影响。比如，在有关西方传教士与客家的研究中，很多学者不仅关注到基督教在客家地区的传播，而且讨论了客家族群与基督教的互动关系。许多

[①] 作者简介：温小兴，民俗学博士，赣南师范大学历史文化与旅游学院硕士生导师，主要从事红色记忆与客家社会、非物质文化遗产研究。

来华基督教传教士不仅亲身参与了客家源流问题的争论，还著书立说论证客家的汉族源流。他们的许多观点对后世的客家研究影响极大，也深刻地影响了客家人的身份认同意识。

比如被客家学界熟知的英国传教士肯比尔（George Campbell），他在搜集客家族谱等多种详细材料的基础上写成《客家源流与迁徙》一文，用事实证明客家是从中原而来，后又迁到台湾、海南及东南亚各地。作者在文中认为客家人经历了三次南迁，分别发生于 4 世纪的大饥饿和"五胡乱华"期间、9 世纪的黄巢起义期间和宋室南渡至元灭宋期间，并称颂客家人为中原最优秀、最勤劳、最纯粹的汉族居民。[①]这些观点不仅被罗香林等学者所关注和引用，也为客家人所熟知和认可。西方传教士往来于中国客家地区和海外华人社区之间，他们的所见所闻对了解和解读客家认同的形成过程至关重要。但是这样的研究成果并不多见。日本学者饭岛典子的著作《近代客家社会的形成：在"他称"与"自称"之间》，不仅对西方传教士笔下的客家进行了系统梳理，还专门论述了客家人的自我认同意识如何在中西方各种力量的影响下完成了从"他称"到"自称"的转变过程。这是近年来海外客家研究中最具代表性的成果，也是专门讨论"客家"形成于何时、何地的最为深刻、系统之作。

该书是饭岛典子的博士论文，论文完成于 2007 年，2015 年由嘉应学院罗鑫博士翻译出版。该书由六部分组成，除了绪论和结论外，还有

---

① 参见王芳恒：《论客家族群与近代基督教的互动关系》，《广西民族研究》2001 年第 4 期；谭树林：《近代来华基督教传教士与客家源流研究——以欧德礼、毕安、肯比尔为中心》，《学术研究》2007 年第 9 期。

四个章节,分别是"传教士笔下的客家""从西江流域的叛乱和动荡看客家""粤东北部客属地区的社会和经济""'客人'的自画像及其历史"。每一章都有一个明确的主题,涉及不同的社会和经济状况,以及在此基础上形成的"客家"意识。实际上,在该书出版之前,书中的许多观点和材料已经在客家学界流传和引用,也让更多的客家研究者认识到在不同时空中,客家人自我认同的形成并非是同时和同步发生的,国内客家认同意识的形成离不开南洋等海外"客家"观念的反哺。这一学术研究视角非常独特,对全面深入了解客家从"他称"到"自称"的形成过程具有重要价值。

第一,该书展现了客家认同的多重面相,体现了客家研究的新视角。本书的主旨是希望通过对分布在不同地区的客家族群的考察,了解各自社会制度和经济基础,阐明客家人以什么作为媒介,以及如何形成客家认同感的全过程。特别是海内外客家的比较研究,海外资料和国内资料的相互引证契合了史学大师陈寅恪先生强调的"取异族之故书与吾国之旧籍互相补正"的历史研究法,让人耳目一新。[1]

作者比较了西方传教士眼中的客家、文献记载中的客家,以及客家"自称"。在这些比较中,可以发现"客家"具有多重面相。不仅西方传教士对客家的认识不尽相同,而且文献中关于客家的记载和客家的自我认识之间也存在差异。这些差异的存在说明,客家认同意识的建构和形成过程经历了一个长期而复杂的过程,并很早就卷入了近代以来资本主义世界市场体系。不管是东南亚、西江流域还是粤东北,伴随着海内外客家人的迁徙互动,不同区域形成客家认同的时间和过程并不一致,且认同形成过程相互影响。作者关于客家的研究不限于中国本土,而是立足于世界范围,把海内外客家放置在一起比较分析,解读近代客家社会

---

① [日]饭岛典子著,罗鑫译:《近代客家社会的形成——在"他称"与"自称"之间》,暨南大学出版社,2015年,第198页。

的形成过程，这一"全球"视野下的客家研究体现了作者的深厚研究功底和广阔学术视野。

第二，该书系统梳理了海外客家研究资料，为客家研究提供了新线索。资料是研究的基础，运用新资料是客家研究取得新进展的基础。作者在写作过程中，系统梳理了日本学界关于客家研究的相关资料，同时前往美国波士顿，中国福建、广东等地进行了调查，搜集和运用了大量的第一手资料。一方面，书中推介和引证了日本学者关于客家研究的最新成果，架起了中日学者在客家研究上的桥梁；另一方面，作者大量引用了西方传教士的书简、报告文书和海外华人华侨团体的出版物，弥补了国内相关研究资料的空白——不管是日本学界的客家研究还是海外客家资料，都恰好是国内学者较少了解和关注的部分，也是以往客家研究中较容易被忽视的部分。比如，饭岛很早就注意到了罗香林在《客家研究导论》中提到的将客家介绍到欧洲的西方传教士的名字，但是这些人的个人经历、活动背景和相互关系却没有引起后世学者足够的关注。因此，饭岛仔细研究了传教士们写的客家报告，通过其中的具体地名和对当地生活状态的描述推测当时客家人的社会、经济状况。

在大量研读第一手资料后，饭岛还对一些引证材料进行了考证，比如关于"波乃耶"的材料，饭岛认为美部会的波乃耶实际上并不是罗香林在《客家研究导论》中提到的《中国风土人民事物记》的作者。历史上有两个"波乃耶"，他们不是同一个时代的人。饭岛还将《中国风土人民事物记》附于文后以飨读者，让人们了解波乃耶笔下的"客家"。再比如关于马来西亚吉隆坡侨领"叶亚来"客籍身份的质疑。在饭岛的考证中，叶亚来不仅不是客家人，还站在了客家人的对立面，但在《梅县历代乡贤史略》中，叶亚来不仅成为客家人，还成为客籍领袖，这样一种历史书写虽然与史实不符，但也说明早期东南亚的客家人并没有形成客家认同意识。饭岛对于这些海外客家资料的引证和解读，为我们重新审视客家人的社会、风俗习惯和生活状况提供了新的研究方向和重要线索。

　　第三，该书提出的新观点有助于重新思考客家建构的历史过程。关于海外客家，学者们普遍认为"客家"作为自称先出现于国内，后随着沿海客民下南洋而传往海外。刘丽川通过考证四川、广东、福建、台湾、南洋移民历史，认为"客家"称谓的出现应在康乾年间，而且是以"他称"率先出现在广州府、肇庆府的粤语区域内。客家从"他称"转为"自称"应在清咸丰、同治年间"土客大械斗"之后。①饭岛对东南亚、西江流域和粤东北出现"客家"一词的时间进行了精细的考证，提出了新的看法。她认为，粤东官方首次使用"客家"一词是在光绪年间(1875～1908)，这与西方传教士(19世纪三四十年代)和西江流域的官府(19世纪50年代)的记载相比晚了几十年。因此，"客家"一词的"出场顺序"应是：19世纪30年代的东南亚–19世纪50年代的广州–19世纪90年代的嘉应州。这和我们今天的客家认识有很大的不同。②

　　由此可以看出，"客家"一词出现在南洋的时间不仅比想象中要早，而且作为一种跨地域的、为普通民众所广泛认可的自称，最早出现于南洋。不仅如此，中国客家自我意识的形成源于外出南洋"乡贤"的反哺。这一观点不仅颠覆了以往的客家观念，而且有助于重新思考客家人自我认同建构的历史过程。③

　　总之，本书通过海内外文献的梳理和分析，还原了海内外客家人自我认同形成的全过程，提出了不少新鲜且富有创造性的观点，厘清了很多悬而未决的问题，对于客家认同的形成发展史和客家研究起到了推动和深化的作用，是客家学研究领域的重要成果，具有重要的学术价值。

---

① 刘丽川：《"客家"称谓年代考》，《北京大学学报》(哲学社会科学版)2001年第2期。
② ［日］饭岛典子：《近代客家社会的形成——在"他称"与"自称"之间》，暨南大学出版社，2015年，第149页。
③ 冷剑波、曹树基：《原乡与南洋："客家"的他称与自称》，《学术界》2018年第5期。